国家社科基金项目"日本东洋学中的中国神话研究"（22BZW016）阶段性成果

中国

神话学发生研究（1897—1937）

刘 燕———— 著

九 州 出 版 社 | 全国百佳图书出版单位
JIUZHOUPRESS

图书在版编目（CIP）数据

中国神话学发生研究：1897-1937 ／ 刘燕著.
北京：九州出版社，2024. 7. -- ISBN 978-7-5225
-3191-5

Ⅰ. B932. 2

中国国家版本馆 CIP 数据核字第 2024JF8985 号

中国神话学发生研究：1897—1937

作　　者　刘　燕　著
责任编辑　古秋建
出版发行　九州出版社
地　　址　北京市西城区阜外大街甲 35 号（100037）
发行电话　（010）68992190/3/5/6
网　　址　www. jiuzhoupress. com
印　　刷　鑫艺佳利（天津）印刷有限公司
开　　本　787 毫米×1092 毫米　16 开
印　　张　12.75
字　　数　230 千字
版　　次　2024 年 7 月第 1 版
印　　次　2024 年 7 月第 1 次印刷
书　　号　ISBN 978-7-5225-3191-5
定　　价　60.00 元

前　言

　　本书以话语（discourse）为研究视角，探讨了中国神话学（1897—1937）在"近代"这一特殊转型期的社会政治的历史语境和思想文化潮流中，在中—西—日复杂的文化交涉中建构其自身的学术体系、塑造国人的现代国家及民族意识的具体过程。

　　从1897年到1937年的40年是从"神话"译语的传入到中国神话研究初步展开的40年，也是中国神话由"自在"走向"自觉"的40年。清末深刻的民族危机及其促发的西学东渐是中国神话学发生的前提，通过西方的直接途径和日本中转过滤进入中国的不同学科和知识体系共同参与了中国神话学的建构。它的发生过程存在着两条主线：一是对经学的反叛、对古史的改造和重构，一是神话学自身知识、理论的生产和传播。以五四运动为界，中国神话学的发生又可分为两个阶段。五四运动之前，神话常常被运用于解构古史的信史性质及其作为王统和道统基础的神圣性，神话也被运用于新史学意识指导下的民族源流话语建设，在此阶段中，神话论述的政治意义大于学术意义。五四运动之后，蓬勃展开的新文化运动和整理国故运动要求用西学重审、评判、分科国故以及用国故对接和填充西方学科体系，从而再造与西方相抗衡的新文明。关于中国神话的探讨不再仅仅集中于政治话语领域，神话学同时开始了自觉的学术建构。中国神话的语义与范畴的界定、价值的评判，语种语源的搜集、整理、加工、传播，神话经典与神话故事经典的规范和创造在此时全面展开。在神话与历史关系的种种讨论中，中国的古史被分化为神话学和史学两个体系，它们的关系在疑古和释古中分离交织。神话学也浮现于文学、儿童心理、儿童文学和教育领域，中国神话的文学价值得以确立，神话的宗教的、民族的、文学艺术的等各种价值得到了认识和开发。这些界定、规范、评判、传播至今影响着中国对于中国神话的认识和研究。

　　发生期的中国神话学一方面建构了其自身的学术话语、理论框架、表述模式，创造了其自身的经典，挖掘和传播了中国神话，一方面也为中国抵御外来侵略、推翻帝制及建立现代民族国家的民族主义运动提供了不可或缺的话语资源。中国神话学的发生是中外古今知识和价值体系大激荡时期的一次跨语际实践（translingual practice），这一过程为处于地球村时代的我们思考如何看待处于与西方、日本以及其他各种他者关系中的自身的文化提供了有益的启示。一个民族的文化有可能是一把双刃剑，它需要甄别自身的精粗，需要自我的否定，需要判断地吸收、采纳外来的元素，也需要善加维护、发展、利用以及传播。

目 录

绪　论

第一节　研究视角及研究内容

一、研究视角

本书从话语（discourse）的角度观照学术史，将中国神话学的发生作为话语实践（discursive practice）来考察。话语在语言学、语用学及修辞学等范畴中有着不同或多重意义，本书所使用的话语倾向于福柯在《知识考古学》中的表述。按照福柯的理解，由语言形成的"话语"并非中性信息的传达工具，而是不能由语言学规则加以束缚的历史性产物，充满了对知识的操控乃至权力的伸张。因此，其话语分析关注特定历史条件和社会条件下话语表现在意识形态上的影响。福柯还指出，各种知识领域其实是一批陈述（statements）的离散体系，即并非组织严明的话语组合。它们的对象、类型、观念和主题均不一致，只是因某种机缘而加入这一学术话语中。它们之间虽然也有关联，但并非传统上所说的学术整体性或结构，而是一种松散的组合。福柯认为要真正了解一项学术就应该去研究这些离散陈述的相依、相斥的方式及其变化交替的过程，最终找出各陈述出现的原因。[①] 这种认识促使我们对今天的学科体系中的知识体系和价值观重新做历史相对化的处理，这也是本书最基本的出发点之一。那么，当我们讨论某一学术体系，如神话学时，我们会首先面对怎样的一群意义游移不定的话语呢？

神话是什么？什么又是神话？该怎样去理解和阐释神话？无疑，这些问题正是神话学首要面对的问题，对这些问题的回答也成了神话学建构必不可缺的基本学术话语——概念、范畴、价值、范式、观念。从古希腊至今，无数智者哲人留下了关于神话的种种解释、表述和理论。欧赫美尔（Euhemerus）认

---

① 黄晖：《福柯的知识考古学理论剖析》，《法国研究》，2016 年第 2 期，第 31 页。

为神话即英雄故事，格林兄弟视神话为民族文化的源流、民间文学的起源，麦克斯·缪勒（Max Müller）将神话看作语言的疾病，爱德华·泰勒（E. B. Tylor）将神话理解为万物有灵的表达，马林诺夫斯基（Malinowski）主张神话是社会和心理需要的体现，列维-施特劳斯（Claude Levi-Strauss）则看重神话必拥有可供分析的结构。神话还被认为是寓意、历史、文学、宗教、哲学、巫术、科学、仪礼、图腾、无意识的反射……诚如雷蒙·威廉斯在《关键词——文化与社会的词汇》中试图演示和表达的那样，承载了文化政治的关键词并非一个中性透明的词语，其意义需要在彼此关联和不断变迁的历史中去寻找各自的起源和演变，当这些文化概念所处的历史语境发生变化时，它们不断地被形成，被改变，被重新定义，被影响，被改写，被混淆，被强调。

当我们讨论中国学界对本民族神话的理解时，实际上就是面对关于"中国神话"的种种话语陈述，也意味着通过这些陈述思索中国神话学的生成。如果说雷蒙·威廉斯式的关键词研究是考察词语及概念等话语的历史变迁，中国神话学的建构过程还要考虑更为复杂的问题，即它并非某一文化系统内部的问题。中国神话学的建构是起于清末民初时的西学东渐下的产物，这里的西学不仅指直接来源于西方的观念、制度和知识体系，还有间接来自日本的相关内容。"神话"这一作为汉字用语，源于日语的译语的使用本身就代表了这样一个复杂的过程。此外，如同"神话"这一翻译语及其所示含义一样，中国神话学体系迄今所使用的学术概念、分类、思考框架和研究范式的根基都是在"近代"这一特殊转型期，在引入西方学术话语和理论的基础上，在中—西—日文化的交流和碰撞中，在对过去及传统的重组、重释甚至颠覆中所产生的。我们所使用的神话学的学术话语至今有着初始阶段的投射。同时，这一发生过程也与具体历史条件下的时代需求相呼应、相作用，在拯救民族危亡、建立现代民族国家的实践中，神话研究的兴起通过追溯和重组民族文化源流塑造了一个"想象的共同体"，对于加强文化传统和文化身份认同、塑造具有现代民族意识的国民起到了强大的作用。基于此，本书力图把中国神话学早期的发生和建构过程看作中外文化交涉下的"话语实践"，尤其是"跨语际实践（translingual practice）"① 来考察，关注神话学基本学术话语在具体历史语境

---

① "跨语际实践"为华裔美国学者刘禾提出的概念，她指出"研究跨语际实践就是考察新的词语、意义、话语以及表述模式，如何由于主方语言与客方语言的接触/冲突而在主方语言中兴起、流通并获得合法性的过程。因此，当概念从客方语言走向主方语言时，意义与其说发生了'改变'，不如说是在主方语言的本土环境中发明创造出来的。在这个意义上，翻译不再是远离政治和意识形态斗争或与利益冲突无关的中立事件。实际上，它恰恰成为这种斗争的场所，客方语言在那里被迫遭遇主方语言，二者之间无法化约的差异将一决雌雄，权威被呼吁或是遭受挑战，歧义得以解决或是被创造出来，直到新的词语和意义在主方语言内部浮出地表。"参见［美］刘禾著，宋伟杰等译：《跨语际实践：文学，民族文化与被译介的现代性（中国：1900—1937）》修订译本第 3 版，生活·读书·新知三联书店，2014 年，第 35 页。

中的引入、翻译、选择、接受、套用、改写以及组建过程。

二、中国神话学发生期界定

中国神话学与中国神话不同。概而言之，中国神话是中国先民对各类事物稚气童心的表述，其叙事话语是故事，或曰原始的表象思维。中国神话是中国神话学的研究对象之一，而中国神话学则是研究中国神话的那个知识体系，或曰那样一种学问。前者是后者力图去界定、解释和阐发的内容。后者则是对前者的研究。中国神话学当然也涉猎中国神话的某些具体内容，但这些内容是作为中国神话学这一学术体系的组成部分而被引述，换言之，是作为中国神话理论话语来阐发的。本书所探讨的中国神话学初阶就是研究作为这样一门学问的中国神话学的初始阶段，或者说，以中国神话学话语发轫期作为本书的论述对象。这一点将在第一章专设章节讨论。

那么，将中国神话学发生的初始时期具体定位到哪个时期？该从哪些方面去关注中国神话学发生中的话语建构呢？本书采取的方式是首先从大数据中找寻中国神话研究起始和发展的轮廓及研究热点。图 0-1 和图 0-2 都为通过检索"近代全文文献数据库"中含"神话"这一关键词的使用次数而得出的统计结果。其中图 0-1 的数据来自香港中文大学所建"中国近现代思想史全文检索数据库"，这一数据库主要收录了 1830—1930 年 100 年间中国主要期刊的全文数据。根据检索结果，"神话"一词在 1897 年就已经出现在留日学生孙福保所译《非尼西亚国史》一文中。此外，包含"神话"关键词的论述基本上来自《新民丛报》《新青年》《东方杂志》《国粹学报》《少年中国》《民报》《现代评论》等社会改良派及革命派主办的杂志。其中，来自梁启超和章炳麟的论述为最早最多，尤其是梁启超，在 1930 年之前曾在 30 多篇文章中提及或专门论述了"神话"。图 0-2 来自北京爱如生数字化研究中心所建"搜神数据库"——历代典籍及近代报刊库，以"神话"为关键词进行检索而得出的结果绝大多数来自《申报》等大众报纸。图 0-3 显示了以包含"神话"一词为标题的文章在不同时代的篇章数变化。数据来自上海图书馆所建"晚清民国期刊全文数据库"，该数据库收录了 1833—1949 年中国主要的期刊文献资料。从检索结果来看，该库收录的期刊范围要大于前两个数据库，数据的来源期刊也呈更为分散的状态，"神话"出现次数较多的有《文学周报》《民众文学》《小说月报》《妇女杂志》《晨报副刊》等期刊，关于神话教材、读物与儿童教育问题的探讨也多次出现在这一数据库的检索结果中。

尽管仅以"神话"为关键词进行检索而得到的数据不免有以偏概全之嫌，

但综合三张图的数据，通过有关神话的论述和表述的出现频率来看，我们大致能够就 20 世纪上半叶中国神话学的发展描绘出一个基本统一的轨迹。19 世纪末期，甲午战争的惨败导致中国的传统知识体系不得不向外求变，因此可以看到从 19 世纪末期到 1919 年左右，有关"神话"的论述和表述开始逐步出现，在 1919 年之后开始出现大幅度的上涨，其原因和五四运动后的新文化运动很容易联系起来。图 0-1 显示 20 年代初有关神话论述频率出现最高峰，图 0-2 和图 0-3 则显示 20 年代后半期至 30 年代前半期出现高峰，这种时间差产生的原因在于图 0-1 数据主要来自启蒙知识分子主办的杂志，因而，在时间上会比大众期刊早一步达到高峰。图 0-1 没有出现 30 年代以后的数据，但根据图 0-2 和图 0-3 的统计可以发现，在 1937 年左右数据都出现了一个大的回落，在此之后又开始出现上涨，其原因基本可以归结为抗日战争的爆发带来的影响。抗日战争是中国神话学研究的一个大的分水岭，研究机构和大学的西南迁移客观上促进了神话研究走向田野调查和少数民族神话研究。总体来看，20 世纪的中国，是革命、战争、思想和社会变革繁出频迭的一个世纪，仅从 20 世纪上半叶中国神话学的发展大轮廓来看，其变化显示出与这些社会变动同步的倾向，诚如刘锡诚先生所言："这种社会背景对于人文学科的命运的影响常常是不可抗拒的。"[1]

由甲午战争之后到抗日战争爆发之前，这一段时期是中国人以开放的心态来翻译、介绍、引入、学习、消化、整合和重构西方制度和文化观念、建构自身现代性的时期，也是中外文化碰撞和交融最激烈的时期，诚如陈独秀在《吾人最后之觉悟》中所言，西学东渐由器物到行政制度再至伦理精神逐步深入。[2] 西方的学科体系也正是在这一时期被纳入制度和知识体系，与中国传统的制度和知识体系产生交汇、冲突、改造、融合、接受、传播等种种复杂关系，神话学自然也不例外。基于以上原因并结合以上数据分析，本书将研究的范围定位在甲午战争之后至抗日战争爆发前这一特定历史时期，具体言之，由于"神话"一词在中国最早出现在 1897 年，本书将这一时期的起止年份定位为 1897—1937 年。

---

[1] 刘锡诚：《二十世纪中国民间文学学术史》，中国文联出版社，2014 年，第 8 页。
[2] 参见陈独秀：《吾人最后之觉悟》，乔继堂选编：《陈独秀散文》，上海科学技术文献出版社，2013 年，第 50-54 页。初出：《青年杂志》，1916 年第 1 卷第 6 号。

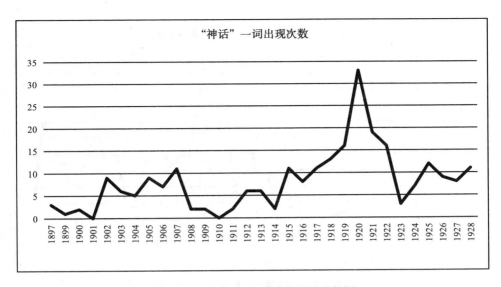

图 0-1 香港中文大学所建数据库数据

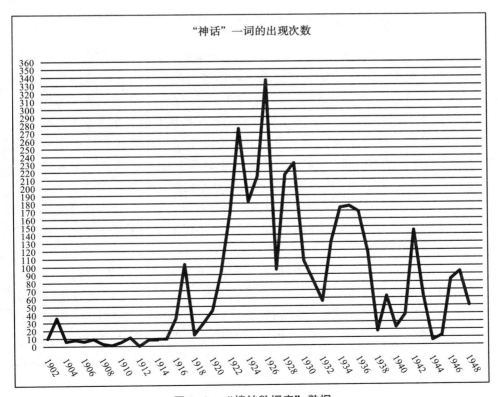

图 0-2 "搜神数据库"数据

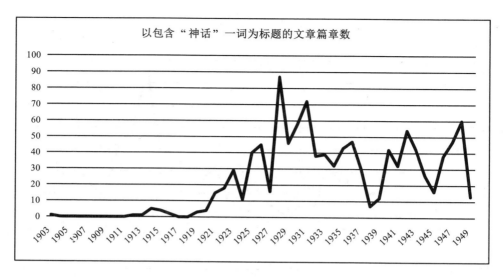

以包含"神话"一词为标题的文章篇章数

图 0-3　上海图书馆所建数据库数据

三、中国神话学发生期研究热点

本书的目的不是展示中国神话学发生期的全貌，而是力图探究与中国神话相关的命名实践、价值论定、理论语言的选择与建构、表述模式的出现及演变，这部分是在不同学者的共同探讨中产生的。因此，比起孤立地去考察每一位学者的全部相关研究成果，本书更注重通过一些研究热点来考察各种话语如何冲突、消解、融合以及变化，观察中国神话学如何在具体的历史语境中发生。目前，中日学者共同编纂的工具书《中日学者中日神话研究论著目录总汇》[①] 能为本书寻找中国神话学发生期的热点问题提供帮助。该检索工具书分类收录汇编了迄今百余年来中日学者在中国神话研究领域的论著目录共计一万多条，根据目录，可以发现晚清至 20 世纪 30 年代末期神话相关研究主要集中于以下几个大的领域。

其一是有关神话综论和基本理论的研究。包括神话的定义、特征、范围，神话的体系分类及价值。黄石的《神话研究》（1927）、谢六逸的《神话学ABC》（1928）、汪倜然的《希腊神话 ABC》（1928）、茅盾的《北欧神话ABC》（1928）、《中国神话研究 ABC》（1929）、《神话杂论》（1929）、林惠祥的《民俗学》（1931）、《神话论》（1934）、《文化人类学》（1934）、黄翼的

---

① 贺学君，蔡大成，樱井龙彦编：《中日学者中国神话研究论著目录总汇》，中国社会科学出版社，2012 年。

《神仙故事与儿童心理》（1936）等一批专述神话或与神话相关的专著的出现表明这一时期神话学的基本理论框架开始建构和建立。其二是有关神话与社会历史的研究。包括对中国上古社会及上古史的探讨，其中意图通过神话与夏代史的研究追溯"华夏"来源的研究最为集中，另外以顾颉刚为中心的古史辨派研究、与之相连的三皇五帝及尧、舜、禹研究的数量和成果也相当瞩目。其三是有关神话与民族、种族、人种源流和迁徙的研究。其四是有关神话题材教材、读物是否适合儿童教育和儿童读物的大讨论。其五是以神话视角讨论《山海经》《楚辞》等典籍的研究。

综合来看，以上几大研究集中领域还有一个共同的特点，即在 20 世纪 40 年代以后这些领域基本出现断裂状态或变得极其稀少，大部分研究领域在新中国成立后的 50 年代末期甚至 70 年代才开始出现新的后续，研究的再度繁盛也都大致在 80 年代之后。换言之，我们基本可以把以上这些研究领域作为中国神话学发生初始阶段的独有特色及研究内容来考察。其次，考察以上研究领域可以发现，它一方面服务于神话学本身的基本理论建构需求，如对神话的概念、范畴、分类、体系的构筑，对神话及神话文本的裁定。另一方面也服务于民族—国家的话语建构需求，如对于传统知识体系和价值观念的打破，对于传统民族文化和精神的回溯与塑造。简言之，它们都在层层推进来表述以下几个核心话语：神话是/不是什么→神话价值何在→什么是/不是中国的神话→中国的神话是国家、国民、民族的什么/其价值何在。此外，还可以看到，以上的话语构筑并不是在一个独立封闭的系统内进行的，在西方知识和价值体系全面侵入中国的背景下，它不断地与"民族""古史""文学""教育"等话语发生纠缠和交涉，彼此参与各自的系统建立。本书力图实现的就是从历史相对化和话语实践的角度对以上话语的多元角度建构过程进行追踪和分析。

第二节　研究现状与文献综述

中国的神话学史正式起步于 20 世纪八九十年代，但迄今为止，进入这一领域的学者屈指可数，还未形成繁荣局面。目前主要的研究成果基本来自老一辈学者的开拓和积累，如钟敬文、潜明兹、刘锡诚、马昌仪、贺学君、叶舒宪等，此外，也有一些年轻的学者如汪楠、谭佳对这一领域也有所探研或涉及。但是，这些研究或是将清末民初的神话学史放置于中国百年神话学史的一瞥中，或是将其放置于民间文学的谱系中来思考，以清末民初这一时期并且以神话学史为专门角度的研究还不多见。以下从四个大的方面对以往的研究——加以回顾、梳理、总结和评说。

一、统观或以不同历史阶段为对象的研究

1. 钟敬文和张振犁的早期开拓性研究

钟敬文是中国神话学史研究的奠基人，早在 20 世纪的 60 年代，他就已在《晚清时期民间文艺学史试探》（60 年代初期）、《晚清革命派作家的民间文艺学》（1963）、《晚清革命派作家对民间文学的运用》（1963）、《晚清改良派学者的民间文学见解》（1964）等一系列论文中对这一领域有所涉及，后结集发表于《钟敬文民间文学论集（上）》（1982，上海文艺出版社）。钟敬文主要对晚清知识分子的以下相关神话论述予以了关注和述评，如蒋观云在神话学术史上所发先声，夏曾佑疑古思想的萌芽，严复对南方民族槃瓠神话（瑶、畲等）的图腾式解释，鲁迅对"神思"的阐发和对反抗神的赞颂，章炳麟及刘汉光（师培）从姓氏起源、母系制度、图腾制度对上古"帝王感生"神话的解读，晚清知识分子基于反清的政治诉求而对人种、种族起源的考证等。钟敬文的关注点和整理研究对以后的学者在同一领域的拓展有很大的影响。此外，张振犁在《晚清时期顽固派的民间文学观》（1982，编入钟敬文编《民间文艺学文丛》，北京师范大学出版社）一文中对晚清革命派（改良派）与顽固派之间围绕民间文学的思想斗争进行了论述，指出了顽固派将神话等民间文学视为"鄙野""荒谬""淫乱"的主张和其后维护儒家思想体制的政治意图。这些研究尽管还比较简略，但为本书梳理中国神话学如何在传统与现代之间、在复杂的政治关系中被构筑提供了有益的参考。

2. 潜明兹和刘锡诚等的奠基性研究

20 世纪八九十年代中国神话学史专著的出现标志着这一领域的研究进入正式的发展期。潜明兹所著《神话学的历程》（1989，北方文艺出版社）、《中国神话学》（1994、2008，上海人民出版社）、刘锡诚所著《20 世纪中国民间文学学术史》（2006，河南大学出版社）都对晚清至现代的中国神话研究分期进行了较为全面的梳理和述评，是迄今为止最为全面和最为详细涉及这一领域的著作。在对清末至 20 世纪上半叶这一时期神话学史的梳理中，两位学者都以著名的神话研究者和研究流派为切入点展开。潜明兹继承了钟敬文对晚清神话研究的认识，将章炳麟、刘师培和蒋观云等晚清知识分子从多角度寻求民族（汉族）源流的研究及萌芽于此的神话观定位为"种族发生学"的神话观，并批评了这种汉族中心论的狭隘的民族主义。在对鲁迅的研究上，她在钟敬文研

究的基础上进行了拓展，对鲁迅从神话（如大禹治水）中汲取民族精神、通过小说的再创造赋予神话新的意义也给予了高度的评价。此外，对于茅盾在吸收西方人类学派理论基础上全面构筑中国神话学框架和中国神话系统，对闻一多通过考证伏羲、龙、端午节的发生演变挖掘民族共同历史源流，对钟敬文早期以传承角度研究槃瓠神话，对顾颉刚及杨宽为代表的古史辨派及其主要主张——古史神话层累观、古史神话演变分化说，她都一一予以了整理和评述，也对一部分学说给予了指摘和批判。刘锡诚研究的意图在于全面构筑中国民间文学学术史，因此神话学史仅是其研究的一部分，但这也使得神话学史在更为广泛的学科背景和视角下（如歌谣运动、民族学、民俗学派的崛起）得以展开。在对 20 世纪上半叶这一时期神话学史的梳理中，除潜明兹所列研究者外，刘锡诚将目光投向了更多的研究者，如早期周作人对国外神话及理论的介绍；谢六逸、黄石及林惠祥等人类学派学者对中国神话学框架的建构；凌纯声和芮逸夫对松花江赫哲族及湘西苗族的考察及伴随的神话搜集和研究；陈梦家通过甲骨卜辞，以考古学为主要手段对商代的历史和神话的混杂性和重复性的探讨，对商代神话系统的构筑。除以上两位学者的著作之外，汪楠的博士论文《20 世纪上半叶中国神话学史》（2011）也是这一领域的一部比较全面和详细的论著。汪楠的研究特色在于以一些神话类型及母题，如创世神话、洪水神话、盘瓠神话，以某一研究流派，如文艺学神话学派、历史派神话学派、民族学神话学派、民俗学神话学派来串联这一时期相关的神话研究者及研究，在对神话研究者的观点的系统化上更为清晰。以上研究都突出了中国神话研究者和研究流派的各自研究特色和贡献，对明晰 20 世纪上半叶中国神话学史的大脉络、描绘其全貌做出了开拓性的贡献，是本书不可或缺的基础和参考。但是以上研究都是孤立地去探讨学者和流派的研究成果，有将这些研究视为封闭及自足的系统的倾向。在研究方法上也均偏向于以文本（text）为中心的"内部"语境式研究而没有深入探讨"外部"语境（context）。如对于中国神话学发生的缘起，刘锡诚定位为民族主义、平民意识、西学东渐的综合性产物，[①] 潜明兹定位为"种族发生学的神话观"[②]。但整体而言，这些论述都倾向于神话学研究背景的概括性描述。神话研究这一要素具体如何参与民族意识和观念的产生及演变，如何形塑及传播民族观念、塑造平民意识？通过将"内部"语境和"外部"语境相结合的办法探讨以上问题将有利于神话学史研究的进一步

① 刘锡诚：《序言》，马昌仪编：《中国神话学百年文论选（上册）》，陕西师范大学出版总社有限公司，2013 年，第 1 页。

② 潜明兹：《中国神话学》，上海人民出版社，2008 年，第 1 页。

立体化。

3. 统观性研究的论文成果

回眸中国百年神话学史的主要论文有：马昌仪的《中国神话学发展的一个轮廓》（1994）、叶舒宪的《神话学的兴起及其东渐》（1996）、陈建宪的《精神还乡的引魂之幡——20世纪中国神话学回眸》（1998）、高有鹏的《中国神话研究的世纪回眸》（1998）、贺学君的《中国神话研究百年》（2000）、黄震云和杨胜朋的《20世纪神话研究综述》（2003）、陈连山的《20世纪中国神话学简史》（2004）、叶舒宪的《中国神话学百年回眸》（2005）、黄泽的《20世纪中国神话学研究评述》（2007）、刘锡诚的《20世纪中国神话学概观》（2010）。以上研究对本书的主要指导意义在于：其一，明晰了中国百年神话兴起和发展的大轮廓；其二，厘清了中国神话学发展中并行的大的学术思潮。就中国神话学的发展轮廓和历史阶段而言，马昌仪将其分为五个时期，从1903年第一篇神话学论文发表后的第一个十年为神话学的萌芽阶段。这一时期通过一批译自日本的文明史著作及一批留日学生，如王国维、梁启超、夏曾佑、周作人、周树人、章炳麟等，"神话"的概念作为启迪民智的新工具，被引入文学、历史领域，用以探讨民族之起源、文学之开端、历史之原貌。继而周作人等人又相继介绍了人类学神话理论，为中国的神话学的建立和建设打下了理论基础。20世纪20年代到1937年抗战爆发为神话学的奠基期。这一时期神话学作为新文化运动的一个组成部分，在新思潮中得到了发展，中国神话开始成为独立研究对象。不但出现了茅盾等研究者撰写的神话学专著，也出现了以顾颉刚、杨宽等为代表的古史辨神话学派和一批从文化史、宗教史、风俗史等不同角度研究中国神话的学者，如梁启超、郑振铎、陈梦家、江绍原、卫聚贤、钟敬文等。《山海经》的神话学考察也取得了长足的进步。1937年到40年代末是中国神话学的拓展期。随着抗战的爆发，大学及科研机构的西南迁移客观上促进了中国神话学研究从典籍研究走向与田野调查相结合的研究。而之后的50年代末到70年代末由于政治路线等原因大陆神话学陷入低谷期。70年代末期后，随着中国的改革开放，中国神话研究百家争鸣的局面初步形成。综合其他学者的论述来看，这一划分和总结大致代表了这一领域学者们的看法，与中国在20世纪的社会历史分期基本同步，也与本书在前面所列图表数据统计和分析基本一致。其次，关于中国神话学发展的思潮，学者们的关注点也比较一致，如刘锡诚认为中国百年神话学发展史中始终并存着两股学术思潮：一股思潮是西方传来的人类学派神话学的理论和方法，另一股思潮是以搜神述异传统为主导的中国传统神话理论和方法。后一股思潮在发展中又分为两个支流：一是把神话作为文学之源和文学形态的文学研究，主要依附于古典文学的研究；二是把神话作为历史或史料的历史研究，或围绕着"神话"与"古史"关系的研究。高有鹏在《中国现代民间文学史论》（2004，河南大学出版社）中的观点较为相似，他提出了三元论，即在以上两大思潮之外，添加了鲁迅对神话和民族精神的关注。陈建宪则提出了四元论——人类学派、历史学派、文艺学派、民族学派神话学。以上研究说明西方神话学理论和方法确实给中国神话学的建立和发展带来了深刻的影响，但中国传统文化仍然有自己坚固的系统。可以说，中国神话学的发生并非一个对西学的机械移植和套用的被动过程，而是一个在与大的社会历史背景和时代观念思想互动中产生的动态过程——既包含了对西学主动的选择和运用，也包含了对传统的承袭和改造。因此，对于中国神话学发生的追溯必须将其放置于这样一个复杂的关系和过程中去考虑。不过，这些论文受篇幅所限，对中国神话主要研究者和研究流派的成就仅做了简略的回顾，所关注的 20 世纪上半叶的研究者也比较集中和重复，主要聚焦于蒋观云、鲁迅、茅盾以及人类学派和历史学派研究的成就方面。

4. 神话文论的遴选以及神话研究论著索引目录的建立归类

这两项关系中国神话学史研究的大工程均由老一辈学者主导完成。马昌仪选编的《中国神话学百年文论选》（2013，陕西师范大学出版总社有限公司）以 1994 年的初版为基础进行了大量的增编和置换，以历史编年为序，收录了 1904—2000 年 99 位国内外学者撰写的有影响的神话学研究论文 115 篇。该书既是编者对中国神话学史发展轨迹和历史风貌的一种学术建构，也为本书提供了不可或缺的一手资料。贺学君、蔡大成联合日本学者樱井龙彦主编的《中日学者中国神话研究论著目录总汇》（2012，中国社会科学出版社）对百余年来中日学者在中国神话研究领域的论著目录共计一万多条进行了汇编和分类甄别。该书对本书探寻不同角度下中国神话研究的源流和发展、寻找不同历史时期知识分子共同关心的热点问题提供了强有力的索引参考。此外，该书对日本学者在各个时期对中国神话研究领域的参与也进行了梳理。结合俄罗斯学者李福清（B. Riftin）所编《中国各民族神话研究外文论著目录：1839—1990》（2007，北京图书馆出版社）来看，可以发现，白鸟库吉、津田左右吉等对尧、舜、禹和中国上古史、上古传统的研究及怀疑，小川琢治对《山海经》的研究，久米邦武及小山琢治对昆仑和西王母传说的考证，石卷良夫、鸟山喜一对于中国文化中的龙的象征的研究也均开始于 19 世纪末到 20 世纪 20 年代左右，研究点和主张也与中国学者有相通之处，如白鸟库吉、津田左右吉等的研究和古史辨派思想的相似性。以上学者的成果都为本书从与外部文化的关联和比较中审视中国神话学内在的发生及特点提供了线索。

二、对中国神话学外来资源的搜集整理

1. 对西方途径的介绍

潜明兹在《中国神话学》（2008）中指出严复所译英国人赫胥黎的《天演论》（1895）的进化论思想对当时的中国学人及后来神话学的兴起有着重要的影响。从清末开始，西方各民族学流派相继传入中国，其中，以进化人类学传入最早，影响最大。如斯宾塞的《社会学原理》和摩尔根的《古代社会》（转译自日本学者贺长雄的《家族进化论》一文）。此后，严复又翻译了斯宾塞的《群学肆言》、英国学者甄克思（Edward Jenks）的《社会通诠》，林纾与魏易共译了德国哈伯兰（Michael Haberland）的《民种学》（转译自英译本《民族学》）。这些学说所涉及的神话的性质以及神话与原人宗教的关系都对中国神话学的兴起产生了影响。杜新艳也在《晚清神话学的西方社会民俗学渊源》（2003）一文中探讨了西方社会民俗学，如甄克思的《社会通诠》及葛通吉斯（即吉丁斯 Frankin Henry Giddings）所著《社会学》、图尔干（即迪尔凯姆 Durkheim）的社会学说对章炳麟及刘师培理解氏族图腾和母系制度等的影响。其次，由于人类学派神话理论对中国神话学的兴起影响巨大，大多数中国神话学史研究者都特别提到了人类学派神话理论的引入和影响。杨堃和王文宝的《人类学派对我国神话学的影响》（1987）一文详细地列出了属于人文学派阵营的学者：鲁迅、周作人、江绍原、茅盾、黄石、谢六逸、林惠祥、闻一多、孙作云、袁珂、赵景深、钟敬文、顾颉刚、容肇祖、杨成志等。此外，刘锡诚在《二十世纪中国民间文学学术史》中"人类学派神话学派神话学的传入"一节中列出了赵景深在 20 世纪 20 年代到 30 年代对哈特兰德、麦苟劳克的民间故事论著、杨成志对英国该莱《关于相同神话解释的学说》（1927）、英国班恩《民俗学问题格》（1928）、郑振铎对英国人柯克士《民俗学浅说》（1934）、苏秉琦、秋子在 30 年代分别对弗雷泽《洪水故事的起源》《迷信与社会诸制度》等的翻译活动。章炳麟对语言学派神话学说的接受、苏雪林对泛巴比伦主义的接受、胡适和董作宾对"母题"概念的引入、江绍原对宗教学理论及《宗教的出身与成长》（1926）的译介、李安宅在 30 年代对马林诺夫斯基论著的翻译也分别有学者指出（汪楠、高有鹏）。以上成果都为本书明晰西方相关理论尤其是人类学派神话理论在中国神话学兴起过程中的引入和影响提供了参考。但遗憾的是，除少部分研究外，大部分研究仅是对译介和翻译活动的罗列和介绍，缺少将具体的学说内容结合在一起所进行的探讨。任何西方神话理论都不是孤立产生的，其理论范式和概念有着独特文化背景下的历史渊源，也有着与现实及同时代其他理论的交错，这些携带着西方历史文化因子的

新鲜事物进入中国时，必然要面对不同历史和文化的偏差。当时的知识分子如何去理解、翻译、阐释、选择甚至重组或扬弃这些理论？又如何在这一基础上去构建自己的学术体系、话语和内容？显然这些都是在讨论中国神话学史的发生时无法避免的问题，而这一领域的研究目前来说还亟待加强。

2. 对日本途径的研究

这方面的研究首先聚焦于"神话"概念的传入。马昌仪在《中国神话学发展的一个轮廓》（1994）中指出中国学界最早引入"神话"概念及中国神话学的开端都与以留日学生为中介的对日本书籍的吸收、介绍和翻译有着极大的关系，在几部从日文翻译过来的文明史著作，如高山林次郎《西洋文明史》，白河次郎、国府种德《支那文明史》等著作中，首次出现了"神话"和"比较神话学"的字样。国内大多数神话学研究者都认同并多次引用了这一说法。叶舒宪在《神话学的兴起及东渐》（1996）中提出中国神话学发生过程中的"古史辨"运动在方法论启示上来自1904年出版的首部日本神话学著作——高木敏雄的《比较神话学》，吕思勉在1939年所撰《盘古考》中主张的盘古神话印度影响说其实是对高木敏雄所提的盘古神话印度源流说的继承。刘锡诚在《二十世纪中国民间文学学术史》中介绍了鲁迅对岩谷温之"神话乃小说源流"学说的参考和阐发，列出了20世纪二三十年代中国对日本神话研究论著的翻译，如小川琢治的《天地开辟与洪水传说》和青木正儿的《中国小说底渊源与神仙说》（1929，汪馥泉），小川琢治的《山海考》（1931，江侠庵），松村武雄的《地域决定的习俗与民谭》（1931，白桦）、《童话与儿童的研究》（1935，钟子岩）等。近年来，对于中国古史辨运动与日本疑古思潮的共性及关联性问题的研究开始有学者关注，如钱婉约的《"层累地造成说"与"加上原则"——中日近代史学上之古史辨伪理论》（1999）、杨鹏的《古史辨运动与日本疑古史的关联》（2010）、赵新的《中国"神话"语源的生成——检讨"神话"概念中的日本因素》（2012）、李长银的《日本"疑古"思潮与"古史辨运动"》（2016）都对这一领域进行了探讨。这些学者都指出，白鸟库吉的"尧舜禹抹杀论"和内藤湖南的"加上原则"与古史辨派的"层累地造成说"存在相通之处，其共同的学术源流都来自清代乾嘉年间学者崔述所留《崔东壁遗书》。由于日本疑古思潮早于古史辨运动，后者是否受前者影响而成为学者们讨论的焦点，就此，钱婉约并未下结论，她认为两者的相似可以视为中日史学在脱离传统、迈向近代的过程中所必须经历的共同阶段，以及在此阶段上所表现出来的共同的文化学术现象。赵新也认为这一相似现象的产生在于两者存在着"反儒家价值体系"的"政治共识"和受科学主义支配的"实证主义"的"学术共鸣"。杨鹏对两者的关联性持否定态度，李长银则持相反意见。以上的研究都为本书提供了思路上的启示，也引发了本书进一步深入讨论的意图。"神话"这一全新的翻译语如何在日本产生？"神话"词汇的传入又如何影响中国人对这一全新概念的理解？中日对西方神话学接受的土壤有何异同和关联？中日学者如何裁定何为中国神话？"神话和小说"的关联性如何被确立？"神话和历史"如何在对立中被剥离并作为新的概念被构筑？可以说无论在学术史、思想史以及交流史方面，这一领域都存在需要进一步明晰和拓宽拓深的空间。

三、反思性研究

陈连山的《走出西方神话的阴影——论中国神话学界使用西方现代神话概念的成就与局限》（2006）、乌丙安的《中国神话学百年反思》（2009）都对中国的现代神话学的发展进行了反思。两位学者的关注点都在于反思贯穿中国神话研究史的一个问题——中国为何没有欧洲那样系统化的神话？陈连山认为中国的神话类型不同于西方，中国的神和人往往是互相交融的，中国典籍中的神话和历史也没有刻意区分，而西方的神话概念在理性主义兴起后明显地将神话和历史以及英雄传说做了区分，因此在西强中弱的大背景下，中国学者无暇去辨析中外的不同，引入的神话概念通常都只包括"神的故事"，不包括"英雄的传说"，以这一概念去套用中国神话必然会出现以下结论：一是中国神话的零散和贫乏，二是中国神话经过了历史化改造。这一论断在强调中国文化的独立性和指出某些研究误区（如古史辨派）方面有其学术意义，但从西方神话理论的多元学说和中国神话研究的多样性来看，有以偏概全之嫌。事实上西方神话的范畴中通常是包含了英雄传说的部分的，而中国引入的神话概念以及进行的神话研究中也不乏这一部分。乌丙安则认为从早期至如今，中国神话研究者们关于中国神话零散和贫乏的论断，包括神话研究者袁珂在20世纪80年代对"广义神话"概念的提出其实都是陷入了这样的一个误区，即仅试图从汉文典籍文献中构筑中国神话系统。他指出，走出这样一个误区就是要向民间存活着的口碑神话做搜集采录，其次要注重中国神话的多民族性、少数民族和汉族神话的共同传承性。中国的神话研究当然要重视少数民族神话和口传资料，但是中国神话贫散论和"广义神话"概念的提出针对的都是汉族神话，乌丙安的观点事实上没有正面回答这一问题。就他的观点，也有不少学者持不同意见，如吕微就认为任何神话文本的民族载体在历史上都不是绝对封闭的状态，因此使用现代采录的口传文本构拟古典神话缺失部分时需持十分谨慎的态度。① 吕微的意见是中肯的。历史不能逆转，反思是为了给现在的学者指明道路。本书更为关注的是为何中国的神话学会形成自己独特的发展轨迹和某种偏差。"中国神话零散贫乏论""古史辨派"为何会在早期的神话研究中出现？这其中包含着中西文化的价值思辨、交锋、沿袭、挪用，交错着当时的种种现实问题，而这些问题并未在今日的研究中得到重视。

四、新视角下的研究

叶舒宪和谭佳所著《比较神话学在中国：反思与开拓》（2016，社会科学文献出版社）从中国早期研究者如蒋观云、王国维、梁启超、章炳麟、周作人、鲁迅、谢六逸、闻一多、茅盾对比较研究方法的运用——西方概念和理论的译介、西方和日本学说的挪用或超越，中西文化体系的对接等为切入点，探讨了中国神话学建立过程中的双重诉求，即在学科上意图重构古史——通过在先秦典籍中寻找神话样式与体系，剥离古史与神话，在政治上意图通过民种的溯源来构建现代意义上的国族。谭佳独著的《神话与古史：中国现代学术的建构与认同》（2016）是对上述指导思想的更加全面和详细的实施。作者以"神话—古史"的角度统观中国现代学术的建构，将神话研究者的思想放入"神话—古史"的对立交织，现代性和民族性的认同中去探讨，指出"神话"的意义不仅仅是人类学、文学或史学的，伴随"古史—神话"话语与范式的是一系列新旧交织的概念、意识形态与社会实践。这些论著的出现说明中国神话学史研究已由内部语境走向与外部语境相结合的研究。本书比较认同这种研究思路，但认为这种思路还可以从不同的切入点进行拓展和加深。

第三节　研究方法与研究价值

一、研究方法

1. 综合化通法

运用人文学的化感通变方法，其中辟文辟学之辟思②是贯穿于研究过程的解读艺术。辟文辟学之辟思对本书最大的指导在于用"神话学非神话学"的

---

① 吕微：《神话何为：神圣叙事的传承与阐释》，中国社会科学出版社，2001 年，第 342 页。
② 栾栋：《文学通化论》，商务印书馆，2017 年，第 95-159 页。

视角去思考和考察中国神话学的早期发生。神话最初的产生并非因为神话其自身，它在该社会的功能也无法归一，如果以现代学科分类来回视神话，它是一个综合学科的混沌体。正因如此，中国神话学从其发端时期起就是在广泛的学科领域展开的。本书广泛关注宗教学、人类学、考古学、历史学、民族学、文学、语言学、心理学、教育学等在中国最初的神话研究领域的渗透流播，将多重视角和方法下的成果和思想聚焦于本书。

2. 话语实践法

通过考察知识体系的建构必不可缺的基本学术话语——概念、范畴、价值、观念、表述模式等的发生、形成和演变统观近代中国神话学体系的建构，具体探讨和解释其复杂多重的过程和层面，揭示这些话语如何服务于特定现实处境中之族群，即建构国民意识和维护斯国斯民。尤其关注跨语际的话语实践，考察神话学基本学术话语在具体历史语境中的引入、翻译、选择、接受、套用、改写以及组建过程。

3. 定量与定性法

利用数据库统计概念或关键词出现的时期和频率。以案例分析的形式分析概念或关键词在上下语义中所呈现的内涵，捕捉其在不同时期、不同阶段的语义牵连或重构，并在此基础上进行文献细读与分析，对不同时期的特点及主张进行分类和比较。通过定量和定性的方法捕捉中国神话学的学术概念的命名实践和价值论定等。

二、研究价值

1. 应用价值

神话学术史的研究意义首先来自一个最朴素的疑问，即人们为何研究神话？这个问题还可以用另一种方式提问，即神话成为神话以来，其民族学和人类学意义何在？如本书开端所述，神话从来都不是一个亘古就有的自身鉴定自身的实存之思想文化，不少民族都有自己的神话故事，然而未必每个民族都有自己的神话学。换句话说，有神话的民族，不一定就有其神话学。如果把神话与神话学放到一个更宽泛的民族文化学或人类学的视野中来看，可以做这样的比喻，神话如原初的创想，神话学则是后发的创思。栾栋先生曾提出"神话不自照"[①]的判识，其意思是说神话不把自己作为反观的对象。而神话学恰恰是对神话的判识，是对神话的反观审视。如果借用费孝通先生对中华民族

---

① 栾栋：《人文学讲义》，未发表。

"自在"和"自觉"的表述来阐发，那么我们可以说神话是自在的集体无意识现象，而神话学则既是自觉的，也是自动的族群性有意识文化思想。这里需要再次说明，正因为神话是自在的，它为人类思想奠定了前提，也埋下了研究的种子。神话，特别是始源神话，是原始民族以其与自然一体的幼儿心理稚气地表现事物，而不反思事物，尤其不把神话自身作为反观反思的对象。而神话学则是神话的反观反思，这样的自反首先表现为神话研究的自觉。在自觉的过程中人们一次次地重新回溯神话、界定神话、发现神话和研究神话。换言之，自觉的过程或者说研究神话的过程就是发现神话在每个时代意义的过程，而它的意义总是指向人类文化更源流、更童心、更质朴、更具想象和开放的部分。晚清民初时期的中国内忧外患，是史所未有的社会大变革、中外文化思想大激荡的时期，发生于此时的中国神话学就是对中国神话的第一个自觉过程，如何通过神话反思反省自身的文化，如何整合、构筑传统、挖掘民族精神、增强民族凝聚力是中国神话学之于当时中国的最大社会和现实意义。如今，世界正在步入地球村的时代，在面对全球化浪潮冲击和现代性危机、提倡文化多元的当下，每个民族都需要在新的社会和历史条件下重新审视、整合和重构自己的文化传统以自立于民族之林，同时挖掘自我文化的优秀资源，反思自我的不足，为世界提供有益可用的思想之源。晚清民国时期的神话学建构实践无疑能为我们重新挖掘神话的当代意义提供参考和借鉴。

2. 学术价值

神话学术史的研究意义还在于另一个疑问，即人们如何研究神话？它指向神话学的学术意义及其方法论开发。研究学术史的意义不外乎通过追溯知识体系的形成、分析理论框架的建构、褒贬抑扬学人著述达到"辨彰学术，考证源流，矫正世风，引领精神"的目的。以往的神话学术史研究多以时间为序，对著名学派学人的学说进行归纳总结，并在此基础上评说相关时代或具体事件的意义，这种研究固然是学术史研究中不可缺少的基础，但也往往容易将文献作为自足的系统去考虑，忽略其与时代思想潮流的动态牵连，造成只局限于少数主题、事件或人物的重复性研究，对于时代和事件的意义评说也局限于急功近利的方面。学术话语涉及一门学问的本质探求和原理建设部分，是建立这门学问理论框架、进行学术共同研究的基础。而将话语作为实践尤其是跨语际实践的研究则打破了将话语作为"元叙事"、将西方和东方简化为"现代—传统""输出—接受""压迫—反抗"等二元对立模式的思考套路，突出了中国在异文化交涉和互动过程中的主观能动的选择性和创造性。近年来，已经有不少国内外学者指出学术话语的历史研究是学术史深化的关键。的确，如前所述，中国神话学迄今所使用的概念、分类、思考和研究范式的框架都是在对西学的翻译、接受、改造和对传统的重构中，在社会观念大变革生成的。将学术话语作为话语实践的研究尽管不能还原中国神话研究的全貌，但却能厘清中国神话学体系的最初观念、基础和秩序如何在近代的历史和制度中得以生成及演变，也能真实地反映出中国神话研究在时代思想潮流中嬗变的脉络和本质，更能有效地揭示传统文化的精粗，剖析知识体系的利钝，使神话学与人类发展的命运共同体建设融为一体。

第四节　研究思路

　　本书力图在以下三个方面对以往的中国神话学研究有所突破。其一，通过神话理论、学术意识和人文价值的交叉来审视中国神话学的发轫过程，侧重于探讨中国神话学在近代历史制度和思想文化潮流中的生成及演变，在不同学术领域的流播渗透，也着力于挖掘神话学在全球化过程中的人文价值和促进多元文化和谐发展的现实意义。其二，突出神话学内涵与学术语境相结合的研究。本书关注的是不具有"元叙事"功能的话语如何在具体的社会和历史语境中得以生成、演化。比起追求诸如"神话是什么""中国神话为何贫散"等话语的终极结果，本书的重点是揭示以上话语形成的具体过程、原因和其复杂性。因此，本书重视知识的生产也注重知识的传播，不仅关注中国神话学发生期的研究热点并以此串联学者们的学说和评述，也关注到了一些迄今为止的神话学史所没有注意到的研究点，如从大众媒体传播、从教育、从神话典籍及神话故事经典化和流传等方面审视神话学。其三，突出中国神话学所具有的跨语际实践的性质。本书不将西方和东方简化为"现代—传统""输出—接受""压迫—反抗"等二元对立模式的思考套路，而是关注在中—西—日复杂的文化交涉中，中国如何通过选择、译介、套用、对接、改编、整合或扬弃等方式接受和改造西学、如何通过建构话语使其合法化并使用它来改造社会和建构知识体系的过程，力图突出中国在异文化交涉中的主观能动性。其次，每一个话语的生成和合法化过程都是在与其他不断变化的观念或话语的关联中产生的，本书也注重这种多元话语系统之间的动态牵连。概而言之，本书尽量推进学术史与思想史相结合的研究方略。

　　本书分为七章。第一章回溯作为"前概念"的、处于"自在"状态的中国神话意识在历史长河中的发生、分化、融合以及淘汰和统合，探讨神话意识如何通过谶纬思想和经学传统形成了中国的神圣信仰体系——古史系统，神话意识如何被文学所吸纳、被哲学所抽象，如何滋养了后世的思想和文艺世界。这些"经验性材料"在清末民初与西方神话学相遇后走向"自觉"状态。它们一方面是中国理解"神话"的基础和对比资源，是中国神话学构筑过程中首先要回顾和搜寻的对象，一方面也包含了西方神话学理论尤其是人类学派神话学理论无法完全统合，也即中国学者们必须要面对的最难以框定、最棘手的一部分，还包含了清末民初接受了西方科学、民主思想的知识分子想要颠覆的道统和王统的思想基础。概言之，这一章是对中国神话学建构基础和前提的回溯。

第二章考察中国神话学的核心术语"神话"在西方和日本两条途径的影响下从形式和语义上在汉语语境中的确立，探讨中国如何将西方神话学理论与中国本土材料有效融合的曲折和创造性过程。首先梳理西方语言中的"神话"等词的出现及其语义在输入东亚前的多义性和近代性，其次明晰 myth/mythos/mythology 等词语和意义在日本的接受和重组、译语"神话"在日本的诞生及固化过程。接着考察先于西方神话学理论输入的译语"神话"与中国本土材料结合后形成的一般神话认识，这些一般神话认识与人类学派神话学说之间存在的巨大鸿沟。探讨茅盾、鲁迅、黄华沛等学者在弥补这些鸿沟过程中的思考、论争和拉锯，追溯"中国神话贫散"论和袁珂"广义神话"论在这些论争基础上的形成，明确这些认识与今日神话认识的牵连。

第三章从"神话"一词最早在中国的使用和论述来探讨"神话"如何在清末"华夷之辨"空间秩序的坍塌后参与了国人力图推翻清朝统治、建立现代民族国家的话语实践过程。首先探寻梁启超通过"神话"勾勒出的由埃及至腓尼西亚（迦太基），由腓尼西亚至希腊再至欧洲全体的西方文明脉络以及构筑出的自由、平等、共和的西方文明本质论，探讨梁启超建构出的"西方主义"如何呼应其时他所希冀的新国体和新民理想。其次考察章炳麟通过姊崎正治对西方语言学派和宗教学派神话认识的吸收以及他视六经为宗教性质和神话性质的历史之判识的成立。深入剖析作为经学家的章炳麟运用这一判识对康有为树立起的"托古改制"的圣王孔子形象和制造"大道"的六经之神圣性发起的挑战，同时也着力于指出作为史学家的章炳麟所做的如下努力，即通过肯定神话和宗教的民族史料意义来恢复被康有为彻底抛入虚无的中国古史价值，为民族认同寻找依据。

第四章追寻清末知识分子为鼓舞民族士气、凝聚民族认同所构筑的两种民族源流话语的产生和演变。第一种民族源流话语建设是对由西方经日本输入中国的"汉族西来说"的改造。本书在对这一途径的追寻中意图明确以下内容：黄帝率领汉族西来进入中国战胜土著民族的西来说是中华民族自觉化曲折过程中的一个侧面，西来说与混合了西方人类体质学和社会达尔文主义的清末知识分子所理解的"民族"概念相遇，成了清末知识分子树立民族符号以及基于竞争意识的"驱除鞑虏"主张的有力说辞，也配合了清末知识分子对"文弱"的中国文明性质和国民性的批判及对"尚武"的"新民"理想的追求。在这一过程中黄帝、蚩尤、盘古、昆仑山等神话的材料被发现和重构，神话的鼓动人心的价值被挖掘。清末第二种民族源流话语建设是通过近代最早的通史——历史教科书的编纂对本国历史资源三皇五帝的史统进行的改造。在对这一途径的追寻中本书力图考察在西方和日本文明史观影响下出现的新史学革命对清末历史教科书编纂的指导意义，明晰夏曾佑等学者如何过通过进化论这一话语转换装置将三皇五帝史统还原为神话，又如何用神话解说民族的进化阶段。换言之，本书探求王统和道统如何在话语策略下被解构又如何转换成了中国文明源流。

第五章从疑古和释古的角度考察中国在史学和神话学的创始期对神话和历史关系的各种阐释及讨论，分析中国神话学和史学如何在分离和交织中建构彼此的体系，发展彼此的关联。首先探究以顾颉刚为首的古史辨派将古史还原为神话、分离古史与神话并提出"古史的人化"其背后的政治理想和学术理想及局限。其次展示在学术与政治的力学关系中，在神话研究的深入开展中，"古史的人化""神话的历史化"与"人的神话化""历史的神话化"等话语的论争和拉锯，追寻由分离神话与历史到从神话中寻找历史或重建古史，即由疑古到释古的时代轨迹。作为本章的深化部分，本书以日本为比较对象梳理辨析中日在史学和神话学始建阶段对神话和历史关系认识的异同及关联，考察两者发生的前提、言说内容的共性及言说轨迹变化的不同，重新审视两者在面对"现代性"时的不同选择和原因，进一步探讨和凸显中国神话学发生的特性，深入思考如何善加利用和改造民族文化问题。

第六章以《山海经》为最具代表性的例子考察其成为神话经典（canon）的经典化过程。换言之即探研《山海经》作为神话书被认知和规范、从神话的角度被赋予民族精神与文化传统价值的过程。首先通过对新文化运动和整理国故运动言说的解读了解《山海经》新释是对何种思想和学术要求的话语实践。其次探讨茅盾基于人类学派神话学说和神话分类法、盐谷温和鲁迅基于小说的神话起源论将《山海经》由传统的地理书说和小说书说改造、规范为神话书说的种种言说。本书尤其关注盐谷温和鲁迅两位学者在中国传统小说概念和神话之间建立起的联系，力图展示《山海经》这一国故在中外古今知识体系的碰撞、融合、对接、改造中被分科、被赋予文学价值的过程。最后回溯《山海经》神话书说确立后其文学的、哲学的、科学的、宗教的、社会历史的各种价值在一系列的言说中的开发和塑造。

第七章通过中国神话学领域与儿童教育和儿童心理领域的关联透视神话的价值如何通过"神话教材、读物是否宜于儿童?"这一讨论得以广泛认知,也关注作为这一讨论的实践,中国神话的语种语源通过搜集、整理、筛选、整合以及艺术的加工和串联成为中国神话故事的经典、汇总为神话体系的过程。中国神话学在大学文教体系中当然有所体现,如鲁迅对神话与小说的认识、顾颉刚的古史辨思想均进入了大学课堂中,但是神话的价值和中国神话故事进入大众视野却是通过儿童教育领域,这一过程是中国神话学知识生产和传播链中的重要一环。"神话教材、读物是否宜于儿童?"讨论是西方儿童教育、心理理论和西方儿童教育实践经验的输入、五四运动以后儿童的发现、尚实和实利主义的教育宗旨、崇尚科学和民主的新文化思潮共同作用产生的结果。本章首先探讨关于神话价值的正反讨论如何在这些理论和思想的影响下展露各自的观点,如何正面交锋,神话的种种正面价值以及对儿童教育和儿童心理的益处如何在种种反驳中得到挖掘和确定。其次考察中国神话语种语源如何通过儿童读物得以搜集整理和艺术加工,在成为中国神话故事后又是如何得以传播乃至经典化的过程。

结语部分勾勒中国神话学的起根发苗,总结评说学人的贡献,思考中国神话学发生期的文化研究带来的启示,评价中国神话学发生期的学术史意义和思想史意义。

第一章　中国神话在历史长河中的积淀

神话是什么？正如一千个读者就有一千个哈姆雷特一样，对于神话的理解和定义因人因时因需而异。美国学者伊万·斯特伦斯基就指出："关于'神话'的现代观念与理论，是依据业已存在的、更为宏大理论的、专业和文化的研究课题制造出来的。"① 他甚至将神话比拟为"神话工业"的"产品"。这种看法突出了生成于不同历史语境（context）下的多元神话概念的现代性特征，却忽视了"制造"这些神话概念所依据的历史性材料。芬兰民俗学家劳里·杭柯的看法较为全面，他认为定义神话不能忽视以下两个基础：一个是"学者们研究神话时采用的语言种类"，即"神话研究史"；而另外一个则是"那些确实适当而且被称为神话的传说"，即"经验性材料"。② 的确，任何一个历史源远流长的原生民族，都有神话的繁衍绵延的过程。它们扎根于不同的自然环境和民族特性的土壤中，却都开出了瑰丽、诡谲、巧夺天工的花朵。古巴比伦、古犹太、古印度、古埃及、古希腊概莫能外，中华民族亦然。虽然"神话"一词在汉语中的出现及神话学在中国的产生都是现代性的产物，我们今天所理解的神话也是被现代的概念所规定的神话，但是这并不意味着在此之前的中国没有作为经验性材料的、作为前概念的"神话"存在，也不意味着前人没有对"神话"的认识和思考，它们是理解、定义中国神话和建构中国神话学的基础。当我们讨论中国神话学时势必要面对中国原生的神话，将中华民族的神话生成和发展脉络纳入视野，当然，这一视野的形成自不必说已经建

---

① ［美］伊万·斯特伦斯基著，李创同、张经纬译：《二十世纪的四种神话理论：卡西尔、伊利亚德、列维-施特劳斯与马林诺夫斯基》，生活·读书·新知三联书店，2012年，第3页。

② ［芬兰］劳里·杭柯：《神话界定问题》，［美］阿兰·邓迪斯编，朝戈金等译：《西方神话学读本》，广西师范大学出版社，2006年，第53页。

立在近代以来的神话研究的基础之上，[①] 它的最初发生过程将在以后的章节一一加以讨论，本章着重于探讨的是作为前概念的中国神话意识以及认识的发生、发展、演变。

第一节　中国神话意识的发生

中国最早的神话究竟怎样发生？其内容如何？其形态又如何？这一切已经无法得到确切的答案。今天我们所称之为中国神话的材料主要源于古籍的记载，也有少部分来自少数民族的口传资料。但是，这些材料在被搜集、整理直至诉诸文字之前就已经经历过漫长的演变过程，不断融入了后世的思想和现实需求，而在诉诸文字之际也不乏文人的修改、润色以及整合，其呈现在我们面前的样态已经多多少少失去了原本的面目。但是，正如日本考古学者宫本一夫所指出的，物质文化的造就"是以社会群体和个人达成默契的精神世界为背景"[②] 的。反过来而言，神话的产生脱离不了现实生活，考古学的发现有助于探究和描绘没有文字记载和文献资料时代的精神世界的一个个片段，也有助于将这些片段连成线和面，甚至是立体图像。由于这些片段已无法还原我们通常所认为的神话应当具有的叙事形式，这里将其称为神话意识。

将时间推回到原始时代，我们可以发现在属于旧石器时代晚期的山顶洞人遗址中，已经出现了中国最古老的墓葬，葬于公共墓地的尸骨周围不但撒有赤铁矿的粉粒，还放置了许多作为随葬品的装饰品。有学者认为这可能反映了一种原始的宗教意识，即将红色作为鲜血和生命的象征，希望死者在另一世界中复活。[③] 李泽厚认为红色赤铁矿粉的使用已经积淀了"社会观念""观念性的

---

① 劳里·杭柯将现代神话理论的类型分为 12 类：作为认识范畴的神话；作为象征性表述形式的神话；作为前意识的投射的神话；作为人类适应生活的整合因素（integrating factor）的神话；神话作为世界观；作为行为特许状的神话；作为社会制度的合法化证明的神话；作为社会关联性（social relevance）标牌的神话；作为文化的镜子和社会的结构等的神话；作为历史状况之结果的神话；作为宗教交流的神话；作为宗教性文类的神话；作为结构媒介的神话。这些范畴的神话理论成为我们理解神话的各种基础。参见［芬兰］劳里·杭柯：《神话界定问题》，［美］阿兰·邓迪斯编，朝戈金等译：《西方神话学读本》，第 59—60 页。

② ［日］宫本一夫著，吴菲译：《从神话到历史：神话时代、夏王朝》，广西师范大学出版社，2014 年，第 281 页。

③ 张之恒等著：《中国旧石器时代考古》，南京大学出版社，2003 年，第 353 页。

想象、理解"，"开始有其社会性的巫术礼仪的符号意义在"。① 在距今 5000 年
左右、属于新石器时代晚期的辽西红山文化晚期牛河梁遗址和东山嘴遗址中，
均发现了大型的、具有方形和圆形祭坛的、以"坛、庙、冢"为整体的祭祀
遗址以及女性裸体人偶。牛河梁遗址不但有女神庙，还出土了完整的女神头像
以及成批的泥塑孕妇裸体残片。女神庙的出现无疑是基于生殖崇拜的原始信仰
的体现，而在差不多同时期的黄河中游的仰韶文化晚期等遗址中已经出现了陶
祖（男根）的生殖崇拜形式②，显示了父系血缘社会组织的形成。由于东山嘴
遗址的女偶位于圆形祭坛的附近，有学者据此认为方形和圆形祭坛反映了天圆
地方的观念，女偶则代表了天神与祖神的合体，③ "三代礼制文明中的祀天、
祭地、崇祖、尊王等主要内容，在红山文化时期都已初具雏形"④。在红山文
化遗址中还出土了大量的玉器，最具代表性的为具有鹿首、猪首、鸟首等兽首
以及蛇躯的蜷体龙，这种龙被认为是中国龙的雏形，它的出现无疑是渔猎时代
的自然崇拜的一种体现。在先于红山文化的赵宝沟文化遗址中，带有鹿龙等原
始纹样的陶器已经出现，而且仅出现于规格较高的少数房址之中，显示了龙
"成为少数社会上层分子宗教礼仪生活的专利"，崇龙开始发展为政治礼制。⑤
在距今 5000—4000 年左右的长江下游的良渚文化地区也出现了发达的玉器文
化，其中最具代表性的玉器为作为祭祀礼器的玉琮，此外还有同样作为祭祀礼
器的玉璧以及象征武器的玉钺，这些玉器多出现于上流阶层的墓中，说明已经
出现了祭祀和军事权力的等级化。玉琮多为圆镯形，外壁以棱为对称线，装饰
简单的兽面纹，或为外方内圆且镂空的柱状，表面分为若干节，多刻有简化的
上为神人下为兽面的复合图像。一般认为玉琮的形状代表了天圆地方的宇宙
观，由于《山海经》中有很多以玉祭祀山神的记载，由此也产生了玉琮为通
天地的法器等各种看法。⑥ 根据日本青铜器专家林巳奈夫的解释，玉琮上的神
人兽面图像代表了太阳火神和其他太阳神的组合，显示了稻作地区对于光和热

---

① 李泽厚：《美的历程》，生活·读书·新知三联书店，2009 年，第 3 页。
② 宋兆麟：《中国生育信仰》，上海文艺出版社，1999 年，第 186 页。
③ 田广林：《论东山嘴祭坛与中国古代的郊社之礼》，《辽宁师范大学学报》，2008 年第 1 期，第
117 页。
④ 田广林：《中国东北西辽河地区的文明起源》，中华书局，2004 年，第 194 页。苏秉琦指出女
神庙的女神虽可称为"神"，但她们是按真人塑造的，所以也可以称为"红山人的女祖"，也是"中华
民族的共祖"。参见《中华文明起源新探》，辽宁人民出版社，2009 年，第 94 页。
⑤ 田广林：《中国东北西辽河地区的文明起源》，第 218–220 页。本书同一章节中出现的相同参
考文献，只在第一次出现处标注出版社及出版年份。
⑥ 臧振：《古史考论 西雍集》，商务印书馆，2016 年，第 168 页。

的崇拜，而琮中的孔则是神降临和停留的地方。①

以上摘取的仅仅是中国诸多史前文明精神世界的几个较早的、有代表性的片段。苏秉琦认为在思考中国的史前文明时应该打破以黄河流域为中心的一元文明发展观，他曾将距今 6000—4000 年间中华大地上的诸多文明喻为"漫天星斗"，而其中黄河中游的仰韶文化、辽西红山文化、黄河中下游的大汶口文化、长江下游的良渚文化即是升起最早，也是最亮的那几颗，它们经过裂变、撞击、融合造就了"中国文化总根系中一个最重要的直根系"。② 史前文明的精神世界自然也不例外，以最早出现于红山文化遗址的兽首蜷体龙为例来看，这种形态的龙在距今 5000 年左右的安徽凌家滩文化遗址、距今 4000 年左右的湖北石家河文化遗址和山西陶寺文化遗址中也均有发现，遍及辽河、黄河和长江三大水系。③ 而良渚文化玉琮上的神人兽面纹样，据林巳奈夫的研究，与距今约 7000 年的河姆渡文化的太阳神纹样有着继承关系，它又通过距今 4000 年的山东龙山文化、湖北石家河文化，一直延续到商周时代。④ 良渚文化玉琮的神人兽面纹是商周青铜器上饕餮纹的远源，目前这一看法已得到学界的基本认同。⑤ 宫本一夫指出："与纹样图案一起，玉琮等玉器文化向黄河中游、上游地区扩散使得包含于玉琮和玉璧之中的神政权力这种精神基底在新石器时代终末期的黄河中游地区所吸收，并在二里头文化以后得到绚烂发展。"⑥ 不仅如此，始见于大汶口文化，确立于龙山文化的黄河下游地区以酒器为中心的礼仪规范，发源于陶寺文化的以鼍鼓和石磬等"乐器"彰显身份秩序，以"俎"和石刀为组合的祭礼，源于西北畜牧农业区逐步向黄河上中游地区扩散的卜骨祭祀，与黄河中游地区见于墓葬的祖先祭礼、以动物和人为牺牲的祭祀相结合，共同塑造了黄河中游二里头文化及二里岗文化，即分属夏、商文化的精神世界，形成了商文化的基本要素：卜骨、祖先祭祀、供牲，构筑了商周的基本秩序即礼乐制度。它们是西北畜牧业文明、黄河中下游地区的粟、黍农业文明、长江中下游地区的稻作文明共同塑造的产物。⑦ 商周作为祭祀礼器的青铜器是融合以上各文化要素的重要器物。关于青铜器上的饕餮等动物纹样的源

① ［日］林巳奈夫著：《神与兽的纹样学：中国古代诸神》，第 57、64 页。

② 苏秉琦：《中华文明起源新探》，辽宁人民出版社，2009 年，第 86—107 页。

③ 田广林：《中国东北西辽河地区的文明起源》，第 203 页。

④ ［日］林巳奈夫，黎忠义译《关于良渚文化玉器的若干问题》，《史前研究》，1987 年第 1 期，第 89—94 页；林巳奈夫著，常耀华等译：《神与兽的纹样学：中国古代诸神》，第 91 页。

⑤ 萧兵：《中国上古图饰的文化判读：建构饕餮的多面相》，湖北人民出版社，2011 年，第 396 页。

⑥ ［日］宫本一夫著，吴菲译：《从神话到历史：神话时代、夏王朝》，第 298 页。

⑦ ［日］宫本一夫著，吴菲译：《从神话到历史：神话时代、夏王朝》，第 286—312 页。

头，前文已有所述，就其功能，学者们有不同的解读。由于《左传》中有"铸鼎象物，百物而为之备，使民知神奸"的记载，张光直认为商周青铜器上的动物纹样即为作为牺牲的"物"，它们的功能是协助巫觋沟通天地。而多见于商周青铜礼器的、一种人形的头颅存于张开的兽口中的纹样则表明作为巫师的人形正在动物的帮助下升天。① 其依据源于岛邦男的研究："甲骨文中的'宾'字通常置于表示商王的字以及某位祖先的姓名或上'帝'一词的中间"，张光直认为其含义可能是：兼具巫师身份的"商王'召唤'一位离去的祖先或上帝"，占卜活动是为了让卜人与祖灵会面。② 可以说，他所理解的巫师在动物帮助下升天正是这一认识的具体化。林巳奈夫则认为，兽纹是以氏族的图像符号表示的上神——帝，而兽口所衔的人则为祖先的灵魂，表达了有功德者而配享上天的思想。他的依据是：在西周铜器铭文中常有祖先的魂灵立于帝庭，配享天帝的内容。③ 西周的这种观念应该受到了商代的影响。有学者根据甲骨卜辞指出，帝为商代的最上神，帝臣则包括了商代的祖先神和自然神，后两者之间为平等关系。④

总而言之，尽管对于商周青铜器的饕餮纹样有着不同的理解，我们可以看出作为商文化基本要素的卜骨、祖先祭祀、供牲、礼乐制度均与神话意识有着密不可分的关系。这些神话意识的形成正是源于史前不同文明的扩散和融合，它们先于文字化之前通过玉器、通过青铜器、通过纹样、通过祭礼制度被物化、形象化和抽象化⑤，最终又如一条条根系汇合于商周文明中，塑造了中华文明的一条主要根系。

第二节　中国神话意识的发展与中国古史系统的形成

通过追溯中国史前文明至商周文明的发展之路可以看到，中国早期的神话意识与祖先祭祀、神政权力、礼乐制度有着不可分割的关系。文化人类学的研

---

① [美]张光直著，郭净译：《美术、神话与祭祀》，生活·读书·新知三联书店，2013年，第57、65页。

② [美]张光直著，郭净译：《美术、神话与祭祀》，第46页。对于饕餮的意义，还有其他看法，有学者认为是一强悍族群的专称，也有学者认为是商代巫师的形象化。参见张二国：《商周的神形》，《海南师范学院学报》，2001年第4期，第42页。

③ [日]林巳奈夫著，常耀华等译：《神与兽的纹样学：中国古代诸神》，第19页。

④ 王进锋著，李学勤、郭志坤主编：《殷商史》，上海人民出版社，2015年，第150页。

⑤ 神话的"物化、形化、抽象化"为栾栋教授授课时所提概念。

究和历史文献已经表明，通过神化首领和祖先、制作祀典来维持社会的统治和运行是原始社会既以开始的普遍现象，这就是"神而化之，使民宜之"，后世所谓的"神道设教"。张光直指出"神话是商周祖先祭祀系统中必不可少的部分"，神话不但赋予氏族徽章（图腾）作为氏族凝聚的象征，而且也通过讲述祖先功德的英雄神话证明其氏族在竞争关系中存在的合理性，"尽管古代中国的数百个父系氏族都有自己的祖先诞生神话，但只有少数几个侥幸保存下来，并且都属于那些建立起统治王朝和其他政治实体的氏族"①。我们可以看到，《诗经》中的《商颂》和《生民》篇分别记述了商、周的始祖神话，简狄吞玄鸟卵而孕生商祖契，姜嫄履神迹而孕生周祖后稷，这一类感生而孕的神话都是对氏族始祖出生的神化，是对其政治统治合理性的强化。但是，尽管如此，商周的祖先祭礼已经显示了较大的差异，有学者根据卜辞材料的研究指出，商代后期的祖先祭祀与之前相比，可以看出从惧怕鬼神的观念转变为祖先保佑商王、亲近直系近亲祖先的理性化的趋势，这种趋势在周人的观念中更为清晰，而且周人对于祖先的崇拜还以祖先功绩的评价为基础。② 前文所提西周铜器铭文中常有祖先配享天帝的内容，也可以作为这一观点的佐证。从商至战国时期的祖先神的形貌也在发生转变，"逐渐脱离动物形貌而为人形"③，这显示了理性思维的发展和对神话的改造。诚如雅斯贝尔斯对包括中国文明在内的轴心期文明的洞见，随着生产力和文明的发展，在这个时期"理性和理性地阐明的经验向神话发起一场斗争……神话得到改造，并在新的深度上被理解。它是在旧神话整个儿被毁灭之际，按照新样式创造的神话。旧神话世界渐渐被湮没，但通过芸芸众生代代相传的信仰，它作为整体背景而保存下来"④。在《国语·鲁语上》的《展禽论祭禽鸟爰居非政之宜》篇中，可以看到造神的痕迹以及能够享受国家祭祀的神、人及物的标准。

　　夫圣王之制祀也，法施于民则祀之，以死勤事则祀之，以劳定国则祀之，能御大灾则祀之，能捍大患则祀之。非是族也，不在祀典。昔烈山氏之有天下也，其子曰柱，能植百谷百蔬。夏之兴也，周弃继之，故祀以为稷。共工氏之伯九有也，其子曰后土，能平九土，故祀以为社。黄帝能成命百物，以明民共

---

①　[美] 张光直著，郭净译：《美术、神话与祭祀》，第2、31页。

②　刘源：《商周祭祖礼研究》，商务印书馆，2004年，第365页。

③　张二国：《商周的神形》，《海南师范学院学报》，2001年第4期，第49页。张二国还指出，从商至战国时期，由人形和动物形组成的神形成发展趋势，这可能表明了动物神崇拜的延续，是人神崇拜和动物神崇拜的融合。

④　[德] 卡尔·雅斯贝尔斯著，魏楚雄、俞新天译：《历史的起源与目标》，华夏出版社，1989年，第9页。

财。颛顼能修之，帝喾能序三辰以固民，尧能单均刑法以仪民，舜勤民事而野死，鲧鄣洪水而殛死，禹能以德修鲧之功，契为司徒而民辑，冥勤其官而水死，汤以宽治民而除其邪，稷勤百谷而山死，文王以文昭，武王以武烈，去民之秽。故有虞氏禘黄帝而祖颛顼，郊尧而宗舜；夏后氏禘黄帝而祖颛顼，郊鲧而宗禹；商人禘舜而祖契，郊冥而宗汤；周人禘喾而郊稷，祖文王而宗武王；幕，能帅颛顼者也，有虞氏报焉；杼，能帅禹者也，夏后氏报焉；上甲微，能帅契者也，商人报焉；高圉、太王，能帅稷者也，周人报焉。高圉、大王，能帅稷者也，周人报焉。凡禘、郊、祖、宗、报，此五者，国之典祀也。加之以社稷山川之神，皆有功烈于民者也；及前哲令德之人，所以为明质也；及天之三辰，民所以瞻仰也；及地之五行，所以生殖也；及九州名山川泽，所以出财用也。非是，不在祀典。①

以上的记述告诉我们，周弃（即后稷）和后土因各自的功绩分别被祀为谷神和社神，他们由人而神。黄帝等圣王被祀为夏、商、周三代最初的始祖，他们与前哲令德之人因有功于民，也与社稷山川之神、天之三辰和地之五行、名山川泽等一起接受国家的祭祀。这里已经清楚地显现了从商周文明到扎根于后世王朝的一条信仰脉络，它包含了对天、地的信仰以及基于崇祖观念的圣王崇拜。可以看出，以上记述中的黄帝、颛顼、帝喾、尧、舜基本都已是圣明的人王形象。但是，在被认为成书于战国初期至西汉时期的《山海经》的记载中，这些帝王的形象往往人神兽不分，仅以《大荒北经》中记载的黄帝战蚩尤的事迹来看，其叙述充满了神话色彩。书中说："蚩尤作兵伐黄帝，黄帝乃令应龙攻之冀州之野。应龙蓄水。蚩尤请风伯雨师，纵大风雨。黄帝乃下天女曰魃，雨止，遂杀蚩尤。"② 正如司马迁在《史记·五帝本纪》中所提到的，"百家言黄帝，其言不雅驯，缙绅先生难言之"，不过五帝事迹并非完全空穴来风，它有着一定的历史土壤，不但"学者多称五帝，尚矣"，而且司马迁亲身"西至空桐，北过涿鹿，东渐于海，南浮江淮"进行了实地考察，"至长老皆各往往称黄帝、尧、舜之处"③，司马迁也由此采纳了五帝传说并将其作为民族历史的开端。不过，他在勘定材料时却删除了不够理性的部分，我们在《史记》中看到的五帝已是"雅驯"化了的五帝——黄帝和颛顼、帝喾、尧为

---

① ［战国］左丘明著，［三国吴］韦昭注，胡文波校：《国语》，上海古籍出版社，2015 年，第110-112 页。

② 倪泰一等编译：《山海经》，重庆出版社，2006 年，第 229-230 页。有关《山海经》中的"帝"系神话记载的搜集，可参见胡钦甫《从山海经中的神话中所得到的古史观》，《中国文学季刊》，1929 年创刊号，第 1-29 页；高有鹏：《神话传说与民族记忆》，河南大学出版社，2015 年，第 59-76 页。

③ ［汉］司马迁：《史记》，线装书局，2006 年，第 4 页。

有着直系血缘传承关系的历史人物，而舜也与四帝同属一姓。这也是三皇五帝史统在正史中的最初体现。当然，更为确切的说法是，三皇是在五帝系统之后被附加上去的，三皇五帝史统在史书中更为完整的呈现是在西晋皇甫谧的《帝王世纪》和唐司马贞的《三皇本纪》中。三皇五帝人物及次序排列在战国时期的古籍中已见端倪，如《管子·封禅》《庄子·祛箧》《吕氏春秋》的《古乐》和《尊师》篇等，他们有着众多的排列组合（详见第四章）。仅以五帝为例来看，除了司马迁所列举的五帝之外，还有太昊、炎帝以及少昊等人。这的确反映了有意的淘汰、统合并将始祖神体系化和历史化的过程。这一过程不仅仅是理性思维相对化的结果，它的背后有着政治的企图，正如宫本一夫所指出的，五帝与周朝同为姬姓，有别于夏王朝的禹，这正显示了《五帝本纪》要将周王朝正统化的意图，这些神话"讲述的是商周的祖先神灵，其目的在于显示商周王朝家系的正统性"①。三皇五帝的史统正式形成于汉代，它为"罢黜百家，独尊儒术"所强化的帝王统治体系树立了一个道德楷模、权威和信仰模式，提供了一个统治的合法依据。但是，我们不能忽视的是，它的形成并不是如近代古史辨派所主张的那样，完全是后人的伪造，这一套史统的成立有其历史的土壤，也传承了自中国史前文明至商周文明所逐渐形成的一套信仰系统。

理性的思维虽然将始祖神话历史化、变为圣王系统，但是一方面新的神话又在产生，这主要体现于西汉末年到东汉初年大为盛行的谶纬思想。所谓"纬"是相对于"经"而言，为解释儒家经书的书，"谶"原本有预言未来吉凶之意，由于纬书中的大部分内容都为谶，两者又合称为谶纬。任继愈将纬书定义为"用神学来解释经义并且把这种解释托之于孔子的书"②。纬书研究的奠基人安居香山指出，以祥瑞思想和灾异观念为表达形式的谶构成了纬书的思想根基和主干，它们起源于中国古代在天文观测和占星术中产生的对于主宰自然万物的"天"的敬畏和崇拜，"天"的观念不断发展，人们逐步将"天"视为主宰人类和国家社会命运的意志性存在并形成了天人相关和天人合一的观念，"天"往往被描述为当政者政治修明与否的征兆和晴雨表。而汉代谶纬思想是董仲舒等人在吸收了灾异说、天人感应观并结合阴阳五行等观念的基础上形成的。③ 阴阳五行观念并非完全是唯心思想的产物，据冯友兰的观点，阴阳和五行分别体现了先秦思想中对于宇宙起源和宇宙结构的两种解释，它们都源

---

①　[日]宫本一夫著，吴菲译：《从神话到历史：神话时代、夏王朝》，第29页。

②　任继愈：《中国哲学发展史》，人民出版社，1985年，第417页。

③　[日]安居香山著，田人隆译：《纬书与中国神秘思想》，河北人民出版社，1991年，第15—23页。

于自然的观察，是古代中国人对自然万物的生成和自身所处的宇宙时间和空间结构的理解。这种观念的出现有阴阳家的贡献。阴阳家出于方士——周朝贵族家中世袭天文、历谱、五行、蓍龟、杂占、形法（即风水）等术数的专家，这些人后流散于民间，被称为方士。冯友兰甚至将术数作为科学的起源，它们之间的差别在于两者之间是否有"超自然力的信仰"。① 换言之，谶纬思想中不乏中国古人以"超自然力"理解、解释自然和宇宙的因子。

谶纬思想之所以在两汉之际兴起，一部分是因为它可以为革命者取代旧的政权提供一种便利的说辞，这种说辞又建立在五德终始说的基础上。所谓五德终始说，是将上古至汉的各个王朝分别配之于五行中的一德，它们依据五行相生的顺序依次更迭。而西汉已经产生了汉为火德王朝的观念，塑造出了汉为同为火德王朝的尧的后裔的印象。推翻了西汉的王莽则将自己的王朝定为土德王朝以此证明自己取代汉王朝的合法性。不仅如此，五德终始说还规定了分属不同五行的帝王感生神话的类型，如属于木德的伏羲和帝喾均履迹而生，属于火德的神农和尧均感受龙而生。② 谶纬思想尽管只兴盛于汉代，但是它的一部分思想确实已经深深地扎根于中国的帝王政治学中，它一方面是历代帝王统治合法性的依据，一方面又是抑制君权的利器。帝王感生神话的发达、罪己诏即是这种思想最直白的体现。

纬书又与儒家经学有着密切的关系。秦始皇焚书坑儒之后，儒家的经学文本一度灭绝，于是出现了靠幸存的经师口传并用西汉隶书记录下来的文本，被称为今文经，后从孔子的旧宅墙壁中发现了用六国时代的文字写成的各种经书，被称为古文经。为争夺经书的正统地位，汉代爆发了今古文经之争并各自发展成了今文经学派和古文经学派。这两个派别的思想和主张很难一言而尽，但今文经学派多立足于谶纬思想解释经书以迎合统治者的要求，而古文经学派则基于理性主义反对谶纬。这两股潮流在近代之前一直存在，共同构成了儒家经学的不同部分，清代乾嘉年间古文经学的兴起即代表了理性主义的复兴。

那么，该如何综合评价谶纬这一被安居香山称之为"神秘"的思想呢？众所周知，以孔子为首的儒家排斥"怪力乱神"，而提倡兼爱非攻的墨子则主张"天志""明鬼"，他认为天帝和鬼神皆能"赏贤而罚暴"③。商周礼乐制度

---

① 冯友兰著、赵复三译：《中国哲学简史》，长江文艺出版社，2015年，第124–136页。该书原本用英语写成，1948年由美国出版公司迈克米兰初版，该书译为汉语并在中国初次出版是在20世纪的80年代。据冯友兰的解释，阴阳思想可能源于中国人的原始宗教，想象有一个父神和母神，这种思想主要体现于《易传》，乾卦和坤卦组合而成的六十四卦可能源于阴阳结合生万物的思想。而五行在《尚书》的《洪范》以及《吕氏春秋》及《礼记》的《月令》篇已经有所体现，它们都表达了君主的善恶、言行与自然界的秩序及运行相关的天人感应观念。

② ［日］安居香山著，田人隆译：《纬书与中国神秘思想》，第47、96页。

③ ［清］毕沅校注：《墨子》，上海古籍出版社，2014年，第123页。

崩溃的时代，墨子所提倡的敬畏鬼神事实上也是在重建一套信仰体系以建立新的社会秩序。从这个意义上来说，汉代谶纬思想和圣王体系的结合可谓墨子思想在汉代的具体实践。综合来看，中国的上古圣王体系的形成一方面建立在汉之前既已成立的信仰系统之上，一方面也不乏谶纬思想的参与和神化，两者共同塑造了这一产物并通过儒家思想的正统化、通过经学传统使之成为中国支撑帝王统治的一个神圣信仰体系。谶纬思想的政治性不言而喻，其中不乏出于政治需要而编造的谎言，但它的形成也吸收了中国古代以"超自然力"所解释的宇宙认识。这一信仰体系的形成过程有人或历史的神化，也有神的人化或历史化，更有政治对神话或历史的规训，而它最终又以人史和信史的面目出现。借用林玮生教授的话而言，这一套系统既是神祇的"形灭"也是阴阳以及五行等神话性思维的"神存"，帝王的"德行"构成了这一套系统的秩序导力。①正因如此，它是中国近代历史学和神话学创始期最受关注的重要内容之一，康有为的《孔子改制考》、章炳麟的《訄书》皆论之，而古史辨派主张的"古史的人化"以及茅盾等早期神话研究者所提出的"中国神话贫散论"和"神话的历史化"等话语皆与之有着不可分割的关系。它成了清末民初接受了西方科学、民主思想的知识分子想要颠覆的内容，也成了彼时接受了西方历史学和神话学概念（尤其是将神话视为人类蒙昧时代产物的人类学派神话概念）的学者们各自最难以框定、最棘手和最烦恼的一部分。而这也是本书在正式进入中国近代神话学史的讨论之前不厌其烦阐述这一问题的原因。

第三节　中国神话思绪的传承和神话式观念的延续

以上主要论述了中国神话意识的发展、演变与中国古史系统的关系。当然，在其他诸多方面，中国的神话意识也在不断地产生和演化，在被传承和改变。有学者指出《山海经·海外南经》中所记载的"地之所载，六合之间，四海之内，照之以日月，经之以星辰，纪之以四时，要之以太岁，神灵所生"体现了中国自然神谱的制定，它与中国的祖先神一起构成了中国的神谱。② 事实上，中国的神话不仅仅是神灵的谱系，它具有更为广泛的内容。美国学者威廉·巴斯科姆曾试图给予"神话"一个具有普遍性的、描述性的范围和内容：

神话是信条的化身，它们通常是神圣的，并总是与神学和宗教仪式相结

---

① 林玮生：《中西文化范式发生的神话学研究》，中山大学出版社，2017年，第3-6页。
② 陆思贤《神话考古》，文物出版社，1995年，第189页。

合。其间的主要角色一般不是人类，却又常具有人的本性；他们是动物、神祇或高尚的英雄。他们行动于很久以前的世界上，那时的大地与今天的不同。或者行动于另一个世界，如天堂或地下世界。神话讲述的是世界、人类、死亡的起源，或是鸟兽的习性、地理特征以及大自然的现象。它们也会讲到神祇们的活动，他们的爱情事件、家庭关系、友情与仇恨、胜利与失败。它们会"讲解"那些特殊的随身行头或宗教仪式的细节，以及为什么必须遵守禁忌，只是这种穷究原委的因素并不局限于神话。①

中国古代的思想中不乏这样的内容，它们是《山海经》中不可思议的神怪、千奇百怪的动植物，是屈原《天问》篇中对于宇宙生成、日月星辰的运行、神人和历史人物的传说发出的诸多疑问以及《九歌》篇中的众多神灵，是《庄子》中被寓言化、哲学化了的水击三千里、扶摇直上九万里的鲲、鹏，被倏忽凿七窍而死的混沌，是《列子》《淮南子》中的女娲补天、共工触不周山、夸父追日、羿射十日、姮娥奔月，是《三五历纪》中的盘古开天地……这些文献中的思想和内容经过近代学者们的搜集、整理、提炼、传播，成了今天我们最耳熟能详的、最能代表中华民族的神话故事的经典。值得注意的是，这些神话一方面已经是众多远古神话经过淘汰、整合、改造甚至后世再创造的产物，另一方面它们也在不断地被新的思想采纳、吸收以及整合、改造。以中国本土宗教——道教中的神仙思想为例来看，它的产生当然是宗教为适应当时社会发展状况所出现的结果，也是当时的人们现实精神寄托的反映，但是它也吸收了中国原始文化的大量成果。有学者指出："道教开教于东汉末年的太平道，但其思想渊源却非常古老，阴阳五行说出自春秋战国时期，卜筮与八卦可以追溯到新石器时代，道教哲学来自于道家。"它不但将远古神话的一部分神灵吸纳入自己的体系，如"盘古、太一、西王母、雷公、星神、山神、土地"，也继承了其中的观念和情结母体，并在此基础上创造出了大量的新神和发展出了新的宗教观念。②被学者们所津津乐道的、由半人半兽变为道教群仙

---

① ［美］威廉·巴斯科姆：《口头传承的形式：散体叙事》，［美］阿兰·邓迪斯编，朝戈金等译：《西方神话学读本》，第11页。

② 陈建宪、林继富著，齐涛主编：《中国民俗通志·民间文学志（上）》，山东教育出版社，2005年，第34—41页。安居香山也指出："道教形成之初，东汉的神秘思想就大为流行，两者是在同一土壤中流行的，这一事实可以被看作两者有密切关系的依据，另外，道教的支持者是民众，他们也是神秘的世俗信仰的维护者和继承者。"汉代的道教经典《太平经》中多处汲取了阴阳五行思想，也多处明确提到纬书，并做了论述。而张角所倡导的太平道的教义为"苍天当死，黄天当立"，这是建立在五德终始说的基础之上的，即将自己塑造成土德王朝以作为推翻汉朝的火德王朝的依据。参见安居香山：《纬书与中国神秘思想》，第46—52页。

领袖的西王母形象的演化①即是这一过程的折射。不仅如此，即使人们不再以超自然的方式讲述宇宙、世界、自然以及构筑神圣的信仰之后，神话式的思维方式在融合了道教和佛教的思想之后仍然在不断地传递，尤其在文学的世界中，它以"超自然"方式的虚构创作出了中国文学史中一道道连绵的山峰和靓丽的风景。鲁迅对此有精辟的论述，他在《中国小说史略》中说："中国本信巫，秦汉以来，神仙之说盛行，汉末又大畅巫风，而鬼道愈炽；会小乘佛教亦入中土，渐见流传。凡此，皆张皇鬼神，称道灵异，故自晋迄隋，特多鬼神志怪之书。"② 神话式观念是志怪小说的精神源流自不必说，而在它所创造出的中国文学的脉络中还有《西游记》《封神演义》《聊斋志异》中所有道教的、佛教的神仙以及妖魔鬼狐，有《镜花缘》中的百花仙子和海外奇境异人，它还化作了《红楼梦》中亦真亦幻、亦实亦空的时空……

　　大林太良曾经说过："只有当神话与现实之间产生距离，神祇与人类之间趋于疏远，人对神祇的信仰发生动摇的时候，人们才有可能或多或少客观地对待神话。"③ 这种距离的真正产生大概在工业革命以后。科学的进步促进了资本主义和理性主义的发展，启蒙运动推动了西方社会的神权统治和宗教信仰的瓦解，在理性主义的评判下神话被赋予了负面的意义，成了应当被祛除的巫魅，中国近代所发生的古史辨运动可谓全球性的"祛魅（disenchantment）"合唱中的一个声部。然而，科学理性主义并没有解决"上帝已死"之后的人们的精神寄托，从浪漫主义开始，人们重新呼唤神话，"复魅（enchantment）"卷土而来，"神话甚至成为一种挽救现代人的新方式"④。从某种意义上而言，神话式观念至今一直在延续，尤其在文艺作品中，这是全世界共通的现象。仅以影视领域来看，从中国到好莱坞，魔幻、玄幻作品层出不穷，它们均从古代神话意识中汲取了各种有益的营养成分。《魔戒》对于北欧神话诸多要素的运用，中国西游系列作品的不断翻拍，热门动漫影片《大鱼海棠》对庄子神话元素的吸收都是如此。另一方面，神话思维也化身为科幻成为我们这个时代的新

　　① 如茅盾指出，西王母最初只是《山海经》中豹尾虎齿的半人半兽的神，后来逐渐演变为《穆天子传》中的人王，《淮南子》中给予羿不死之药的仙人以及托名班固所著的《汉武故事》《汉武内传》中的群仙的领袖，这一演化的结果标志着西王母神话"完全剥落了中国原始神话的气味而成为道教传说了"。参见茅盾：《中国神话研究初探》，上海古籍出版社，2005年，第36—37页。初版：世界书局，1929年，原书名为《中国神话研究ABC》。

　　② 鲁迅：《中国小说史略》，北新书局，1927年，第37页。初版：北京新潮社，1923年。

　　③ ［日］大林太良著，林相泰、贾福水译：《神话学入门》，中国民间文艺出版社，1989年，第1页。

　　④ ［美］Burton Feldman & Robert D. Richardson Jr: *The Rise of Modern Mythology*（1680—1860），Indiana University Press，2000，Pxxi. 本文中出现的英文或日文的汉译，凡没有特别指出的都为笔者的自译。

"神话"，我们会发现，披上了科学技术战衣的漫威世界的超人们和原始人眼中的拥有超自然力的神或英雄在本质上并没有什么不同。我们对于太空旅行，对于外星球、外星生命、外星文明的种种想象，对于星际战争的种种描述，对于外星生命与人类生命起源的种种联想，这些与原始人对天、地、海洋等未知世界的探索和想象又何尝没有共性？中国的"嫦娥"探月卫星、"天宫"空间实验室、"神舟"宇宙飞船，这些名字何尝不是神话思维与科学的交融？2019年热映的科幻影片《流浪地球》何尝不蕴含着人类对自身未来文明去向的焦虑和思考？正如栾栋先生所指出的，神性以"超自然的思维""超圈子的心性""超寰宇的坐标"把人文精神从惰性事物中解放出来，把人类思想引向广阔的宇宙精神。① 神话式观念的延续反映了我们这个时代对宇宙、世界、自身的认识，它也是我们情感、精神和梦想可以寄托的所在。从这个意义上而言，我们这个时代也需要我们自己的"神话"。但是，作为中国神话学这门学问的发生史研究，我们不宜将神话的范围过于扩大，也不能将神话意识和神话式观念混为一谈。我们对神话的认识必须建立在已有的神话研究以及一些较为普遍的、学术的认知基础之上。正如阿兰·邓迪斯所指出的："'神话'这一术语"属于过去——虽然它对今天继续有巨大的冲击力。"②

本章小结：趋向中国神话学

中华大地上漫天星斗的史前文明孕育了漫天星斗的神话意识，它表现为对天、对地、对自然万物、对祖先的崇拜，表现为对宇宙、对世界、对自身的认识，表现为巫术，表现为图腾，表现为宗教及神权……这些神话意识有如一条条涓涓的小溪汇成了商周文明——中国文明水系中的一条主要河流。神话意识被浓缩于玉器上，被镌刻于青铜礼器上，被记录于甲骨卜辞文字中，神话意识也被寄托于宗教祭祀和礼乐制度中，它们在文字化之前就已经被物化、形象化、抽象化，其中的一部分经过考古学的发现和文献的记载呈现于今天我们的眼前。这些早先的信仰的一部分又结合了后世宇宙起源和宇宙模式的理解，经过理性思维和政治性的改造、统合，经过了人（历史）的神化或神的人（历史）化，通过儒家思想的正统化和经学的传统成了中国两千年的帝王统治的

---

① 栾栋：《文学通化论》，商务印书馆，2017年，第84页。
② ［美］阿兰·邓迪斯编，朝戈金等译：《西方神话学读本》，第7页。

信仰基础——圣王体系的古史系统。而在其他的诸多方面，在中国的各地、各民族中，中国神话都在产生、分化、融合，又在淘汰和统合。神话一方面被史学规训，被政治所利用和改造，一方面也被文学所吸纳，被哲学所抽象。它们是天神、地神、自然神、祖先神，是英雄，是鬼怪，是奇兽，是宇宙、世界、人类、民族、万物、社会、制度的起源和解释……它们又被新的思想采纳、吸收，成了神仙思想，滋养了后世神话式的观念，塑造了文艺世界中神性和诗性的世界，其影响力至今不衰。它们在清末民初与西方的神话学相遇后由"自在"走向了"自觉"状态，构成了中国神话的核心部分和模糊地带，共同塑造了我们今天对于中国神话的认识和理解。那么，何为中国神话？何为中国神话学？我们认为，中国神话就是中国先民以超自然故事为话语，以瑰丽奇谲的想象为特征，幻化了的原始生态和经验现象。与此相关，中国神话学是建立在中国神话研究基础上的理论形态，作为一种近现代的学术话语，它也是中外神话研究交流和互动的产物，包括中国神话演变史论，中国神话观念形态，中国神话文教体性等范畴。本书以下各章节将对上述各方面做相应的探讨。此处要说明，本书的题旨不是展示中国神话学的全貌，而是探讨这门学问起根发苗和蔚成风气，用一个术语表达，即中国神话学发微。具体说，本书主要研究中国神话学作为一门学问的发端，即从 1897 年到 1937 年中国神话研究的学术状况。毋庸讳言，中国神话学在此阶段尚属发轫。这门学问勃然兴起，虽然其中有不少学术成就，但诚如栾栋教授所建议的，诸般研究不足以也不宜于学科归置。[①] 有鉴于此，我们在行文中尽可能引述各家成果，客观地、剀切地考镜源流，谨慎地辨彰得失，避开"神话学科"的硬性规范或"神话模式"的"思维定制（列维–斯特劳斯）"。

---

① 此建议来自栾栋教授的读书笔记。他指出："西方近300多年来，在神话研究方面有长足的发展，德法英意等国一步步迈出了如下步伐：一是整理古希腊、古罗马神话；二是整理古巴比伦、古埃及、古波斯、古犹太神话；三是原始文化考古走在前列；四是原始思维研究成果突出；五是人类学与科学技术介入推进了神话学研究；六是哲学、精神现象学、精神分析学提升了神话学研究。概言之，西方神话学是经过了比较长久的神话问题研究，是在神话史、神话论、考古学、人类学、文艺学、哲学乃至科技等方面的推助下，逐渐形成的一门学问。神话学是学问，而非学科。它可以在众多学科中渗透流播，但是其形态既非科学，也不能自成体制。研究者可以考镜源流，辨彰生态，却不应将之纳入建制、建构学科。尤其不可动辄贴上神话体式，神话范型、神话哲学等标签。"

第二章　"中国神话"语义的初步形成

　　研究中国神话学如何兴起的第一步无疑要追踪"神话"这一核心术语如何从形式和语义上在汉语语境中得以确立的过程。汉语中的"神话"一词是源于日本的舶来品，它在中国的输入、接受以及概念的本土化同时受到了西方神话学说和日本神话认识的双重影响，反映了西学东渐以来中国知识分子在理解、消化、翻译西学新概念的基础上整合中西知识体系的一环。正如徐真华教授所指出的，新词的研究必须放置于与社会文化的互动关系中去考察，"新词研究的终极目的应该是研究人的行为"①。"神话"一词是明治时代的日本创造出来的对应西方 myth/mythos/mythology 等词汇的译语。从 19 世纪末期开始，中国以日本为中介开展了大量的西学翻译和介绍活动，"神话"一词也在这一过程中被引入了中国。"神话"这一译语在日语中的出现以及固化隐藏着日本以本国的古典文献和经验性材料理解、靠近西方神话概念的创造性过程。这一使用表意文字——汉字的译语先于西方神话学说的正式翻译和介绍进入中国，"神"的多意性引发了中国对神话的独有理解，而这种理解又与当时盛行的西方人类学神话学派的神话学说发生碰撞，引起了何为中国神话的种种论争，这一过程中产生的判断和结论至今和我们对中国神话的认识相连。

第一节　西方语言中的"神话"语义追溯

　　日语和汉语中的"神话"和"神话学"相当于英语中的 myth、mythos 和 mythology（mythology 有时候也有"神话"的意思）。大林太良指出，日语的"神话"一词是"英语 Myth，德语 Mythe Mythus Mythos、法语 Mythe 的译词。归根到底它们都渊源于希腊语 Muthos 或 Mythos。同样，日本语的神话学一词，

---

　　① 徐真华：《新词与社会互动关系研究》，《徐真华自选集》，中山大学出版社，2017 年，第 298 页。

也是从英语 Mythology、德语和法语的 Mythologie 翻译而成的，可以上溯到希腊语的 Mythous 和 Logos"①。mythos 和 logos 的古希腊语源分别为 μῦθος 和 λόγος。根据松村一男的考察，在公元前 8 世纪的诗人荷马那里，μῦθος 的意义是指"语言、话语（言葉、話）"；在公元前 6 世纪到 5 世纪的悲剧作家如埃斯库罗斯、索福克勒斯、欧里庇得斯的作品中，是指"故事（物語、説話）"，它的意义无关真实或虚假；但是到了公元前 5 世纪的历史学家希罗多德那里，其意义就变成了"虚假、虚构的事情（作りごと、嘘の話）"，本身也表示"语言（言葉）"意义的词汇 λόγος 一词则被当作"真实的事情（真実の話）"，与 μῦθος 形成对比，这一词汇以后又延伸出"研究"等意义，两者结合便产生了近代西方语言中的 mythology 这一词汇及语义。② 雷蒙·威廉斯也指出，希腊文的 mythos "指的是一则寓言或故事，后来与 logos（道、理性）和 historia（历史）形成对比，产生了下述意涵：'不可能真正存在或发生的事情'"③。吕微对维科（G. B. Vico）《新科学》（1725）意大利原文的考察也能证明这一点，维科用表示寓言和故事的 favola 指代文中所涉及的古希腊神话并阐明 favola 和 mythos 在古希腊语里意思相同，《新科学》中的 favola 也是在"虚构"的意义上被使用的，而这时现代意大利语中指代"神话"的 mito 一词还未出现。④ 当然，维科并没有否认神话在起源阶段的真实性。⑤

现代西方语言中表示"神话"的词汇都相当晚出。在 15 世纪至 17 世纪初，mythology 以及 mythological/mythologize /mythologist/mythologizing 等英语词汇已经存在，但这些词的意义都与"寓言式叙述（fabulous narration）"或"对寓言的解释或注解"相关。而 mythos 和 myth 则迟至 18 世纪和 19 世纪初

---

① ［日］大林太良著，林相泰、贾福水译：《神话学入门》，中国民间文艺出版社，1989 年，第 5 页。

② ［日］松村一男、大林太良：『神話学とは何か』，有斐閣，1987 年，第 4-5 页。

③ ［英］雷蒙·威廉斯著，刘建基译：《关键词：文化与社会的词汇》，生活·读书·新知三联书店，2016 年，第 359 页。

④ 吕微：《"神话"概念的内容规定性与形式规定性》，《长江大学学报》，2015 年第 11 期，第 8-10 页。

⑤ 维科认为神话在神学诗人的时代是真实的，在英雄诗人的时代则经过了篡改和改变，荷马所接受的即是经过了篡改和歪曲的神话。参见维科著，朱光潜译：《新科学》，人民文学出版社，1986 年，第 451 页。

才出现。在 myth 出现后，它仍和"fable（寓言）① 交互使用"，被普遍认为是"不可靠的、具有欺骗性的虚构"。② 根据日本学者天沼春树和德国学者 Betz-werner 的考证，源于希腊语的 mythus/mythos 等词在德语文献中开始出现是在 16-18 世纪。不过，学者们在提及希腊神话时，仍较多地使用希腊语 μῦθος 或使用拉丁语中的同义词 fabula。fabula 在当时的语义为"虚构的故事"或"寓言"，因此，当时的文献也倾向于把 mythus/mythos 解释为"虚构的故事"或"拉丁语中的寓言（fabula/fabel）"。在 19 世纪初的字典中，开始把 mythologie 解释为"神话学"，把 mythos 解释为"诗作"或为"诗人提供题材的古代神圣的传说（saga）"。③ 应该说这时对于"mythos"的解释还是展现了与以往不同的一面，多少靠近了现代意义上的"神话"的语义。

综上所述可以看出，至少从 16、17 世纪到 19 世纪初左右，源于希腊语的 mythos/myth 等词是和 fabula/fable/favola 具有同样意义的，都表示"寓言及故事"，且均被认为不具有真实性。mythos/myth 系列词汇的意义开始慢慢从单一的意义和评价中脱离出来是与现代神话学的兴起互为两面的。推动现代神话学产生和发展的因素是多样的。15 世纪末以来，随着西方航海的大发现，西方在美洲、非洲以及亚洲各地层层推进和扩张殖民活动，客观上促进了西方与其他地区的接触，最初的殖民者和传教士等人记录和描绘了诸多不同的风俗习惯、宗教信仰、神话传说，完成了大量的旅行记述，这些都为西方学者在语言、宗教、民俗、仪礼、社会形态等方面将自我与他者进行比较提供了一手资料，也为他们从更为广阔的人类学的基础上认识人类的起源和发展、定位西方自身的文明打下了基础。工业革命以来，自然科学的进步、进化论的提出推动了理性探究精神和实证主义精神的发展，客观上促进了对神话进行不同视角的研究和描述。不过，标榜理性主义的启蒙运动一方面也将宗教、神话与神圣和真实拉开了距离，赋予了神话的负面意涵。但是取代了神灵的人类自身却变成了理性主义的囚徒，失去了"上帝"和自己的精神安顿之所，也失去了对自然的敬畏。因此，人们又开始呼唤神话的回归，大概由浪漫主义开始，神话被

---

① 寓言通常是指借用比喻手法来叙述的具有某个训诫意义的故事。英语的 fable 一词不仅具有"寓言"的意义，也具有"虚构的故事"的意义，从笔者掌握的 19 世纪末 20 世纪初的字典资料来看即已如此。如 1868 年出版的《英华字典》中 fable 的英语释意为：an idel story；falsehood；an fictitious narration。在 1902 年出版的『新訳英和辞典』中 fable 被翻译为：教訓の寓話；小説，物語；作り話（虚构的故事）等。参见 Rev. W. Lobscheid，《英华字典》，Hongkong Daily Press，1868 年，第 791 页；神田乃武：『新訳英和辞典』，三省堂，1902 年，第 365 页。

② ［英］雷蒙·威廉斯著，刘建基译：《关键词：文化与社会的词汇》，第 359-360 页。

③ ［日］天沼春树：「神話概念の変遷-1-Mythosの語史に関して（上）」，『城西文学研究』，1987 第 15 卷第 2 号，第 126-127 页。

更多地运用于文艺创作领域。神话研究在各种因素的共鸣中开始走向繁荣，它与不同学科、不同领域发生关联，神话的价值被重估，它的语义范围和包罗对象也在扩大。不同学者的研究视角构筑了不同的神话学说和理论，神话的语义由单一变为多元以至复杂。美国学者 Burton Feldman 和 Robert D. Richardson Jr 曾对这个变化过程有过俯瞰：

17世纪末及18世纪初见证了理性探究精神的胜利和崛起，产生了大量的旅行故事，它们展示了新的风俗习惯和神话。同时自然神论和自然宗教兴起，人们通过攻击异教神话来对基督教进行相关的攻击。这个时代还见证了历史精神和对比探究方法的兴起。所有此类因素鼓励人们，甚至要求人们重新彻底地探究异教神话，因为神话似乎是一种宗教事实，是史前的和当前的野蛮思想与实践结果，也是同时期思想的哲学的与艺术的表现。后来，从18世纪中叶开始，神话越来越多地卷入到一个通常被称为浪漫主义的运动中。神话被重新研究、被彻底地重估、被广泛地运用于艺术、宗教、历史领域的实践和社会理论……在1700年左右，神话一词主要是指遗留下来的神话体系，主要为希腊和罗马神话。然后，这个词语的范围逐渐扩大，包含了印度、北欧、非洲，甚至所有神话，无论是古代还是现代。其次，在该时期，神话常常与异教信仰相关，并与基督教宗教信仰形成对比。19世纪发生了一个最有趣的转变，人们开始尊重或赞同如今高贵希腊人那基于自然的多神论，而非将其当作"野蛮的偶像崇拜"。神话也意味着或涉及神话研究或神话艺术，同时在19世纪上半叶期间，神话逐渐具有另外两种含义。神话被认为是一种创造性过程，一种想象力模式，它通常通过艺术或文学来表达。神话也具有一种宗教特质，不再简单地被贬低为异教和虚假事物。神话被视为所有宗教中赋予内心活力的信念，内心生活再次以一种幸福的状态走向艺术，这也许是文艺复兴以来的第一次。神话甚至成为一种挽救现代人的新方式，它通过以下的方式来实现这一点，即设法将人类恢复到与自然的最初的统一，同时让人们重新认识这种统一、其自身的最佳自我，或者神性。①

19世纪是西方现代神话学发展的一个重要节点，以德裔英国学者麦克斯·缪勒（Max Müller）为代表的以语言研究为基础的自然神话学派、以安德鲁·兰（Andrew Lang）、泰勒（E. B. Tylor）为代表的英国人类学神话学派是19世纪后半期势头最为强劲的两个学派。这两个学派尤其是后者的学说成为日本和中国

---

① ［美］Burton Feldman & Robert D. Richardson Jr: *The Rise of Modern Mythology*（1680—1860），Indiana University，2000，Pxxi.

最初输入并以之界定和认识神话的最初理论来源。缪勒本身是语言学家，也是宗教学家。他将语言学的研究运用于宗教学，提出神话就是自然现象的隐喻化、拟人化的语言表达。他以印度《梨俱吠陀》神话及希腊、罗马和日耳曼神话为例，对印欧语系中神名的语源进行了比较研究。他将一切神话都视为太阳、月亮、星星、雷电、暴风雨等自然现象的神话，主张神话的产生是由于原始人描述自然现象的普通名词逐渐变成了语言的疾病。换言之，由于这些描述自然现象的词汇随着时间的流逝，原本的语义变得不可理解，后人在解释这些词汇时便根据其语义特征，将其拟人化为神名，这便产生了神话，"在语言的早期阶段，人们没有神话，因为各种神话都是后来语言偏差失常的结果"①。人类学派神话学说兴起于 19 世纪的后半期，进化论和比较视野是人类学的有力理论后盾与研究方法。《物种起源》（1859）的出版以及斯宾塞（Herbert Spencer）社会进化论学说的产生都对于人类学的形成起到了关键的作用，"人们试图用历史的发展和历史进化的概念去统一把握世界上各种文化和宗教，把它们纳入一个历史演化的序列和过程之中"②。泰勒是"万物有灵论（animism）"的提倡者，他认为原始宗教和神话源于原始民族对于自然万物的拟人化的表达，而且"神话发生在全人类于遥远的世纪里所经历过的蒙昧时期。它在现代那些几乎没有离开原始条件的非文明部落中仍然无甚变化"。泰勒还将神话视作一种原始文化留于现代社会的"遗留物"。他指出："文明之最高的和最近的阶段，部分地保留着神话的真正原则，而部分地发展了神话所继承的那些祖先传说形式中的神话创作的结果。"③ 西方人类学的产生有两个基础，一是进化论，一是非欧洲类型社会的发现。④ 人类学派神话学说之所以提出神话是人类蒙昧时代的产物以及"残留说"，是因为对某些还保留着原始风貌的欧洲以外的文化形态的研究构成了他们理论建构的来源。安德鲁·兰是泰勒学说的继承者和发展者，他提出了神话的"类似起源说（the theory of the similarity of origins）"及"残存说（the survival theory）"，认为处于相同文化阶段的民族，都具有相同的思考、信仰和风俗，而高级文化民族中的宗教和神话中的不可理解的要素是其文化低级阶段时期的遗物，与现代社会的未开化民族的思考、信仰以及风俗存在着相似之处。⑤ 泰勒和安德鲁·兰虽然都承认当今的时

① 孟慧英：《西方民俗学史》，中国社会科学出版社，2006 年，第 96 页。
② 吕大吉：《西方宗教学说史》，中国社会科学院出版社，1994 年，第 600 页。
③ ［英］爱德华·泰勒，连树生译：《原始文化》，广西师范大学出版社，2005 年，第 232-233 页。
④ 劲帆：《法国人种学教授谈欧美人类学起源与方法》，《云南社会科学》，1992 年第 4 期，第 94 页。
⑤ ［日］松村武雄著，松村一男，平藤喜久子监修：『神話学原論（下卷）』，ゆまに書房，2005 年，第 769、771 页.

代也存在着神话，但是其前提是世界上存在着不同发展阶段的人类，而神话只存在于未开化民族的土壤中。

但是，正如劳里·杭柯所指出的，神话的定义中包含了学者们使用的不同语言种类和经验性的材料。① 学者们的语言种类往往是对神话的发生、特征及其内涵或表象的解释，它们可能是语言学的、人类学的、宗教学的、民俗学的，也有可能是文学的、历史学的、心理学的……作为学者们分析对象以及经验性材料的"神话"当然会因语言种类的不同而不同，但是它们在很大程度上也存在着可重叠性，如在提及希腊、罗马神话时，在提及北欧神话时。在安德鲁·兰看来，希腊神话既是原始文化的"残存物"，是自然万物的拟人化的表达，也是"希腊所有的神灵、英雄和宇宙故事"②。事实上，在"神话"的实际运用过程中，这一词语可能往往只"满足于从我们的文化和理论中汲取'神话'，而不关注理论，亦无须对其基本概念进行探究"③。当然，学术的、理论意义上的"神话"和经验性的、世俗的、日常意义上的"神话"并不是截然分立的，它们互为基础，也互相渗透。这些既构成了西方语言中 mythos/myth 系列词汇在语义上的复杂层面，也成了影响中国和日本翻译这些词汇时的先决因素，它们还是中国和日本构筑"中国神话"和"日本神话"意义的不同层面。

第二节　日本和中国对 myth/mythos/mythology 的初期译介

一、译语"神话"的产生和日本"神话"概念的形成

日语中的"神话"和"神话学"是对应以希腊语 mythos 为语源的 myth/mythe/mythos，mythology/mythologie 等西方词汇的翻译语，产生于明治时期。

---

① ［芬兰］劳里·杭柯：《神话界定问题》，［美］阿兰·邓迪斯编，朝戈金等译：《西方神话学读本》，广西师范大学出版社，2006 年，第 53 页。

② 孟慧英：《西方民俗学史》，第 95 页。

③ ［美］伊万·斯特伦斯基著，李创同、张经纬译：《二十世纪的四种神话理论：卡西尔、伊利亚德、列维-施特劳斯与马林诺夫斯基》，生活·读书·新知三联书店，2012 年，第 3 页。作者认为在"神话"存在两个体系：第一种体系是"分析"理论，它需要探究"神话"的概念以及对于概念的研究和使用方式；第二种体系是"应用"创作，它往往不涉及理论，也不关心概念。有一些学者指出了"神话"在学术意义和通俗意义（日常用法）的不同。参见吕微：《"神话"概念的内容规定性与形式规定性》，第 7 页；［美］阿兰·邓迪斯编，朝戈金等译：《西方神话学读本》，导言第 1 页。

但是最早是何人并且何时何地使用了以上译语，目前还不详。"神话"一词的最早出现大概是明治20年代末期的1895年、1896年左右。① 不久之后，"神话"开始在日语中固定下来。如在1901年出版的《新英和辞典》中，myth被翻译为"神话""神仙传"，mythology被翻译为"鬼神传、神祇"②。在1902年出版的《新译英和辞典》中，myth的翻译是："1. 神话、神怪谭、神代物语；2. 荒唐、荒诞、无稽；3. 神怪的物体、想象的物体。" mythology的翻译是"1. 神祇学、神话学、鬼神论；2. 神祇志、神。"③ 而在1912年出版的《哲学字汇：英独仏和》中myth被翻译为"神话"④。1915年出版的《详解英和辞典》中，myth被翻译为"神话、神怪谈"，mythology被翻译为"1. 神话；2. 神话学、神祇学"。⑤ 这些都显示了"神话"在日语中的逐渐沉淀。事实上，myth/mythology等西方词汇的翻译在江户时代的末期就已经出现，在1862年出版的日本最早的日英对照字典《和英对译袖珍辞书》中，myth被翻译为"小说的类别（小説物ノ類）"，mythology被翻译为"解释异教缘起的学问、神学（ヘイデン宗ノ縁起ヲ説ク学問、神学）"⑥。之所以会出现这样的翻译大概与当时的英语辞典中还保留着myth的传统释义有关。如在1860年出版的 *A Comprehensive Dictionary of the English Language* 中，myth的解释是"A fabulous story；a fable"，mythology的解释为"A system of fables；the fabulous history of the gods of the heathens"⑦。在1879年出版的 *The American Popular Dictionary* 中，myth被解释为"a fable"，mythology被解释为"the history of fabulous doctrines and heathen deities"⑧。在1884年出版的 *Allison's Webster's Counting-House Dictionary of the English Language* 中，myth仍被解释为"a fable or fabulous story；legend"，mythology则被解释为"System or science of myths；a treatise on the myths and fables of the ancient Greeks，and their heathen deities"⑨。

---

① ［日］平藤喜久子：『神話学と日本の神々』，弘文堂，2004年，第5页。

② ［日］和田垣健三：『新英和辞典』，大倉書店，1901年，第570页。

③ ［日］神田乃武等：『新訳英和辞典』，三省堂，1902年，第645页。

④ ［日］井上哲次郎等：『哲学字彙：英独仏和』，丸善，1912年，第99页。"独""仏"指德语和法语。

⑤ ［日］入江祝衛：『詳解英和辞典』，博育堂，1915年，第798页。

⑥ 天沼春樹：「神話概念の変遷：翻訳語としての「神話」をめぐって（上）」，『城西人文研究』，1986年第13号，第217页。

⑦ ［美］Worcester，Joseph E：*A Comprehensive Dictionary of the English Language*，Boston，Swan，Brewer，and Tileston，1860，P298.

⑧ ［美］Hurst，Thomas D：*American Popular Dictionary*，New York，Hurst & co，1879，P199.

⑨ ［美］Allison，*William L*：*Allison's Webster's Counting-House Dictionary of the English Language*，New York，Wm. L. Allison，1884，P225.

通过以上的辞典解释可以看出，如雷蒙·威廉斯所指出的，myth 的确和表示寓言和故事的 fable 曾经交互使用。而 mythology 往往被认为是有关异教徒的，即古代希腊的神们的故事体系。此外，根据天沼春树的报告，在"神话"译语出现之前，myth/mythology 系列词汇对应的译语还有"小说""神学""神传""鬼神论""鬼神谭""鬼神史""神怪传""鬼神志""神祇志""神代史""神代记"等。[①] 即使在"神话"出现之后，仍有"神代志""神代论"[②]等译语在产生。在今天，被认为是"日本神话"的内容多出于《古事记》（712）和《日本书纪》（720）中神代卷的记载，神代卷记述了从世界诞生、众神和日本国土出现至第一代天皇神武天皇建国之间的神之时代的历史。以上译语和解释都让人联想到神代卷，特别是"神代史""神代记""神代物语""神代论""神代志""神祇志""神传"等表达，更给人一种将 myth 与神代卷内容直接对接的感觉，即使是在 1934 年出版的《实用国汉新辞典》中，在日语中已经固定下来的"神话"仍被解释为"神代的传说和物语"[③]。可以说，以上译语和解释的产生正是日本试图以本国的经验性材料套用和理解 myth/mythology 等词汇的反映。而"神话"的产生无疑与上述译语的产生有着同样的思考路径，"话"在日语中有"话语""事情""故事"的意思，myth 等西方词汇在日语中最终变为了"神的事情"和"神的故事"。

那么，在当时的日本学界是怎样理解"神话"的呢？以麦克斯·缪勒为代表的语言学神话学派的学说是日本接触到的最早的西方神话学理论。[④] 姉崎正治所著《印度宗教史》《语言学的宗教学》分别于 1897 年和 1899 年出版，缪勒的弟子萨伊斯（Archibald Henry Sayce）所著《语言学》也于 1898 年被翻译到日本，这些著述都是从语言和宗教的角度解释神话的。如姉崎正治指出："神话作为原始人类的天然物及人生观，是宗教产生的母胎。并且，由于原始人类的语言通常是修饰型、隐喻型的，所以神话就是与其构想结合后无意识间

　　① ［日］天沼春树：「神話概念の変遷：翻訳語としての「神話」をめぐって（上）」，第 212-222 页。

　　② ［日］上野陽一等：『学生英和辞典』，博報堂，1910 年，第 496 页。

　　③ ［日］小柳司氣太：『実用国漢新辞典』，非凡閣，1934 年，第 264 页。

　　④ 从 19 世纪 70 年代末期到 90 年代末期，南条文雄等佛学研究者曾先后跟随缪勒学习梵语，共同进行佛学研究，日本第一部哲学词典的编著者井上哲次郎也曾于留德期间（1884—1890）专门赴英与缪勒会面。缪勒学说介绍的真正展开是通过 19 世纪 80 年代末期东渡日本的美国 "Unitarian Universalism" 协会传教士和德国 "普及福音教会" 所发行的杂志所进行的。这两个教派都属于自由主义基督教派，对《圣经》的神圣性持批判立场，同时都重视比较宗教学，缪勒的宗教思想无疑能为他们的主张提供有力的后援。参见 ［日］平藤喜久子：『神話学と日本の神々』，弘文堂，2004 年，第 7-8 页。

创造的关于天然人生的故事。"① 萨伊斯则指出："神话源于万物的名称……神话因为语言而成立，因此解释神话必须追寻语言的历史。"② 1899 年，高山樗牛（也名高山林次郎）在《中央公论》（第 14 卷 3 号）杂志发表了《古事记神代卷的神话及历史》一文，开启了日本运用西方的神话理论来阐释本国神话的先河。高山认为神代卷中至须佐之男（《日本书纪》中名为素戋呜尊）的出云之行③为止神话分子较多，而神武天皇处的记载已是纯然的历史。他又根据语言学神话学派理论将须佐之男视为暴风雨之神。同年 8 月开始，姊崎正治在《帝国文学》（第 5 卷第 8、9、11、12 号）上连续发表了《素戋呜尊的神话传说》，对暴风雨神之说予以否定，他认为素戋呜尊在高天原的暴行是一种反映了古代祭礼和社会生活的人事神话。④ 5 年之后，高木敏雄在《比较神话学》（1904）一书中将这一次论争视作日本神话研究的开端。可以说，这一争论的核心不是"日本神话是什么"，而是"日本神话是什么神话"，这一场争论的背后其实是不同神话理论的交锋，反映出日本的学者已经在援用西方神话理论构筑"日本神话"的概念，"神话"开始与日本结合。此后，语言学神话学派的影响逐渐褪去，在被认为是日本现代神话学开山之作的《比较神话学》中，高木敏雄已经将缪勒的学说视为误谬，对泰勒和安德鲁·兰等人类学神话学派的学说显示了极为赞同的态度。高木对"神话"是这样解释的：

古希腊语中有 mythos 一词，按普通的解释是指故事（说话）或传说。从严密的意义上而言，是指起源于史前时代的传说。在今天的学科用语上，mythos 一般是指以一个神格为中心的一个故事（说话），翻译成我国语言即是神话。将这些故事作为一个研究对象的一门科学就是 mythology，翻译成我国

---

① ［日］姊崎正治：『言語学的宗教学』，哲学館，1899 年，第 9 页。

② ［英］Archibald Henry Sayce 著，上田萬年、金澤庄三郎訳：『言語学』，金港堂，1898 年，第 212-213 页。

③ 据《古事记》和《日本书纪》的记载，须佐之男（《日本书纪》中名为素戋呜尊）为创造日本国土之神伊邪那歧的儿子，由于他在天照大御神统治的高天原做下许多错事，被众神逐出高天原并流放到地上的出云地方，其子孙后成为地上的主宰者。之后发生的天照大御神命令自己的子孙降临地上并逼迫须佐之男的子孙让出地上统治权的"天孙降临"和"让国"神话在今天一般被认为其中暗含了大和政权吞并出云地方政权的历史事实。

④ 参见［日］平藤喜久子：「神話学の「発生」をめぐって——学説史という神話」，井田太郎、藤卷和宏编『近代学問の起源と編成』，勉誠出版，2014 年，第 138-142 页。这场争论的参与者有高山林次郎、高桥龙雄、高木敏雄以及姊崎正治，但真正在学术上与高山针锋相对的是姊崎正治。姊崎正治虽然也曾受到麦克斯·缪勒学说的影响，但高木敏雄认为在这场争论中他的立足点接近当时日耳曼神话学界中最进步的比较宗教学神话学派学说，同时也受到了英国安德鲁·兰人类学派学说的影响。参见高木敏雄：『日本神話伝説の研究』，萩原星文館，1943 年，第 76 页。

语言就是神话学。①

"神话"为"起源于史前时代的传说",这一解释可以看出人类学神话学派学说的影响。但是高木在这里也构筑了自己独特的解释,即神话是指"以一个神格为中心的故事"。也就是说,"神话"从意义上成了和"神话"译语的字面完全重合的"神话"。由 myth/mythos/mythology 等系列词汇到"神话"译语产生,由外来神话理论介绍到本土"神话"概念构筑,高木的"神话"概念的提出意味着以上两个过程完成了交融。

但是,安德鲁·兰所认为的神话,一方面是指研究宇宙、神和英雄的科学,一方面是指这些故事其自身。② 从这一点考虑的话,高木的定义显然是有偏差的。这一点从其他人类学派学者所下的定义也可窥得一斑。如在 1927 年出版的《神话学概论》中,著者西村真次引用了英国人类学派学者施彭斯(Lewis Spence)所定义的"神话":

神话(Myth)是对神或超自然存在的行为的说明,常常被表现于原始思想的范围内。神话企图说明宇宙和人类的关系,对于讲述它们的人们来说具有重大的宗教的价值。神话有时也为了说明社会组织、习惯、环境的特性而出现。③

"神话"一定是指"神的故事"吗?换言之,"神话"这一译语是否贴切?就这一问题,日本的学界曾经有过疑问和专门的讨论。如列维-施特劳斯(Clude Levi-Strauss)著作的译者、法国文学研究者渡边守章就提出,"神话"如果从日本的情况考虑的话,说它是"神的故事"或"神代的故事"是没有任何矛盾的,但是"神话"中也包含了传说和口承文艺,即使其中不出现神也可称为"神话",如果将其指代罗兰·巴特(Roland Barthes)所指称的意味着文化深层结构的"神话"时,这两个字更不合适。④ 但是,无论如何,由作为表意文字的汉字所组成的"神话"既然诞生并作为 myth/mythos 等词的译语固定了下来,将"神话"联想为"神的故事"也是无可避免的。

二、中国对 myth/mythos/mythology 的翻译及"神话"的输入

今天我们所使用的"神话"一词在中国最早出现于 19 世纪末,它通过蒋

---

① [日]高木敏雄:『比較神話学』,博文館,1904 年,総説第 1 页。
② 参见孟慧英:《西方民俗学史》,第 95 页。
③ [日]西村真次:『神話学概論』,早稲田大学出版部,1927 年,第 3 页。
④ [日]吉田敦彦·山崎賞選考委員会:『神話学の知と現代』,河出書房新社,1984 年,第 34-35 页。

观云、梁启超、章炳麟等留日知识分子以日本为中介的西学翻译和介绍活动传入中国。① "神话" 在中国的最早使用例可追溯到 1897 年 12 月 4 日刊载于《实学报》、由留日学生孙福保译自日文的《非尼西亚国史》。② 那么，myth/mythology 等词汇在中国最初是怎样翻译的呢？就目前笔者所搜集的资料来看，由香港中国福音传道会（Chinese Evangelization Society）的负责人德国人罗布存德（W. Lobscheid）所编的《英华字典》（1866—1869）中既已出现 myth 和 mythology 等词条以及对应汉语的翻译。在这里，myth 被翻译为 "荒唐、荒诞、虚谬"。而在 1899 年出版的《英华字典集成》中也出现了相似的翻译 "虚谬、荒诞"，但都和 "神话" 毫无关系。罗布存德所编的《英华字典》后被津田仙、柳泽信大、井上哲次郎等人翻译成日语并分别以《英华和译字典》（1879）、《订增英华字典》（1883）为名出版。但是这些早期的翻译无论在日本还是中国都慢慢淡出了视线。下表 2-1 根据作者搜集的、截至 20 世纪 30 年代左右的一些资料而成，通过此表能够较为清晰地纵览清末民国时期 myth/mythology 系列词汇的翻译史和变化轨迹。

表 2-1：中国对 myth/mythology 等词汇的初期翻译

出版时间	出处	编者/出版社	myth/mythos/mythe 的翻译和解释	mythology/mythologie 的翻译和解释
1866	英华字典	Rev. W. Lobscheid/ Hongkong : Daily Press	荒唐，荒诞，虚谬（P1208）	荒唐、荒诞、虚诞（P1208）
1899	英华字典集成	邝其照/ Shanghai: Wahcheung, Kelly & Walsh; Hongkong: Kelly & Walsh	虚谬、荒诞（P217）	喻言、虚谬（P217）
1908	德华字典	Katholischen MissionSüd-Schantung/ Jentschoufu : Kath. Mission	古神传（P350）	—

---

① 马昌仪：《中国神话学发展的一个轮廓》，马昌仪编：《中国神话学文论选萃》，中国广播电视出版社，1994 年，第 9 页。

② 根据香港中文大学创建的 "中国近现代思想史全文检索数据库" 检索 "神话" 可得到这一结果。另外，谭佳也曾有过指摘。参见谭佳：《神话与古史：中国现代学术的建构与认同》，社会科学文献出版社，2016 年，第 49 页。

续表

出版时间	出处	编者/出版社	myth/mythos/mythe 的翻译和解释	mythology/mythologie 的翻译和解释
1908	英华大辞典	颜惠庆/商务印书馆	稗史、野语、虚传、神史、神怪谈、神代古事、古传之事迹、无稽之古事、比喻、寓言、荒唐、荒诞、无稽（P1501）	1. 希腊古传之神道史、鬼神传、神祇志 2. 古神道之学、鬼神学、神祇 3. 鬼神论、古神论（P1501）
1910	法华新字典	陆伯鸿等/商务印书馆	太古之逸事（P349）	神代史（P349）
1913	英华新字典	商务印书馆编译所	虚传、比喻（P339）	虚传、鬼神论、神仙传（P339）
1916	官话（The Nanking Kuan hua）	K. Hemeling/Department of the Inspectorate General of Customs	—	鬼神学（新）、古神学（新）、神话学（新）（P911）
1918	新式英华词典	张谔、沈彬/中华书局	1. 寓言、故事、旧闻（大半观于鬼神宗教之事） 2. 乌有先生、无稽之事（P498）	1. 神祇学、神怪学 2. 神怪传、寓言、神祇志（P498）
1920	德华大字典	瞿侃、余雲岫/商务印书馆	Mythe：1. 奇谈、鬼神谈 2. 小说 Mythus：1. 神话、神怪谈 2. 稗史、小说（P562）	1. 鬼神论、鬼神学 2. 神仙志、鬼神谈、神仙传（P562）

续表

出版时间	出处	编者/出版社	myth/mythos/mythe 的翻译和解释	mythology/mythologie 的翻译和解释
1923	模范法华字典	萧子琴等/商务印书馆	1. 神话、神代志 2. 荒诞之事（P463）	神话、神代史（P463）
1932	文学术语辞典	戴叔清/文艺书局	神话（P181）	—
1935	袖珍英华字典	吴治俭、胡诒谷/商务印书馆	物语、神话、寓言（P628）	鬼神论、神话学、神仙传、神祇志（P628）
1936	德华字典	马君武/中华书局	神鬼谈、无稽之谈（P682）	神鬼学（P682）
1945	德华大辞典	卫德明/壁恒图书公司	神话、列仙传、神怪谈（P706）	神话、神话学、鬼神论（P706）

　　从上表显示资料可以看出，在日本的初期翻译中也可以见到的"鬼神论""鬼神学""神仙传""神怪谈""神怪传""神祇学""神祇志""神怪史"等译语在 1910 年左右开始出现。这些译语很有可能受到了日本初期译语的影响。如 1920 年刊登于《出版界》的一篇名为《什么叫神话》的文章中，作者中孚否认了具有虚假意义的"寓言""荒唐无稽之谈"等语义，指出"神话"以"日本的神典等来比可称为「神代物语」或「神祇志」"①。在 1908 年出版的《英华大辞典》的例言中，编者颜惠庆明言在编纂之际参考了若干优秀的英和辞典，而《英华大辞典》中的"神代史""神道史"等译语明显不是汉语中固有的表达。② 此外，在 1916 年出版的《官话》中，mythology 的译语后皆附有"（新）"的标志，根据《官话》的序言，用"（新）"表示的词汇为现代的新语，来自古汉语或日语。在 20 年代和 30 年代的字典中，"神话"和"神话

---

　　① 中孚：《什么叫神话》，《出版界》，1920 年第 58 期，第 2 页。
　　② 笔者搜索了"国学宝典""鼎秀""殆知阁"等古典典籍的全文检索数据库，没有表示"神之时代"的"神代"一词。"神道"一词虽有，其意义为"墓前的道路"，没有日语中表达宗教名称的"神道"。

学"开始出现，但是与日本用"神话"逐渐代替其他译语所不同的是，至少到 30 年代和 40 年代，这两个词汇并没有成为 myth/mythology 的唯一解释，"神怪谈""鬼神论""神仙传"等译语仍然同时存在。换言之，尽管"神话"作为 myth 等词的译语已经开始在汉语中固定，但是它的意义仍具有多义性。虽然我们很难将这些具有多义性的译语与当时社会上的"神话"理解一一建立一种直接的联系，但是也很难相信这些具有如此普遍性的译语不对中国"神话"的理解产生影响，至少它们反映了当时的人们所认识的一种非学术意义上的"神话"。

第三节　中国对"神话"的初期理解和接受

"神话"作为汉语开始普及大概在 20 世纪的前 10 年左右。根据香港中文大学创建的"中国近现代思想史全文检索数据库（1830—1930）"的检索结果，1915 年之后"神话"的使用例开始激增。从 1897 年到 1914 年的 17 年间，"神话"的使用例仅有 73 例，而从 1915 年到 1928 年的 14 年间使用例则达到了 177 例。但是这些检索结果往往集中在《新民丛报》《新青年》《东方杂志》《国粹学报》《少年中国》《民报》《现代评论》等社会改良派或革命派所主宰的杂志中，而且梁启超等启蒙学者的执笔占了多数（由梁启超所撰写的，含"神话"的文章达到 30 篇以上），因此综合来看，"神话"的普及应该迟于 1915 年。这一点从上海图书馆建立的"晚清民国期刊全文检索数据库（1830—1949）"的检索结果中也可以证明。根据检索结果，以包含了"神话"一词为标题的文章在 1920 年之前仅有 32 例，到了 20 年代一气增加了 321 例。这个数据库包含了 1830 年到 1949 年间的中国主要期刊，其数据比较有说服力。

20 年代以后"神话"使用量的激增意味着中国开始对神话产生兴趣。不过，在此之前关于神话的解释和西方神话学说的介绍已经开始出现，只是极其稀少。鲁迅和周作人即为这一领域的先驱。如在《破恶声论》（1908）中，鲁迅是这样理解神话的："夫神话之作，本于古民，睹天物之奇觚，则逞神思而施以神化，想出古异，谲诡可观。"① 以上的论述可看出人类学派神话学说的

---

① 鲁迅：《破恶声论》，马昌仪编：《中国神话学百年文论选（上）》，陕西师范大学出版总社，2013 年，第 9 页。初出：《河南》月刊，1908 年第 8 号。

痕迹。周作人对神话的理解受到了安德鲁·兰学说的影响。他在 1907 年就翻译了安德鲁·兰以希腊神话为题材的小说《红星佚史》。而在 1913 年，他又根据安德鲁·兰的学说写成了《童话略论》一文，在文章的开头他解释了童话（Märchen）、神话（Mythos）、世说（Saga）的不同，指出神话是"上古之时"由人们对"天神地祇，物魅人鬼"的宗教信仰发展而成的故事，世说和童话虽然亦然，但前者"尊而不威，敬而不畏"，后者则"其时代人皆无定名"，以传奇和娱乐为主。由此周作人将神话、世说、童话分别视作原始人的宗教、历史和文学。① 在周氏兄弟之外，1919 年屠孝寔发表了《宗教及神话之起源》一文，介绍了冯特（Wilhelm Wundt）、泰勒、麦克斯·缪勒等学者的学说和宗教、神话的起源，他指出："当民智未开之时，神经简单，思想浑噩，对于自然现象未能立普通之学说，为概念之说明，其所论喻，悉以拟人为主，故其时只有宗教上之神话。"② 其观点明显有缪勒宗教和语言学说的烙印。

在 20 年代初期，周氏兄弟又再次论及了神话的定义。这时两人的观点虽然与以前相比没有太大的改变，但是都在以前的解释上增添了新的部分。1922年，周作人在《神话与传说》一文中重新阐释了神话和传说的异同。根据他的说明，神话与传说的形式是相同的，所不同的是"神话所讲者是神的事情，传说是人的事情。其性质一是宗教的，一是历史的"③。换言之，这时周作人所定义的神话就是讲述"神的事情"的具有宗教性质的故事。而在 1923 年出版的《中国小说史略》中，鲁迅也增添了相似的内容。他不但将神话视为原始人类对变异不常的天地万物诸现象的一种解释，还特别强调"神话大抵以一'神格'为中枢，又推演为叙说"，而叙说又最终发展为宗教、诗歌，文章和艺术。④ 这段叙述不仅让人联想到高木敏雄所定义的"以一个神格为中心的一个故事"的神话概念。总而言之，在周氏兄弟的重新定义下，神话成了讲述"神的事情"的故事或"以一'神格'为中枢"的叙说，神话的解释也变为了和字面相符的"神的故事"。

但是，如果脱离了 myth/mythology 等词汇本身所包含的语义，单纯以"神的故事"来理解这一类词汇的话，神话在中国的语脉中会产生许多联想，也会派生各种新的语义。"神话"这一词汇虽然逐渐开始在汉语中扎根，由于当时对于神话以及神话学说的介绍还比较少见，仅从神话的字面去理解这一词汇

---

① 周作人：《童话略论》，马昌仪编：《中国神话学百年文论选（上）》，第 16 页。初出：《绍兴县教育会月刊》，1912 年第 2 号。

② 屠孝寔：《宗教之神话之起源》，《北京大学月刊》，1919 年第 1 卷第 2 期，第 39 页。

③ 周作人：《神话与传说》，《妇女杂志》，1922 年第 8 期，第 71 页。

④ 鲁迅：《中国小说史略》，北新书局，1927 年，第 9 页。初版：北大新潮社，1923 年。

的例子层出不穷，1923年刊载于《最小》杂志的胡怀琛所著《何谓神话》一文即是其例。胡怀琛指出："初民时代，人民智识浅薄，对于一切不解的事，都谓为神怪，自然而然生出许多神话来，然这不过口头相传吧，写在文字里的神话第一在庄子里看见。"胡怀琛是从文学的角度来阐释神话的，他认为由于《庄子》和《楚辞》都有"神怪的话"、说到"神鬼"，因此都是神话文学的源头，《诗经》虽然也讲"鬼"，但是不是神话，因为它是为祭祖宗而作的，不能变化出"许许多多的神狐鬼怪来"。他还阐述了"神怪"文学的发展：从《楚辞》衍生出了《洛神赋》等神怪诗歌，从《庄子》衍生出了《穆天子传》和《山海经》等书，"于是神话乃成为了小说的一大部分，经过唐宋直到清朝，愈益发达，如今谈小说的人无不知道聊斋志异，阅微草堂笔记，封神传，西游记几部书"。① 胡怀琛的叙述其实是有矛盾的，他一方面将神话看作"初民时代"的产物，从人类学派的观点来看，这种理解尚不算偏差。但一方面又将后世的文学作品《聊斋志异》《封神榜》《西游记》纳入神话的范围。这大概是由于他仅仅把"神话"理解为"神狐鬼怪的话"的缘故。这样的理解即使到了30年代仍然络绎不绝。如1930年刊载于《少年》杂志的一篇署名为朗，题名为《名词浅释》的文章对神话进行了如下解释：

神话的体裁有时候是故事，有时候是小说，有时候是戏剧，不过所讲述的都是一件神怪的往事。如果内容并不神怪，那就成为普通的故事，普通的小说，普通的戏剧了，我国旧小说中的封神榜，是一部神话体的小说。其中所说的种种事情都不是人世间的事情，都是鬼怪世界中的描写，所以非常神怪。又如西游记也是一部神话体的小说，什么孙行者一个筋斗就是十万八千里，什么到天竺的途中就有许多的妖怪国，都是不近情理的怪异之谈，叫人不能相信的。最近本志第四第五两号上有一篇被谪的仙女，便是神话体的戏剧，因为这三幕剧中的事情在人类社会上就不会有的。②

神在汉语中不但指佛教里的佛、菩萨，也包括道教信仰里的神仙、仙人。因此，表示"神的故事"的神话当然可以理解为菩萨传、神仙传。1922年，董秀石发表了《古代东方诸国之神话史与中国神话之考较》一文，将中国神话与埃及、巴比伦、希腊神话加以比较，显示了异文化比较的意识。不过，作者举出的中国神话典籍不但与胡怀琛的认识完全一致，他所列出的神也是道教、佛教、民间信仰中的各路神仙：菩萨、喜神、福神、牛头马面、玉皇、月

---

① 胡怀琛：《何谓神话》，《最小》，1923年第3卷第84期，第6-7页。
② 郎：《名词浅释》，《少年》，1931年第2卷第8期，第78页。

下老人······①1923 年，在姚民哀撰写的题名为《神话》的文章中，作者列举的也是土地、城隍、文昌、真武等道教体系的神仙的由来。②

总而言之，中国对"神话"的初期接受和理解与当时 myth 等词汇的汉语译语所显示的多元性是一致的。可以说，myth 经过日本过滤后所产生的"神话"与中国语境和文化相碰撞后又产生了中国式的神话理解。由 20 年代末期开始，以茅盾为首的第一批神话研究者将人类学神话学派的学说正式介绍到中国，神话概念的讨论真正在学术层面开始展开，这些中国式的神话理解又与人类学派神话学说产生矛盾，随之出现了中国最初的神话概念的辨别过程，这是中国神话的识别工作无法避开的一个焦点。

第四节　"神话"语义的学术讨论和本土化

一、人类学派神话定义的应用

20 世纪 20 年代中期以后，以希腊神话和北欧神话为代表的各种外国神话的正式介绍开始激增。其中，刊载于《小说月报》1924 年第 3 期上的郑振铎的《文学大纲（三）第四章 希腊的神话》是中国较早的比较有系统的介绍之一。1924 年以后成批且集中的介绍开始出现，如茅盾在 1924 年到 1925 年间以《儿童世界》为据点分 10 余次介绍了多篇希腊和北欧神话，其中 1925 年的介绍尤为密集。《民国日报·觉悟》在 1925 年间刊载了 10 余次北欧神话以及一些希腊神话故事，而《晨报副刊》则在 1925 年分 4 次刊登了由毕树棠翻译的《蔼斯其木人之民俗传说与神话》。可以说，1925 年中国对于外国神话的介绍达到了极盛。相隔几年之后，西谛（郑振铎）又分别于 1928 年、1930 年、1931 年在《小说月报》上共计 30 多次介绍了多则希腊和罗马神话。此外，1924 年周作人相继发表了《神话的辩护》（《晨报副刊》，1924 年 1 月 29 日）、《续神话的辩护》（《晨报副刊》1924 年 4 月 10 日）、《神话的趣味》（《晨报副刊：文学旬刊》1924 年第 55 期）三篇文章，针对当时将神话视作迷信的一些言论为神话进行了辩护，指出了神话在文艺和科学上的价值。在《神话的趣

---

①　董秀石：《古代东方诸国的神话史和中国神话的考较》，《史地丛刊》，1922 年第 2 卷第 1 期，第 1–7 页。

②　姚民哀：《神话》，《游戏世界》，1923 年第 20 期，第 9–11 页。

味》一文中他还对西方的神话学派如历史学派、譬喻派、言语学派、人类学派的学说一一进行了介绍。1927 年以后，中国开始出现专门论述或涉及神话学的学术专著，标志着中国神话学科的基本理论框架开始建构。如黄石的《神话研究》（1927，上海开明书店）、谢六逸的《神话学 ABC》（1928，世界书局）、汪倜然的《希腊神话 ABC》（1928，世界书局）、茅盾的《北欧神话ABC》（1928，世界书局）、《中国神话研究 ABC》（1929，世界书局）、《神话杂论》（1929，世界书局）、林惠祥的《民俗学》（1931）、《神话论》（1933，商务印书馆）、《文化人类学》（1934，商务印书馆）等。这一批学者对于神话的认识都毫无例外地受到了人类学派神话学说的影响，[①] 他们都强调神话是原始时代的产物，是关于神与英雄或超自然的故事，主张神话讲述宇宙万物的起源、解释自然现象以及宗教风俗。如黄石对神话的定义和内容规范如下："'Myth'这个字是用来表示原始时代关于神奇的故事或受神能支配的自然事物的故事……神话是想象的产物，是智力尚未发达的原人，对于宇宙的森罗万象，如日月的进行，星辰的出没，山川河海，风云雷雨，以及生活的技术，人群的礼制，乃至生活中看似神奇的事物的解释……"[②] 林惠祥则指出"神话的意义或是说'关于宇宙起源神灵英雄等的故事'（A. Lang）或再详释为'关于自然界的历程或宇宙起源宗教风俗等的史谈'（H. Hopkins，R. H. Lowie）。"[③]但是，除了茅盾所著《中国神话研究 ABC》之外，这些著述仅停留于外国神话或西方神话学说的介绍，其中个人见解不多，也并未将神话融入中国的土壤中。不过，综合来看，20 年代中期以来外国神话和西方神话学说介绍的增加

---

① 黄石的《神话研究》的主要参考书目有安德鲁·兰的 *Myth*，*Ritual and Religion*，泰勒的 *Anthropology*，此外还有安德鲁·兰为 *Encyclopedia Britannica* 所撰写的 Mythology 条目（第 232 页）。谢六逸的《神话学 ABC》主要翻译自日本学者西村真次的《神话学概论》和高木敏雄的《比较神话学》中的一部分，他对于神话的定义分类源于西村真次，而西村真次则采用了施彭斯（Lewis Spence）在《神话学绪论》（*An Introduction to Mythology*）中的观点（施彭斯的定义参见本章前文）。施彭斯也属于人类学神话学派，1921 年出版的 *An Introduction to Mythology*（New York：Moffat Yard and Company）的封面标明他为英国皇家人类学学会的研究员（Fellow of The Anthropological Institute of Great Britain and Ireland）。林惠祥并没有列出所参考的著作名称，不过他对于神话的定义的观点来自安德鲁·兰、霍普金斯（H. Hopkins）和罗维（R. H. Lowie）。吕叔湘在 1935 年翻译了罗维的《初民社会》，根据他的介绍，罗维也是美国人类学派的一名学者。参见［美］Robert. H. Lowie 著，吕叔湘译：《初民社会》，商务印书馆，1935 年，第 1 页。

② 黄石：《神话的研究》，开明书店，1927 年，第 1-3 页。黄石指出神话除了"解释的神话（Explanatory myths）"外还存在一种"唯美的神话（Aesthetic）"，即"并不是解释什么事物，其讲述的目的也不在乎道德的教训，在讲者和听者都发于求快乐的动机就是了"。

③ 林惠祥：《神话论》，商务印书馆，1933 年，第 1 页。林惠祥还指出神话必须具备以下要素，即传承的（Traditional）、叙述的（Narative）、实在的（Substantially）、说明性（Aetiological）、人格化（Personification）、野蛮的要素（Savage Element）。

无疑加深了国人对于神话的理解。作为一个自然的发展流向，如何根据西方的尤其是人类学派神话学说建构中国神话，也即如何从中国古代文献中寻找材料放入中国神话的容器中这一工作随之展开。当然，这一过程中必然会发生何为中国神话的探讨。1925年，发表于《小说月报》的茅盾《中国神话研究》一文即为这方面的嚆矢之作。

在《中国神话研究》中，茅盾基于安德鲁·兰的学说，规定了中国神话的判断标准。他首先定义了神话："神话是一种流行于上古时代的民间故事，所叙述的是超乎人类能力以上的神们的行事，虽然荒唐无稽，可是人民互相传述，却确信以为是真的。"① 与周作人和鲁迅一样，茅盾也将神话视作"神们的行事"，而且具有以下的特征：1. 产生于上古时代；2. 具有民间口头传承性；3. 在讲述它的时代被认为是真实的。但是茅盾也认识到了呈现于我们面前的神话其大体虽有所保留，但是已经并非其原始面目，因为文明民族的神话都已经经过文学家和宗教思想的修改。他强调可视作中国神话的必须是能反映"中华民族的原始信仰与生活状况"的一类材料，这样"便有了一个范围，立了一个标准，不至沉没在古籍的大海里，弄得手足无措。因为中国古书里类乎神话的材料实在很多，我们须得先有方法去抉择才好"②。茅盾认为正是因为中国的古书中有很多类乎神话的材料，所以才造成了搜罗中国神话的困难——"现今所有的材料几乎全是夹杂着原始信仰与佛老信仰"③。针对这一问题，茅盾提出了两个标准，一个是判断中国神话的标准，另一个是收集中国神话的标准。关于前者，他是这样思考的：

我们现在虽然有许多古书讲到神仙故事的，但是这些故事大半不能视作中华民族的原始信仰与生活状况的反映。于是，我们似应应用兰氏对于神话的见解，以分别我们所有的神仙故事何者为我们民族的原始信仰与生活状况的反映，何者为后代方士迎合当时求神仙的君主的意志而造的谰言。④

根据以上的标准，茅盾将一些材料排除在中国神话之外。在茅盾看来，"记载神仙的古书如《列仙传》和《神仙传》内的话头，还有记载神仙居处的古书如《海内十洲记》内的神话"虽然都记载了"'神'的'话'"，但是它们"大都是方士的谰言，不能视作中华民族的神话"，这是因为其所描写的世

---

① 茅盾：《中国神话研究》，《中国神话研究初探》，上海古籍出版社，2011年，第118页。初出：《小说月报》，1925年第16卷第1期。《中国神话研究初探》原名为《中国神话ABC》，1929年由世界书局出版，其中收录了此篇文章。该书于1978年改名为《中国神话研究初探》再版。

② 茅盾：《中国神话研究》，《中国神话研究初探》，第120页。

③ 茅盾：《中国神话研究》，《中国神话研究初探》，第143页。

④ 茅盾：《中国神话研究》，《中国神话研究初探》，第120-121页。

界已经不是原始人所能想象的世界了。① 道教是中国古代产生的本土宗教，但茅盾认为道教"虽然可算是中国民族自己的宗教信仰"，但"绝不能算是中华民族的原始信仰"，因为原始人民是"精灵崇拜"，"绝不靠修炼之功"。② 此外，茅盾还指出《淮南子》中记载的"姮娥奔月""蚕的起源""吴刚伐桂"等故事都不能算作神话。以"姮娥奔月"为例而言，这个故事为好仙的刘安招致方士"杂凑而成的，故于叙述旧闻而外，再加一点臆撰新说"③，这些故事中所体现出的观念已和原始人民的原始思想不相符合了。在这篇文章的最后，茅盾举出了生于新西兰的英国人 E. T. Chalmers Werner 所撰的《中国神话与传说》（*Myth and Legends of China*）为对照进一步强调自己的观点。这本书虽然名为中国神话，但是它所采用的材料均来自《历代神仙通鉴》《神仙列传》《封神演义》《搜神记》。仅以《封神演义》为例来看，它的产生是在明代，按照茅盾的标准自然不是原始生活和信仰的反映。因此，茅盾批评 Werner "把中国凡言神怪的书都算作神话"④。从以上的论述可以看出，茅盾对中国神话标准的设定显然与当时对神话的一般理解有着很大的关系。他之所以将道教信仰、方士所创造的神仙故事、后世创作的神怪小说从神话的范畴中驱除出去，显然是试图纠正凡是有关神仙、神怪等神的话都是神话的一般认识。基于以上的标准，茅盾提出了搜集中国神话的标准：

搜集中国神话自然应以曾见中国古书为标准，换句话说，我们应从古书中采集；可是难题就在这里：我们搜罗的范围是限于周、秦的古书呢？还是竟扩充到汉、魏、晋以至六朝？照理讲，材料当然愈古愈可靠，故搜罗中国神话不特要以周、秦之书为准，而且要排斥后人伪造的周、秦或三代的书。但是神话原不过是流行于古代民间的故事，当原始信仰尚未坠失的地方，这种古老的故事照旧是人民口头的活文学，所以同在一民族内，有些地方文化进步得快，原始信仰早已衰歇，口头的神话亦渐就澌灭，而有些地方文化进步较迟，原始信仰未全绝迹，则神话依然是人民口中最流行的故事。这些直至晚近尚流传于人民口头的神话，被同时代的文人采了去著录于书，在年代上看，固然是晚出，但其为真正的神话，却是不可诬的。⑤

由于茅盾认为神话本身发生着演变，原始的神话经过了文人以及宗教思想

---

① 茅盾：《中国神话研究》，《中国神话研究初探》，第 121–123 页。
② 茅盾：《中国神话研究》，《中国神话研究初探》，第 140 页。
③ 茅盾：《中国神话研究》，《中国神话研究初探》，第 137 页。
④ 茅盾：《中国神话研究》，《中国神话研究初探》，第 147 页。
⑤ 茅盾：《中国神话研究》，《中国神话研究初探》，第 143 页。

的修改，所以他认为周、秦时代的古书中记载的神话价值较高。但是，他也认识到了神话的口头传承性以及采录时代的先后，因此也强调不能仅以出现于文献时间的早晚来辨别该材料是否为具有原始性的神话，他还补充指出汉、魏、晋乃至唐时代的材料中也有可能存在着真正的神话材料。茅盾的认识不能说不全面，他在提出神话必须反映原始信仰和生活的同时，也强调要从神话的演变、口头传承性和采录的先后等各个方面去讨论中国神话。不过，茅盾认为原始信仰只存在于一定的文化土壤中，这种土壤一旦消失神话也就消失了。但是，正如本书第一章所述，道教信仰和神仙思想的产生并不仅仅是脱离了原始社会的后世的产物，它们继承了中国远古神话的许多要素，茅盾力图从神话中排除出去的道教信仰和神仙思想以及人类学派学说所规定的神话之间的确存在着许多不可分割的关系。这一点也成了以后的学者们讨论的焦点。

　　茅盾对神话的定义以及他对前述两个标准的提出可谓全方位对人类学派神话学说的应用，也是对先于神话的学术讨论而产生的神话的一般认识的纠正，正如他本人所言："处处用人类学的神话解释法以权衡中国古籍里的神话材料。"① 茅盾的《中国神话研究》其实抛出了一个很大的问题：如何根据西方的神话学说来规范"何为（不为）中国的神话（或神话材料）"，反过来而言，他所提出的"中国神话"的标准和规范标志着"神话"在中国的意义开始本土化，或者说中国化。

二、人类学派神话定义的发展

　　《中国神话研究》发表后，鲁迅阅读了这篇文章。他在同年3月写给自己的学生傅筑夫、梁绳祎的信件中评价了茅盾的观点并提及了自己对定义和搜集中国神话的一些看法。鲁迅指出：

　　关于中国神话，现在诚不可无一部书，沈雁冰君之文，但一看耳，未细阅。其中似亦有可参考者。所评西洋人诸书，殊可信……中国之鬼神谈，似至秦汉方士而一变，故鄙意以为当先搜集至六朝（或唐）为止群书，且又析为三期：第一期自上古至周末之书，其根底在巫，多含古神话；第二期秦汉之书，其根底亦在巫，但稍变为"鬼道"，又杂有方士之说；第三期六朝之书，则神仙之说多矣。今集神话，自不应杂入神仙谈，但在两可之间者，亦只得存之。②

---

① 茅盾：《中国神话研究初探》，第1页。
② 鲁迅：《论中国神话书》，《再建旬刊》，1940年第1卷第2-3期，第9-10页。这封信于1940年作为鲁迅的遗稿公开发表。

鲁迅是认同神话的演变之说的。事实上在 1923 年出版的《中国小说史略》中,鲁迅已经阐释了文学家对神话的修改:"盖当歌颂记叙之际,每不免有所粉饰,失其本来。"[①] 在这里,他将中国远古神话的性质归为宗教性质的"巫","巫"性减少而"方士之说"渐多之后,"古神话"变为"鬼道"再而成为"神仙之说"。鲁迅虽然认同应该将"神仙谈"自"神话"中撤除,但是他认识到自秦汉之际起,两者已经互相掺杂,因此如何取舍,如何恢复其原始面目并非易事。此外,茅盾认为神话是上古时代的产物,能够作为"中国神话"材料的必须反映中国原始社会的信仰和社会状况。就此,鲁迅则有不同的观点:

> 沈君评一外人(笔者注:即 Werner)之作,谓不当杂入现今杂说。而仆则以为此实一个问题,不能遽加论定。中国人至今未脱原始思想,的确尚有新神话发生。譬如"日"之神话,《山海经》中有之,但吾乡(绍兴)皆谓太阳之生日为三月十九日,此非小说,亦非童话,实亦神话,因众皆信之,而起源则必甚迟。故自唐以迄现在之神话,恐亦尚可结集,但此非数人之力所能作,只能待之异日。现在姑且书六朝或唐为限可耳。(唐人所见古籍较今为多,故尚可据得旧说。[②]

两人的分歧在于茅盾所认为的原始性基本是根据时代来定的,而鲁迅则是根据思想来定的,换言之,在鲁迅看来神话未必一定是远古时代的产物,即使是今日也存在着产生神话的土壤。在这里,鲁迅还对茅盾批判的 Werner 予以了辩护。究其原因,大概是因为鲁迅认为 Werner 作为材料所采用的四本书中也存在着神话。事实上,在他自己所著的《中国小说的历史变迁》(1925)中,鲁迅也将《神异经》《十洲记》《列仙传》《神仙传》称为"此种神话"[③]。茅盾和鲁迅的意见的相异总体而言主要还是集中于关于神仙神怪的故事是否均可称为神话这一点。这一问题的出现本身就体现了中国最初的神话概念的建构和"神话"译语的输入、接受和最初认识的关联性,它显示了人类学派的神话定义和中国的材料无法统合的困难。

1936 年由黄华沛撰写的《论中国的神话》对以上的问题提出了比较折中的意见。他首先提出了自己判断中国神话的立场:"不必要如普通人一样承认

---

① 鲁迅:《中国小说史略》,北新书局,1927 年,第 9 页。

② 鲁迅:《论中国神话书》,《再建旬刊》,第 10-11 页。

③ 鲁迅:《中国小说的历史变迁》,《朝花夕拾:鲁迅经典文集》,中国纺织出版社,2016 年,第 260 页。初出:《国立西北大学陕西教育厅合办暑期学校公演集(二)》,1925 年。

一切怪事异谈为神话。但也不打算只承认原始的神话的存在而忽略以后的流传。"他把中国神话分为两大类，依稀可见维科对于神话时代和英雄时代划分的影响。黄华沛划分的第一类为"属于原始人的原始信仰的神话"。他认为这一类神话"是有如各民族的神话一样的内质外形，是如各神话专家所说的那样的神话必有的发展机构，是神话的自然时代的产物"，也就是说它们贴合西方的神话定义，具有世界共通的普遍性，因此"不用详论"。第二类为"属于古代人的原始信仰的神话"，它们是以"超卓的英雄为神，或神为英雄的神话的英雄时代"的产物，是反映古代人生活和信仰的"民俗性神话"，是从以下四类材料："神仙——道教中仙人以及其他神仙的来历与行迹""菩萨——佛教中各神来历与行迹""妖怪——属于阎罗王系统中魔鬼以及其他合乎神话条件的怪物的故事""魔术师——道士以及使用法术的人的故事"中"经过慎重的处理，提炼出来的神话"。黄华沛并不赞同前文所述 Werner 以及日本神话学者松村武雄等国外学者以神仙一类代表了整个中国神话的看法，他认为这一材料"实则它是由原始神话与原始传说相混起来遗留下来的一种变体的神话"，但是"这一类材料最多，而最易与故事土谈相混。我们不能说神仙的故事不是神话，但不能把一概的神仙的故事都归属于神话"。就此，他提出了三个标准以便于从这些材料中处理和提炼出真正的神话，这三个标准是：是否是古代人的原始信仰，是否是人类的神话思考时代后期的产物，是否具有神话的心理状态。① 黄华沛虽然也承认神话的原始性，但是他认为原始信仰不仅发生于原始时代，也发生于古代的所谓英雄时代。但是他所说的神仙、菩萨显然和西方神话传说中的英雄时代的英雄有所不同，如茅盾在《神话的意义和类别》（1928）中所介绍的，一民族的英雄"往往即为此一民族的祖先或最早的帝王"②，黄华沛在这一点上显然有生搬硬套之嫌。但是他肯定中国的神仙说为原始神话的变体，也将之视为扎根于中国古代民俗中的信仰，比起茅盾完全将之斥为"方士的谰言"是可圈可点的。从今天学者们对于神话和神仙传说两

---

① 参见黄华沛：《论中国的神话》，马昌仪编《中国神话百年论文选》，第 183-184 页。初出：《天地人》，1926 年第 1 卷第 10 期。

② 茅盾：《神话的意义和类别》，《中国神话研究初探》，第 152 页。初出：《文学周报》，1928 年第 6 卷第 22 期。

者关系的讨论来看，在整体的认识上并没有超出鲁迅、黄华沛的以上看法。[1]茅盾、鲁迅和黄华沛的观点的确切中了"何为中国神话"讨论中的一个核心问题，体现了当时的学者所面对的困难。一方面中国神话的搜集整理需要西方的神话学说建立一个标准和框架，另一方面中国的材料却又无法完全嵌入这个框架。不过，从这个过程也可以看到，中国学者对于西方神话学说的吸收并不完全是生搬硬套，鲁迅和黄华沛所提出的观点正是基于中国的实际情况而对西方人类学派神话学说的改造，从这个意义而言，西方的神话学说在中国也得到了发展。

三、"广义神话"论的产生及其原因溯源

在鲁迅和黄华沛认识的延长线上，袁珂于 20 世纪 80 年代提出了"广义神话"论。1979 年袁珂出版了《中国神话选释》一书，茅盾曾经致信给袁珂谈及对这本书的看法。他认为袁珂将许仙、白娘子还有魏晋以后一些谈玄志怪视为神话都是不妥的，理由是这些都与道教有关，袁珂则以鲁迅致傅筑夫、梁绳祎信中的观点为自己辩护，他说："鲁迅先生看的要开阔些，和我现在广义神话的设想相合。"[2] 袁珂所主张的广义神话的中心思想"就是认为最初产生神话的原始社会有神话，就是进入阶级社会以后的各个历史时期也有神话"[3]。1982 年和 1984 年发表的《从狭义的神话到广义的神话》《再论广义神话》集中体现了他的这种认识。在后一篇文章中，他对茅盾所定义的神话提出了批判，认为其定义仅包含了"神的行事"，并没有包含讲述英雄事迹的传说

---

[1] 潜明滋曾对中国"神话和仙话"的研究史做过整理和评述。目前为止，学者们对于神话和仙话的关联有不同的见解，如顾颉刚在 1979 年较早提出一个观点，即蓬莱神话（即仙话）是昆仑神话融合了东方沿海的自然条件而出现的产物。此后，它们又各自流传发展，在战国中后期再度结合，形成新的神话世界。王孝廉则在《中国的神话世界——各民族的创始神话及信仰》中专辟《仙乡传说》一章，他将仙人、方士、蓬莱系统视为东方仙乡，神、巫、昆仑、黄河之源等神话与仙乡混合的系统视为西方仙乡，认为两者独立存在。袁珂曾经在《略论〈山海经〉的神话》中以《山海经》的八处记载来论证神仙思想对于神话的渗透。罗永麟认为仙话是将"古代人神不杂思想变化而为人神可以成为一家，满足了广大人民厌世超身的愿望"。郑士有甚至提出"古代神话散失的关键不是历史化，而是神话之神向仙话之仙蜕变的结果"，两者的核心都是"文学—宗教"的结合体。潜明滋自身则认为"仙话对神话是继承和转换，而不是超越和取代。所以仙话并未加速神话的消亡，恰恰相反，它对保存神话很有功"，它们之间的"界限有时就是划不清，有点酷似连体儿"。参见潜明滋《中国神话学》，上海人民出版社，2008 年，第 290-298 页。以上学者的意见虽然不尽相同，但是都能够说明神话和神仙传说之间存在着密切的关系。

[2] 袁珂：《从狭义的神话到广义的神话——〈中国神话传说词典〉序（节选）》，《社会科学战线》，1982 年第 4 期，第 257 页。

[3] 袁珂：《中国神话史》，上海文艺出版社，1988 年，第 1 页。

(legend)。① 茅盾在《神话的意义与类别》（1928）中的确曾经区分神话和传说，他认为前者是指"神或半神的超人所行之事"，后者是指"一民族的古代英雄（往往即为此一民族的祖先或最古的帝王）所行的事"，但是他也强调"二者同是记载超乎人类能力奇迹的，而又同被原始人认为实有其事的，故通常也把传说并入神话里，混称神话"②。而且，在《中国神话研究》一文中，茅盾把中国的神话分为六类，其中第四类即为如黄帝战蚩尤，颛顼伐共工一类"记述神——或民族英雄武功的神话"③。不仅如此，在《中国神话ABC》中，茅盾也专门辟了第七章"帝俊及羿与舜"讨论了这一类型的神话。而袁珂所认为的英雄传说恰恰是指黄帝战蚩尤、羿和嫦娥、鲧和禹治洪水等"人神同台"的故事。④ 不过，袁珂同黄华沛一样认识到了学者的理论和一般人对神话的认识之间存在着差别，他并没有试图去否认狭义神话，认为狭义神话仍然可以作为"学者们研究的核心"⑤。但另一方面他也认为，在搜集神话时应当把神话和传说以外的部分，如历史、仙话、怪异、带有童话意味的民间传说、源自佛经的神话人物和神话故事，关于地方风习和风物以及少数民族的神话传说也统统纳入神话的范围。⑥ 他还特别指出《西游记》《聊斋志异》这些毛泽东认为是神话的文学作品，也应该承认其神话的地位。⑦ 而在他编纂的《中国神话史》（1988，上海文艺出版社）中，不但有仙话和佛典神话，还收录了截至明清时代的各个时代的神话。茅盾、鲁迅、黄华沛的意见虽然各异，但他们都承认神话中必须包含"原始性"，无论这种原始性产生于原始社会抑或古代社会甚至是现代，而袁珂则是以"幻想性"作为判断是否是神话的标准，他说："神话是非科学但却联系着科学的幻想的虚构，本身具有多学科的性质，它通过幻想的三棱镜反映现实并对现实采取革命的态度。"⑧ 这的确有将神话的界限无限扩大化之嫌。1984年，在昆明召开的神话研讨会上，袁珂的广义神话

---

① 袁珂：《再论广义神话》，《民间文学论坛》，1984年第3期，第59页。
② 茅盾：《神话的意义与类别》，《中国神话研究初探》，第132页。
③ 茅盾：《中国神话研究》，《中国神话研究初探》，第121页。
④ 袁珂：《再论广义神话》，第59页。
⑤ 袁珂：《再论广义神话》，第61页。
⑥ 袁珂：《从狭义的神话到广义的神话——〈中国神话传说词典〉序（节选）》，第259-260页。
⑦ 袁珂：《从狭义的神话到广义的神话——〈中国神话传说词典〉序（节选）》，第256页。
⑧ 袁珂：《再论广义神话》，第65页。袁珂也承认"广"的边界他自己也在慢慢摸索中。

论受到了压倒性的批判。① 现代"神话"一词的产生和现代神话学的兴起是以全世界范围的人类学研究为基础的，而且中国神话认识的产生也是建立在以人类学派神话学说为首的神话研究理论的基础之上的。中国神话固然有其独特的经验性材料，但是不能否认的是过于偏离人类学派所定义的"神话"，完全脱离了理论即是脱离了研究的基础。正如乌丙安所指出的，广义神话论虽然强调了"中国学"的立场，却是缺乏"神话的国际的比较研究的结果"②。但是，如果我们在知网检索一下就会发现，包含了"西游记"和"神话"关键词的论文标题达到了300余篇，包含了"佛教"和"神话"关键词的论文标题达到了500余篇，包含了"道教"和"神话"关键词的论文标题达到了400余篇。从某种意义上而言，广义神话论并不是袁珂生造出来的，他只是试图将清末民初就已经出现的一般人的神话认识予以理论化，而这样的神话认识依然与现在的人们对神话的一般认识相连。

袁珂之所以如此执着于广义神话论，最根本的原因是为了打破已经形成共识的中国神话贫散论，他在《中国神话史》的前言中将这一论断形容为一个"遗憾"③。中国神话贫散论的论断并非产自中国，但它从一进入中国开始就已经成了一个先验式的真理，学者们从各个方面对中国贫散的原因进行了探究，如茅盾所提出的"神话的历史化"即是其例。那么，中国神话贫散论因何产生？笔者认为究其原因还是在于中国神话的性质与西方神话之间的不契合性。这一话语最早的产生应该是西方学者以西方神话体系来对照和分析中国材料后所产生的论断。这一点从1933年钟敬文写给德裔美国学者W. 爱伯哈特（W. Eberhard）博士的信中可窥得一斑：

> 就足下所列举的对于敝国的神话和传说的贵国的（乃至欧洲别的国家的）学者那种不正确的观念来看，我们更觉得自己对于本国这类学问（神话学、传说学以及童话学等），是有格外努力向前努力地必要的……一些欧洲的和东方的学者……认为中国文化史上没有产生过像古代希腊、罗马或北欧等那种比

① 参见曹楚基：《先秦文学集疑》，1988年，第13-16页。尽管在此次会议之前也有一些学者撰文支持袁珂的观点并提出当代也有新的神话产生，还有一些学者在会议上从美学等角度得出文明社会也可以产生神话的结论，但在此次会议和1985年的全国神话讨论会上，大多数学者还是否认了这些学者的观点，有人指出与神话思维的产生相适应的社会解体之后，神话思维形式的某些残余因素"只能使新的意识形态带上一层神话色彩，而不能再产生出新的神话"。

② 乌丙安：《关于中国"广义神话"论的提出——百年神话研究的反思话题之三》，《民俗学丛话》，长春出版社，2014年，第201页。

③ 袁珂：《中国神话史》，第10页。

较有体系的或情节完整的神话和传说。这种见解的正确性，我觉得是颇可疑的。①

不过，中国神话贫散论的直接输入来源却是日本学者盐谷温所著的《支那文学概论讲话》（1919），他在此书中称中国的神话早亡且仅存零散。鲁迅在《中国小说史略》（1923）中的第二章《神话与传说》中转述了盐谷温的以上观点，将这一话语引入了中国。盐谷温并没有言及自己论断的依据，只对中国的神话早亡而且零散的原因做了两点说明：一是汉族文明发源于黄河流域，缺乏天惠，人民注重实际，排斥冥想空想，因此不能将古来的神话传说集约成雄大的诗篇或是幽玄的小说；二是儒家排斥怪力乱神，以实用主义主张修身治国，因此神话传说没有得到很好的保留和发展，仅在道家和杂家手中有所保留。② 这种观点在 1936 年翻译介绍到中国的松村武雄所著《中国神话传说短论》中也有所重复，但是松村并不认同实用厚生的民族性情会阻碍神话的生产，他认为中国神话之所以贫乏主要是由于儒家实用厚生的态度阻碍了神话的存续。③ 务实是当时的日本学者对以儒家思想为根基的中国文明的一种整体评价，而且这种评价和归因多伴以地理决定文明形态的论调。就笔者所见，这种论调在 19 世纪末似已成为日本汉学者的共识，如藤田丰八所著《先秦文学：支那文学史稿》（1897）和笹川临风所著《支那文学史》（1898）都曾指出中国北方由于地理气候寒瘠，生活艰苦，形成了中国注重民生与实用的文明形态。笹川临风虽然指出中国南方文明的特点是信鬼神，肯定南方文学富于想象，但认为南方文明在春秋末期就已经退出了中国文明的中心。④ 地理环境当然会对文明形态产生影响，但是将地理环境作为文明形态的唯一决定因素则不免过于武断。如茅盾就以北欧的神话作为例证轻易地推翻了以上的论断，而且他也认为"孔子的'实用为教'，在战国时亦未有绝对的权威"，不能成为北方神话早亡的原因。⑤

当然，盐谷温之所以举地理决定文明形态论其目的是在为自己的论断寻找合理的说辞，这种论断产生的原因归根到底还是在于当时的学者一味地以西方宗教和神话的形态来裁定中国文化。如果以西方神话为框架来审视中国神话传说，中国的文献记载中的确没有出现类似希腊神话或北欧神话的完整神系，也

① 钟敬文：《与 W. 爱伯哈特谈中国神话》，马昌仪《中国神话学百年文论选（上）》，2013，P130-131。初出：《民间月刊》1933 年第 2 卷第 7 号。

② ［日］盐谷温：『支那概論講話』，大日本雄弁会，1919 年，第 348-349 页。

③ ［日］松村武雄：《中国神话传说短论》，《艺风》1936 年第 4 卷 第 1 期，第 46 页。

④ ［日］笹川臨風：『支那文学史』，博文館，1898 年，第 2 页。

⑤ 茅盾：《中国神话研究初探》，第 8 页。

没有出现类似《荷马史诗》的雄大的史诗。胡适在《白话文学史》（1928）中也认为中国古代民族没有产生故事诗（Epic），仅有祀神歌和风谣，只是在南方民族文学加入后，文学才增加了神话的分子和想象的能力。而且他也将原因归为地理因素。① 在今天，例如"中国为何没有史诗"等命题已被许多学者视为伪命题，它作为"为何西方没有赋、词"等命题的反面受到了批判。如刘禾就指出"中国为何没有史诗"本身就是西方的文化霸权在汉语语境中的"某种曲折的体现"。② 但是，彼时的中日学者身处的环境本就是东西文化不平等的时代，盐谷温式论断的背后本身就隐含有"先进的西方"与"落后的东方"式的二元对立构图。这一点从当时日本学者对中国宗教思想和神话性质的判断上也可窥得一斑。如藤田丰八就认为中国古来虽然也拜天神地祇人鬼，但都非抽象的"灵"及"魂魄"，中国文明的务实性没有发展出具有幽思玄想特点的理想哲学和宗教形态。③ 日本东洋学的创始人白鸟库吉也先后曾在《古来渡来我国的外国文化的性质》（1899）、《汉文化的性质》（1918）以及《支那上代史》（1930）、《古代支那及印度总说》（1937）中以地理作为原因反复表达了同一论调，而且多将中国文明和印度文明作为明显的对比加以证明。他认为儒教最重孝道，其背后是齐家治国平天下的伦理思想体系，中国人是"现实主义的国民，是不想象幽玄世界存在的民族"。中国的原生宗教思想是一种类似万物有灵论（animism）的拜物思想，如中国人所崇拜的是眼睛可见的天，是森罗万象的精灵，没有达到创造"人格化的神"和创造出脱离现实世界的人格化"神的世界"的阶段，即使道教的仙境也是位于人的世界的东西两极，中国人产生天国以及极乐世界的假想是在佛教传入之后。④ 白鸟甚至将中国的宗教思想贬低为人类发展阶段中的初级思想，认为它没有发展出西方诸国的抽象理论，不过他也指出这种思想形成了形象观察的发达，造就了中国人在学问上求实的精神，从而衍生了史学的发达。⑤ 藤田和白鸟虽然指出了中国宗教思想的一些特点，但是他们对于神和神的世界的定义显然是以西方的神话认识作为参照标准的。可以说，藤田和白鸟甚至胡适的看法基本上从源头上否定了中国产生丰富的神话的可能性，盐谷温和松村虽然没有否认这一点，但

---

① 参见胡适：《白话文学史》，北京和平出版社，2014年，第61—62页。初版：新月书店，1928年。

② 刘禾：《语际书写：现代思想史写作批判纲要》，上海三联书店，1999年，第213页。

③ ［日］藤田豊八：『先秦文学：支那文学史稿』，東華堂，1897年，第4页。

④ ［日］白鳥庫吉：「古代支那及びインド総説」，『白鳥庫吉全集第八卷』，第98页。初出：『世界文化史大系』第三卷，1937年11月。

⑤ ［日］白鳥庫吉：「支那上代史」，『白鳥庫吉全集第八卷』，第564—565页。本文为白鸟生前未发稿。

是他们也认为中国人的务实性没有使远古的中国神话汇成史诗和神话的体系。

鲁迅在《中国小说史略》中虽然引用了盐谷温的两点看法，但他认为中国神话之所以早亡并且仅存零星主要在于"神鬼之不别"。他说："天神地祇人鬼，古者虽若有辨，而人鬼亦得为神祇。人神淆杂，则原始信仰无由脱尽；原始信仰存则类于传说之言日出而不已，而旧有者于是僵死，新出者亦更无光焰也。"① 中国文化中的"鬼"是"泛指人死后与躯体相脱离而存在的各种'魂灵'"②。敬奉和祭祀祖先的魂灵是中国古代信仰中极为重要的一部分，把祖先想象和传说为神或半神半人的英雄也是世界各国神话中都普遍存在的现象。有学者指出，古希腊史诗中的"英雄"和中国的"祖先"从实质上而言"是一组同义词"，古希腊民族由于其所处地理环境多从事航海商业，而且战争频发，这些都导致了频繁的民族迁移，促使"血缘式氏族祖先被跨氏族的英雄所取代"，形成了与中国的氏族祖先所不同的形态。③ 祖先崇拜在农业社会的中国尤为突出，正如本书第一章所述，中国的祖先祭祀和祖先神话是中国古史系统形成的非常重要的基础和素地。鲁迅曾不止一次谈及中国古神话的性质，他认为中国神话的根底本来为巫，至秦汉时期稍变为"鬼道"。由此他认为中国神话的分类"可参照希腊及埃及神话之分类法作之，而加以变通"，而且应当将"人鬼"和"天神""地祇（并幽冥界）""物魅"一起作为中国神话中的一个分类来看待。④ 也就是说，鲁迅虽然也是以西方人类学派的神话的标准来审视中国神话，也仍在神话贫散论下讨论问题，但是他已经意识到了中国神话和西方神话性质的不同，也认识到了中国神话中的人鬼和神祇不分，即历史和神话的混淆。他的认识已经超越了盐谷温，而这种认识在古史辨处成了"古史的人化"，在茅盾处则发展成了"神话的历史化"，他们的观点将在第五章言及。

近年来，有一些学者开始反思中国神话贫散论。如陈连山指出中国的神话类型与西方不同，中国的神和人往往是互相交融的，而中国引入的神话概念通常都只包括"神的故事"，不包括"英雄的传说"，以这一概念去套用中国神话必然会出现中国神话零散和贫乏的结论。⑤ 仅以茅盾和古史辨派的研究来看，这一结论是有失偏颇的。但是，袁珂的广义神话论的提出恰恰是符合这一

① 鲁迅：《中国小说史略》，北新书局，1927年，第16页。
② 靳凤林：《窥视生死线：中国死亡文化研究》，中央民族大学出版社，1999年，第168页。
③ 林玮生：《中西文化范式发生的神话学研究》，中山大学出版社，2017年，第138-142页。
④ 鲁迅：《论中国神话书》，《再建旬刊》，第10页。
⑤ 陈连山：《走出西方神话的阴影——论中国神话学界使用西方现代神话概念的成就和局限》，《长江大学学报》，2006年第6期，第17-21页。

判断的。可以说，袁珂广义神话论的产生，一方面与"神话"译语与中国的土壤结合后产生出的中国神话的一般认识有关，另一方面与以西方神话性质认识中国神话产生的中国神话贫散论有关。清末民初以来对中国神话的认识共同催发了广义神话论。

本章小结

汉语中"神话"一词的产生和语义的确立是在西方和日本双重途径影响下实现的。作为神话学核心学术概念的 myth/mythos/mythology 等词汇的出现同现代神话学的兴起一样，也不过是 17、18 世纪以后的事情。随着现代神话学说的频繁更迭，其语义和内涵不但多变而且也越发复杂，不同时代和不同学说所定义的 myth/mythos/mythology 的语义造就了中国和日本最初理解和翻译这些词汇时的多样性。因此，日语和汉语中"神话"的出现都不是一蹴而就的。"神怪传""鬼神志""神祇志""神代史""神代记"等译语以及"神话"的诞生反映了日本早期以本国的古典材料套用和理解 myth/mythology 等西方语言的创造过程。"神话"在受到了人类学派神话学说影响的高木敏雄的《比较神话学》中完成了译语和学术概念的融合。早于西方神话学说的正式介绍而被引入中国的这些译语又对中国 myth/mythology 等词汇的翻译和理解产生影响，催生了"神仙""神怪""鬼神""妖怪"的"事情"的意义"神话"，它们与中国的本土材料结合，形成了中国神话的一般认识。然而，随着人类学派神话学说通过西方和日本途径的正式引进和介绍、中国神话的收集和研究活动的正式展开，学者们不得不面对这样的困难，即将神话视为人类蒙昧时代产物的人类学派神话学说和中国神话的一般认识之间存在着巨大的鸿沟。茅盾、鲁迅、黄华沛关于中国神话标准的制定和争论正起源于此。这一争论的焦点集中于两点，一是被方士、道教、文人所改造过的，失去了原始要素的神仙传说、神怪谈等是否该纳入中国神话的范围？二是神话是否只发生于原始社会？这一论争的实质是如何根据人类学派神话学说判断中国神话，如何将外来的西方神话理论与中国的本土资料有效地融合的。换言之，这一判断和融合在某种意义上就是中国的神话概念的本土化。茅盾所规范的中国神话的标准是对人类学派神话学说的应用，他认为只有能够反映中国的原始信仰和生活状况的才能称为中国神话，而鲁迅和黄华沛则发展了人类学派神话学说，指出脱离了原始社会的时代依然可以产生反映原始信仰的神话，神仙传说、道教、佛教信仰中也存在着神话。另外，源于西方和日本的，以西方神话性质认识、裁定中国神话而产生的中国神话贫散论也成了一种先验式的真理，成为清末民初的学者们认识中国神话的另一个方面，它催发了 20 世纪 80 年代袁珂所提倡的广义神话论的产生，这一理论试图将清末民初就形成的中国神话的一般认识学术化和理论化。而茅盾、鲁迅的争论又通过广义神话论再次被认识、被讨论，成为至今没有定论的一个问题。但是无论如何，清末民初时期"神话"译语的输入，对于"神话"的接受、理解以及概念的整合、改造塑造了中国人对于神话的一般认识，这种认识影响了今天的我们对中国神话的认识。

第三章 中国"神话"使用的开端

"神话"一词在中国最初是出于何种目的并在何种语境中被使用的呢？19世纪中叶以后，中国被动地被纳入世界秩序中，传统的"天下"观和"华夷之辨"的空间秩序观被打破。在国人的意识中，中国开始由天下的主导者变为列强意欲瓜分的刀俎，而甲午战争的惨败更是使中国直面亡国灭种的危机，诚如梁启超所言："中国'四千余年之大梦'，因甲午一役始自悟醒"①。这种危机催发了国人民族意识的觉醒和民族主义的空前高涨，无论是主张建立君主立宪制的保皇改良派，还是主张推翻清王朝统治的革命派，都要求仿效西方政体建立现代民族国家、塑造具有现代意识的国民。"神话"的最初使用正是以这样的政治诉求为现实背景的。"神话"一词在 19 世纪和 20 世纪的交替之际，通过蒋观云、梁启超、章炳麟等一批留日知识分子的文章由日本传入中国。但是，在最早使用了"神话"的这些知识分子的论述中，并没有出现"神话"为何物的正式解释和探讨。换言之，"神话"一词的早期使用和叙述并非服务于神话学科本身的自觉学术建构，而是被应用于民族忧患下改良派和革命派知识分子改造国家、民族、国民的种种言说中，但是这些言说又预示了神话研究正式展开后将会聚焦的一部分问题，从这个意义上而言，"神话"在中国最早的出现意味着中国神话研究的最初萌芽。本章以梁启超和章炳麟的"神话"使用为主线来考察启蒙知识分子对"神话"的最初理解，探究最早的"神话"使用如何参与了国人救国图强的话语实践。

第一节 西方文明探源中的"神话"

刘锡诚指出梁启超在 1902 年发表的《新史学》系列文章《历史与人种之

---

① 梁启超：《戊戌政变记》，《饮冰室合集》专集之 1，中华书局，1986 年，第 61 页。

关系》中第一次使用了"神话"这一词。① 从目前能够掌握的资料来看，这一论断基本上没有太大偏差。不过，通过香港中文大学所建"中国近现代思想史全文检索数据（1830—1930）"检索"神话"一词可以发现，由孙福保译自《日本经济杂志本》并发表于 1897 年 12 月 4 日《实学报》上的《非尼西亚国史》中已经率先出现了"神话"一词。这一点目前已经有学者先行提了出来。② 据 1876 年日本所编《和汉洋年表·各国史略》中的《非尼西亚史略》，非尼西亚在当时的日语中是指腓尼基人建立于北非突尼斯的"加尔达额国"③，即迦太基。孙福保所译《非尼西亚国史》从内容上分为地理、人种、语言、宗教非尼西亚人的起源、发明制造、航海贸易殖民及历史八个部分。文章中共出现了四处"神话"，有三处出现于宗教部分，"神话"用于考证以"拔以捕辣司"为首的非尼西亚各地区礼拜太阳、月亮等天体物的宗教信仰，用于阐明"拔以捕辣司"神话与埃及神话的渊源。最后一处"神话"出现于航海贸易殖民部分。文章指出希腊一些岛屿曾为非尼西亚人的殖民地，在希腊人进入该地区之前，非尼西亚的文明就已经感化于"诸岛旧有之人"，其神话和宗教为非尼西亚之"遗派"。④ 仅从"神话"的论述来看，可以看出由埃及至非尼西亚再至希腊的文明继承关系。孙福保译《非尼西亚国史》的动机不明。不过，金观涛和刘青峰的研究表明，在 1900 年左右，中国媒体中的"天下"一词使用遽减，"国家""民族""世界"等词汇的使用急遽增加。⑤ 这表明了以儒家道德伦理为基础的华夷之辨的天下观开始解体，建立现代民族国家的诉求加强。而 1897 年严复译自赫胥黎的（Thomas Henry Huxley）《天演论》的出版则将"优胜劣汰"的进化意识普及，它与"世界"结合形成了中国人新的"世界"观，即中国是必须参与国际竞争的世界格局中的一员。孙福保翻译《非尼西亚国史》至少表明了其时国人对于华夏之外的"万国"，尤其是军事、经济处于强势地位的西方之文明源流的关心。

---

① 刘锡成：《二十世纪中国民间文学学史》，中国文联出版社，2014 年，第 19 页。马昌仪曾经指出蒋观云 1902 年（应为 1903 年）发表于《新民丛报》的《神话历史养成之人物》为最早使用了"神话"的中国文献。马昌仪：《中国神话学发展的一个轮廓》，《中国神话学文论选萃》，中国广播电视出版社，1994 年，第 9 页。

② 谭佳：《神话与古史：中国现代学术的建构与认同》，社会科学文献出版社，第 49 页。不过，从谭佳在该书中引用的梁启超、章炳麟等人最早使用了"神话"的段落来看，她的资料来源和以上结论的得出应该是出自香港中文大学数据库。

③ ［日］近藤圭造，望月亮観编：『和漢洋年表·各国史略』，山岡吉右衛門出版，1876 年，第 14 页。

④ 孙福保：《非尼西亚国史》，《实学报》，1897 年第 13 册，第 798—799 页。

⑤ 金观涛，刘青峰：《观念史研究：中国现代重要政治术语的形成》，法律出版社，2016 年，第 242、246 页。

值得注意的是，梁启超在《历史与人种之关系》中对于非尼西亚（梁启超的文章中写作"腓尼西亚"）的极力推崇。此文是对阿利安（即雅利安）人种及其文明的历史叙述。在文章起始，作者即表现出了深刻的种族危机意识和竞争意识。他介绍了当时西方学者们所划分的人种分类法并采纳了黄、白、棕、黑、红五种分类说。他认为其中"可以称为历史的人种的，不过黄白两族而已"。梁启超所谓"历史的人种"是指"能自结者"。他指出当今世界乃国族相结相排之时代，"能自结者则排人，不能自结者则排于人"，"排人者则能扩充本种侵蚀他种"，而"排于人国则本种日益陵夷衰微"。① 他还强调，"历史的人种"在武力文化上更有可能成为可以影响全世界人类的所谓"世界史的"人种，而这种人种当推白种人中的阿利安种。② 梁氏认为，欧罗巴文明起自阿利安民族，但溯其源流当推哈密忒（Hamtic）和沁密忒（Semtic）两民族，前者主要包含了埃及人、利比亚人，后者即今天所译闪米特人。他说：

欧罗巴文明何自起，其发明光大者为阿利安民族，其组织而导引之者为哈密忒和沁密忒两民族……今日欧洲文明以希腊为父，以沁密忒为祖，以哈密忒为祖之所自出……哈密忒于世界文明，仅有间接之关系，至沁密忒而始有直接之关系。当希腊之人文未发达之始，其政治、学术、宗教，卓然有牢笼一世之概者，厥惟亚西里亚（或译叙利亚）、巴比伦、腓尼西亚诸国。沁密忒人实世界宗教之源泉也。犹太教起于是，基督教起于是，回回教起于是，希腊古代之神话其神名及其祭礼无一不自亚西里亚、腓尼西亚而来。新旧巴比伦之文学美术，影响于后代；其尤著者也，腓尼西亚之政体，纯然共和政治，为希腊所取法；其商业及航海术亦然；且以贸易之力，传播其文明，直普及于意大利，作罗马民族之先驱。故腓尼西亚国虽小，而关系于世界史者最大。③

在以上的论述中出现了"神话"的字样。梁氏认为包含了腓尼西亚人在内的沁密忒人的神话、祭礼都是希腊文明的源流，而腓尼西亚的共和政体更是为希腊所汲取。故"欧洲文明以希腊为父，以沁密忒为祖"。不仅如此，腓尼西亚以商业和航海传播其文明的方式，更是成了罗马文明的源头，因此，腓尼西亚国于世界史有着莫大的关系。关于腓尼西亚即迦太基的政体，亚里士多德曾在《政治学》中将其和斯巴达政体、克里特政体并列分述。他指出："迦太基的立国精神原本于贵族政体，或共和（混合）政体，可是它有时偏向平民

① 梁启超：《历史与人种之关系》，《饮冰室文集全编》第 2 版，上海新民书局，1932 年，第 23 页。初出：《新民丛报》，1902 年第 14 期。

② 梁启超：《历史与人种之关系》，《饮冰室文集全编》第 2 版，第 25-26 页。

③ 梁启超：《历史与人种之关系》，《饮冰室文集全编》第 2 版，第 28 页。

政体，有时又偏向寡头政体。"① 梁氏在 1902 年曾著《亚里斯多德之政治学说》，他对迦太基政体的认识可能源于亚里士多德的政体论。因为就在同一年，梁氏还发表了《斯巴达小志》《雅典小志》两篇文章，对古希腊城邦中的斯巴达和雅典的政体和兴衰原因做了探讨。在《雅典小志》中梁氏将雅典和英国加以对比，他指出当今的英国就是雅典的缩影，"其为海国也相类，其以商务致富强也相类，其思想发达也相类，其民以自由为性命也相类，其由专制政治进为贵族政治、由贵族政治进为完全之人民政治也相类"②。从以上的论述不难看出梁氏笔下腓尼西亚文明与古希腊文明的相通之处，继而能够理解梁氏推崇腓尼西亚的原因。他在《历史与人种之关系》中对以雅典和斯巴达为代表的古希腊文明特质做了如下评价：

> 贵自由，重考验，务进步。惟贵自由故，其于政治也，不甘压制而倡言平等；惟重考验故，其于学问也，不徇现象而操求原理；惟务进步故，其于社会一切事物也，不泥旧例而日事革新。阿利安族所以亘数千年至今，常执全世界之牛耳者皆此之由。③

梁氏认为希腊雅典的立国精神"历数千年不断以传至今日"造就了当今欧美文明的发达，"十九世纪正雅典文明出伏流之时代也，岂惟英国，即今日世界上诸有名誉之国，皆移植雅典之花以自壮严者"④。可以说，梁氏构筑了由埃及、迦太基、希腊再至现代西方文明的一条发展脉络，这条脉络塑造了梁启超心目中的最值得中国学习的文明形态，这无疑是他考察希腊文化源流的目的。正如他在《历史与人种之关系》中所指出的："叙述数千年来各种族所以衰兴亡盛之故，是历史之精神也。"⑤

有学者指出，梁启超也是中国最早注意到欧洲文艺复兴的中国学者之一。但是，梁氏等学者是以偏重"求新"意义上的"古学复兴"来对应欧洲的文艺复兴，"这种对应背后所承载的期待，则直接指向 19—20 世纪使西方国家得以强盛称霸的'现代性'"⑥。从梁氏以上的论述来看，的确不乏这一面。他

---

① ［古希腊］亚里斯多德著，吴寿彭译：《政治学》，商务印书馆，1965 年，第 99 页。
② 梁启超：《雅典小志》，《新民丛报》，1902 年第 19 期，第 328 页。
③ 梁启超：《历史与人种之关系》，《饮冰室文集全编》第 2 版，第 29 页。
④ 梁启超：《雅典小志》，《新民丛报》，第 328 页。
⑤ 梁启超：《历史与人种之关系》，《饮冰室文集全编》第 2 版，第 23 页。
⑥ 章可：《"古学复兴"的两面：清末西史知识构成一例》，张仲民、章可编《近代中国知识的生产与文化政治：以教科书为中心》，复旦大学出版社，2014 年，第 199 页。据该文章的考证，在 1902 年发表的《近世文明初祖二大家之学说》和《论学术势力左右世界》中梁启超均提到了希腊的"古学复兴"，而在次年译述日本学者松平康国的《世界近世史》中，他将"学问复兴"作为近世的发端（参见第 197 页）。

的基于社会达尔文主义的许多观点是应该批判的，他对古希腊的论断在今天看来是不失专断和偏颇的，赋予人种特定的根性，并以人种根性论文明优劣也过于狭隘和偏激。但撰写这些文章时正值梁氏因戊戌变法失败流亡日本之际，也是梁氏放弃保皇的主张创立《新民丛报》并开始撰写《新民说》（1902—1906）之时，上述两篇小志均署名为"中国之新民"，其力陈的是自由、平等、共和，这也是《新民说》所欲塑造的理想之中国应具备的要素以及理想之中国"新民"应具备的素质和意识。在梁氏看来，国民就好比一个国家的五脏六腑，四肢血脉，"未有其民愚陋、怯弱、涣散、浑浊而国犹能立者"[①]。他在《新民说》中也强调和重复了在《历史与人种之关系》中的人种竞争说，指出白种人与其他人种相比"好动""不辞竞争""能传播文明"，他认为这正是泰西文明"由安息、埃及而希腊，由希腊而罗马，由罗马而大西洋沿岸诸国，而遍于大陆，而飞渡磅礴于亚美利加"[②] 的原因。可以说，梁氏对腓尼西亚的推崇，对希腊文明源头的追寻，显然是欲借他人之酒杯浇自己心中块垒，力图从发生的根源上以西方文明来比对中国文明的不足，为当时的中国和自己的政治主张寻找出路。他所构想的西方史是基于中国现实需要的选择，当然无法避开武断和片面的一面。

正如前文所述，"神话"最早是在孙福保和梁启超等知识分子对西方文明源流的追寻和译介中被"携带"进入了中国，这种追寻的目的是调动西方的历史资源为建立现代民族国家提供言论上的支持，可以说，"神话"一开始出现就与民族主义有着无法分割的密切联系。不过，由于是"携带"入内，孙福保和梁启超等知识分子对神话为何物未必有意去深刻地了解。如在《雅典小志》中，梁氏也用神话考证了希腊立国的起源："太古之事，不可深考，据其神话（希腊人最尊鬼神历史，名荷马以前为神话时代），则西历纪元前一千七百九十五年，有阿启基者始治遏狄加。"[③] 在这里，梁氏仅为叙述方便将神话解释为鬼神历史，对于神话和历史也仅以荷马生存的时代加以区分。从神话学的建设来看，这当然还称不上是自觉行为。

---

① 梁启超：《新民说》，《新民丛报》，1902 年第 1 期，第 1 页。
② 梁启超：《新民说》，《新民丛报》，1902 年第 2 期，第 4—5 页。
③ 梁启超：《雅典小志》，《新民丛报》，1902 年第 19 期，第 328 页。

第二节　经学论争中的"神话"

一、《訄书》重订本中的"神话"论述

在梁启超之外，章炳麟也是中国最早使用"神话"的学者。发表于1902年《新民丛报》上的《文学说例》和《周末学术余议》① 中都出现了"神话"的叙述，其中《文学说例》经修订后改名为《正名杂义》，并作为《订文》篇的附录收录于1904年出版的《訄书》重订本中。② 在《訄书》重订本中，《清儒》《订文》篇的附录《正名杂义》《辨乐》《哀清史》的附录《中国通史略例》中都言及了"神话"。其中，《清儒》《辨乐》《哀清史》等篇都是1900年出版的初刻本③中所没有的内容。《订文》篇及其附录虽然均出现于两个版本中，但将重订本的附录《正名杂义》与初刻本的附录《正名略论》相加比较，可以发现在《正名杂义》中添加了关于"神话"的论述。由于重订本的修订补佚于1902年7月至1903年初完成，④ 据此可以推断，章氏对神话的关注应大约始自1900年至1902年间，而这一批文章也应大致完成于这一时期。根据小林武和彭春凌的研究，《訄书》重订本的《原学》《清儒》《通谶》《订文》的附录《正名杂义》中均援用和翻译了日本明治时期的宗教学家姊崎正治的《宗教学概论》和《上世印度宗教史》的部分段落。⑤ 1902年正值章氏第二次流亡日本之际，他对于姊崎正治著作的吸收大概应在这个时期，而他对于神话的认识无疑是建立在对姊崎正治宗教学内容的吸收之上的。

---

①　《周末学术余议》原文署名为"金七十论学者"，经陆胤考证，此文为章炳麟所作。参见陆胤《〈周末学术余议〉作者考》，《云梦学刊》，2008年第5期，第43-44页。

②　《正名杂义》原为1902年载于《新民丛报》的《文学说例》，经修订后收入《訄书》重订本。参见姚奠中、董国炎编：《章太炎学术年谱》，山西古籍出版社，1996年，第69页。

③　据朱维铮考证，《訄书》的初刻本出版时间约为1900年2月到4月间。参见章炳麟著，朱维铮校：《訄书（初刻本、重订本）》，中西书局，2012年，第1页。汤志钧认为初刻本的付梓时间应在1900年7月前，自1902年以后章氏开始修订并于1904年于日本东京出版重订本。参见汤志钧：《从〈訄书〉的修订看章太炎的思想演变》，《文物》，1975年第11期，第61、64页。《訄书》于1914年由章炳麟手定为《检论》。

④　姚奠中、董国炎：《章太炎学术年谱》，山西古籍出版社，1996年，第74页。

⑤　彭春凌：《章太炎对姊崎正治宗教学思想的扬弃》，《历史研究》，2012年第4期，第104-106页。小林武：『章炳麟と姊崎正治-『〔キュウ〕書』より『齊物論釋』にいたる思想の關係』，『東方学』，東方学会，2004年，第91-92页。

正如本书第二章已经提到的，日本的神话研究最初是在以麦克斯·缪勒为首的语言学神话学派的影响下开始的。缪勒将语言学运用于宗教学，以印度《梨俱吠陀》神话及希腊、罗马和日耳曼神话为例，对印欧语系中神名的语源进行了比较研究，提出了神话疾病说。姊崎翻译的《印度宗教史》（1897）、《语言学的宗教学》（1899）是日本最早介绍宗教学与语言学派神话学说的译著，他的神话认识较多地受到了这一学派的影响。如在《语言学的宗教学》中，姊崎正是从宗教学和语言学的角度去定义神话的。他说："神话作为原始人类的天然物及人生观，是宗教产生的母胎。并且，由于原始人类的语言通常是修饰型、隐喻型的，所以神话就是与其构想结合后无意识间创造的关于天然人生的故事。"① 在《訄书》重订本出现了"神话"的四篇文章中，《正名杂义》就是运用缪勒所主张的神话为语言之病学说论证了中国文字的假借，这一点已有学者详加论述，本书不再赘述。② 《订文》及《正名杂义》都是对中国语言文字的研究，它们与《方言》篇集中体现了章氏对发展民族语言文字的讨论。《辨乐》中的"神话"使用仅是用来说明"咸池"一词乃"古神话习言"。《辨乐》是对中国音乐舞蹈发展的回顾，章氏在文末对中国传统舞乐提出了批判，指出"今六代之乐不章""舞不具，其骨体无以劲廉，虽歌则犹无乐"，其结论是"今夏人疲癃矣"。章氏指出自己作《辨乐》正是因为"民气滞箸，筋骨瑟缩"③，这篇文章可以说蕴含着他对儒家礼乐制度的批判。以上的论述都显示了章氏为建立现代民族国家而意图改革或发展民族文化的主张。但是，在应用了"神话"的四篇文章中，最能体现章氏早期政治主张的还是《清儒》和《哀清史》的附录《中国通史略论》两篇文章。

《訄书》的名字源于"述鞠迫言"之意，意味着作者面对当时的国家和民族形势不得不发出的声音。不过，《訄书》的初刻本和重订本之间隐藏着章氏巨大的思想转变。重订本被认为是他在政治立场上与康有为等主张保皇尊孔的改良派分道扬镳，转变为力倡反孔排满革命派的开始。④ 1891 年和 1897 年，康

① ［日］姊崎正治：『言語学的宗教学』，哲学館，1899 年，第 9 页。
② 彭春凌：《章太炎对姊崎正治宗教思想的扬弃》，第 107-109 页；谭佳：《神话与古史：中国现代学术的建构与认同》，第 66-71 页。
③ 章炳麟著，朱维铮校：《訄书（初刻本、重订本）》，第 256-257 页。
④ 初刻本中的《客帝》和《关镇》呼应的是改良派主张，认为清统治者只要遵循儒家规范，政治上实施改革即可继续其统治。这两篇论文在重订本中被以《客帝匡谬》《关镇匡谬》之名移作"前录"且加入跋语。章氏在跋语中也表达了自己在戊戌变法失败流亡日本期间"与尊清者游"，相信其保皇主张和借资改革主张的忏悔，明确提出了反清的主张。而重订本篇首第二篇为《订孔》，收尾篇为《解辫发》，明确显示了其反孔排满的态度。也显示了其在思想上与康有为、梁启超等改良派分手，与孙中山合作反清的开始。参见汤志钧：《从〈訄书〉的修订看章太炎的思想演变》，第 71 页；章炳麟著，朱维铮校，《訄书（初刻本、重订本）》，第 8 页。

有为相继发表了《新学伪经考》和《孔子改制考》，抨击了古文经是刘歆为王莽篡汉提供理论依据而伪造的伪经，提出"三代以上，茫昧无稽……六经中先王之行事，皆孔子托之，以明其改作之义"①，他认为《尚书》中的"《尧典》《皋陶谟》《益稷》《禹贡》《洪范》……皆纯乎孔子之文也"②。康氏的目的是意欲通过树立孔子为救世而"托古改制"作六经的改革家形象为自己的维新变法提供合理的说辞。他的学说在客观上推翻了中国圣王史统的信史性质，推翻了士大夫所深信不疑的"尧、舜、禹、汤、文、武、周公、孔子之道'一以贯之'"③的道统。但是，康氏的学说也将中国的上古史全部变为空白和虚无，他认为后世不从孔学的学者所述太古旧闻"茫昧极矣"，"泰西之述亚当夏娃；日本之述开国八神，亦同此意"，而"印度婆罗门前、欧西希腊前，亦已茫然，岂特秘鲁之旧劫，墨洲之古事，黭芴渺昧，不可识耶"。④可以看出，这时的康氏已经对世界上不同文明的创始传说有了一定的了解，但他将之完全抛入"渺昧"，说明他还没有接触到神话或对神话有一定的认识。《訄书》重订本第二篇《订孔》是对康有为尊孔学说的全面反驳。章氏认为六艺并非康有为所言的孔子"托古改制"而作，在孔子的时代，六艺早已为道家和墨家所"周闻"，孔子只不过做了道家和墨家不肯"降志"去做的删定六艺的工作而已。他对孔子的评价是，"孔子，古良史也"，他还将康有为所抨击的古文经学家刘歆抬至和孔子同样的地位，称"孔子死，名实足以伉者，汉之刘歆"。⑤章氏所指"六艺"即"六经"，其区别在于"凡言六艺，在周为礼、乐、射、御、书、数，在汉为六经"⑥。这样，章氏将康有为塑造的创制六经的制定"大道"的"神明圣王""教主"⑦孔子定位为史料的编辑者，将孔子拉下了高高的圣坛。由于章氏不认同康有为所提倡的六经为孔子而作之说，他在《清儒》中进一步阐发了自己对六艺的看法并试图解释六艺的源流。

《清儒》主要论述和总结了清朝二百多年的学术史，表明了章氏作为古文经学家的学术态度，也是章氏对以康有为为首的当时的今文经学派的一种反驳。今文经是指秦始皇焚书坑儒之后由幸存经师口传用西汉隶书记录下的儒家经学文本，古文经是指后发现于孔宅墙壁中用六国时代文字记录的经文。今文

① 康有为：《孔子改制考》，中华书局，1958 年，第 279 页。
② 康有为：《孔子改制考》，第 245–246 页。
③ 周予同：《经学与经学史》，上海人民出版社，2012 年，第 176 页。
④ 康有为：《孔子改制考》，第 1、3 页。
⑤ 章炳麟著，朱维铮校：《訄书（初刻本、重订本）》，第 115–116 页。
⑥ 章炳麟著，朱维铮校：《訄书（初刻本、重订本）》，第 130 页。
⑦ 康有为：《孔子改制考》，第 243 页。

经学派和古文经学派在文字及对经义的理解、解释上均有不同。为了迎合统治者的需求，汉时的今文经学者将建立在祥瑞思想和灾异说基础上的天人感应观念和阴阳五行思想融入了解经，诞生了强化天授君权、神化帝王统治带有神秘色彩的以谶解经的纬书，合称谶纬思想。古文经学派则代表着儒家学派内部理性主义精神，这一派学者反对谶纬思想，注重实学。古文经派兴于东汉并在清朝乾嘉年间在考据派学者的努力下再次得到发扬（详见第一章）。在《清儒》中章氏对于清朝乾嘉学派从历史角度考证和解释六经颇为推崇，这是与章氏对六经的理解相关的。在《清儒》的篇首，章氏即对"经"的性质进行了解释，并对六艺的来源进行了说明。他承袭了清章学诚"六经皆史"的看法，指出"六艺，史也。上古以史为天官，其记录有近于神话"。他援引日本学者姊崎正治的《宗教学概论》证明六艺的源流来自古代僧侣祭祀阶层的祭祀、记录、教育及研究等活动。他指出由于祭祀及相关的活动产生了天文的观测、法律组织、历算，于是出现了掌纪年和历史的记录，例如犹太《列王纪略》《民数纪略》、日本忌部氏的记录，以及印度的《富兰那》都为此类。而且由于僧侣多兼教育，"故学术多出其口，或称神造，则以研究天然为天然科学所自始；或因神祇以立传记，或说宇宙始终以定教旨。斯其流浸翻矣"。由此，他总结道："此则古史多出神官，中外一也。人言六经皆史，未知古史皆经也。"也就是说，古史是人类早期政教统治的反映，是"经"。① 无疑，章氏是从宗教发生的角度认识神话的。不仅如此，章氏还将神话的产生与史官的产生和作史活动相连。在《哀清史》的附录《中国通史略例》中章氏通过中国的作史历史将这一认识化为了更为具体的描述，他说："上古瞽史巫祝，事守相近；保章、灵台、亦官联也，故作史必详神话。降及迁、固，斯道无改。"②章氏将神话、巫祝和史官相连，是为了证明宗教活动及历史记录中产生了六艺。换言之，在他看来，六艺是具有宗教和神话性质的历史。这种认识当然是对康有为托古改制说的有力反击。

那么，此时，章氏所使用的"神话"具体是指什么呢？章氏早期所使用的"神话"来源于姊崎正治的著作，除《宗教学概论》外，姊崎正治《上世印度宗教史》中对印度史诗和神话典籍的介绍也启发了章氏，在《周末学术

---

① 章炳麟著，朱维铮校：《訄书（初刻本、重订本）》，第130页。
② 章炳麟著，朱维铮校：《訄书（初刻本、重订本）》，第279页。

余议》和《清儒》中他都将《诗》《书》比附为印度的史诗和神话。①

夫五行之说，远本上古，《鸿范》肇其绪，《二雅》承其流《齐诗》五际六情之说。是以孟子于《诗》《书》为其专长，荀卿于《诗》《书》在所必杀。《诗》若《薄伽梵歌》，《书》若《富兰那》神话，亦岂无哲学古义存乎其间，而足以眩惑人者不少。②（《周末学术余议》）

《诗》若《薄伽梵歌》，《书》若《富兰那》神话，下取民意，而上与九天出王。惟《乐》，犹《傞马》、吠陀诗歌、《黑邪柔》吠陀赞诵祝词及诸密语，有黑白二邪柔。矣，鸟兽将将，天翟率舞，观其征召，而怪迂侜大可知也。③（《清儒》）

《薄伽梵歌》为印度史诗《摩诃婆罗多》中的一段，赞颂大神薄伽梵。《富兰那》为古印度史诗，《傞马》今译《娑摩》，《邪柔》今译《耶柔》，均为古印度宗教经典四"吠陀"之一。④ 章氏是以"五行之说"作为六经中《诗》《书》与印度史诗神话的纽带的。他认为《尚书·洪范》篇是五行之说的起始。《洪范》篇讲述的是天授予禹的治国安邦的九法，排在首位的即是"五行"，篇中记述由于鲧没有按照五行排列来治水，所以受到了惩罚而且也没有得到治国之法。此外，九法中的第七条"稽疑"和第八条"庶征"也带有上古崇拜自然和神灵，欲以卜筮和自然征兆窥探人事和政治发展方向的神秘色彩。"庶征"表明国君圣明则自然运行顺畅，国君昏庸则会产生自然的不正常，所谓"曰休征：曰肃，时雨若；曰乂，时旸若；曰哲，时燠若；曰谋，时寒若；曰圣，时风若。曰咎征：曰狂，恒雨若；曰僭，恒旸若；曰豫，恒燠若；曰急，恒寒若；曰蒙，恒风若"⑤，可以说，《洪范》已经显示了支撑中国帝王统治的天授君权的政治理论。冯友兰认为："这个理论在后代发展成为'天人感应学说'。"⑥《周末学术余议》的核心思想之一是对以阴阳五行附五德的儒家"宗教神权"⑦ 的批判。但是，章氏并没有完全否定阴阳五行说，在

① 根据小林武和彭春凌的考证，章氏对《傞马》《黑邪柔》的论述节译自姉崎正治《上世印度宗教史》第16-17页。《上世印度宗教史》第223、245页对《富兰那》及《薄伽梵歌》的介绍也启发章氏得出了"《诗》若《薄伽梵歌》，《书》若《富兰那》"的论断。参见彭春凌：《章太炎对姉崎正治宗教学思想的扬弃》，第104-105页。小林武：『章炳麟と姉崎正治-『〔キュウ〕書』より『齊物論釋』にいたる思想の關係』，第91-92页。

② 章炳麟：《周末学术余议》，《新民丛报》，1902年第6号，第2页。

③ 章炳麟著，朱维铮校：《訄书（初刻本、重订本）》，第130-131页。

④ 章炳麟著，刘治立评注：《訄书》，华夏出版社，2002年，第17、56页。

⑤ 徐奇堂译注：《尚书》，广州出版社，2001年，第98-99页。

⑥ 冯友兰著，赵复三译：《中国哲学简史》，长江文艺出版社，2015年，第127页。

⑦ 章炳麟：《周末学术余议》，《新民丛报》，第1页。

《周末学术余议》中他再次以《富兰那》神话比附阴阳家的思想：

> 宇宙以须弥山为中心，而最近此山者为阎浮洲，其中九分九界，有盐海环之，其外他洲，又有饧海环之。如此七洲七海，大圆同心，至于落珈山脉而为极际焉。此非与裨海大瀛之义冥合耶？夫希腊哲学、印度神话皆由冥想而构成，理固荒唐，终非形下。邹衍立说，正与彼同。①

裨海大瀛之说见于《史记》，其中记载了阴阳家邹衍创立的五行说和大九州说。按照大九州说的说法，中国名为赤县神州，赤县神州内外各有九州，而外九州之外又有裨海环之，"如此者九，乃有大瀛海环其外，天地之际焉"②。章氏之所以认为邹衍之说与《富兰那》神话相同，大概是认为两者都包含了古人对宇宙空间的认识，它们是一种形而上的哲学想象，所以他对阴阳思想的判断是谨慎的，他指出"阴阳家义本浩博"③。

在《清儒》篇中继将《诗》《书》比附为印度史诗和神话之后，章氏又接着梳理了从西汉、东汉再至宋明经学的发展。他指出，在经过荀子为隆礼义而杀《诗》和《书》之后，《书》又遭今文经的传授者伏生删除百篇仅余二十九篇，④ 而汉初治《诗》的今文经学派《齐诗》之说五际六情⑤，喜引谶纬，以阴阳灾异推论时政，因此治《诗》时专用述王者政教的《雅》，不用《风》《颂》，这是不恰当的，"《齐诗》怪诞，诚不可为典要，以证荀说行于汉儒尔"⑥。章氏批判西汉今文经派的治经法而推崇东汉古文经学家杜子春、贾逵、马融、郑玄的治经法，是为了表明以下观点：

> 虽然，治经恒以诵法讨论为剂。诵法者，以其义束身，而有隆杀；讨论者，以其事观世，有其隆之，无或杀也。西京之儒，其诵法既狭隘，事不周浃而比次之，是故龃龉失实，犹以师说效用于王官，制法决事，兹益害也。杜、贾、马、郑之伦作，即知"抟国不在敦古"，博其别记，稽其法度，矞其名

---

① 章炳麟：《周末学术余议》，《新民丛报》，第6页。

② ［汉］司马迁：《史记》，线装书局，2006年，第326页。

③ 章炳麟：《周末学术余议》，《新民丛报》，第6页。

④ 章氏认为《尚书》既非孔子所删定，也非刘歆、王莽伪作。这其实是反驳康有为的《新学伪经考》《孔子改制考》，否认《尚书》完成于西汉时期其实也是为自己所言"《书》若《富兰那》神话"立证。他指出："《尚书大传》明言'六誓''五诰'，其篇俱在伏书。伏书所无，如《汤诰》者，虽序在百篇，而'五诰'不与焉。以是知二十九篇伏生自定，其目乃就百篇杀之，特托其辞于孔子耳。谓授读未卒遽死者，非也。知杀《诗》《书》之说，则近儒谓孔子本无百篇，壁中之书，皆歆、莽驾言伪撰者，亦非也。"参见章炳麟著，朱维铮校：《訄书（初刻本、重订本）》，第131页。

⑤ 《齐诗》即西汉时齐人辕固生所传的《诗》学，属于今文经学，其说夹杂阴阳术数，具有浓厚的神秘主义气息。参见周予同编：《中国历史文选（下）》，上海古籍出版社，1980年，第334页。

⑥ 章炳麟著，朱维铮校：《訄书（初刻本、重订本）》，第131页。

实，论其社会以观世，而"六艺"复返于史。神话之病，不渍于今，其源流
清浊之所以，风化芳臭气泽之所及，则昭然察矣。乱于魏、晋，及宋、明益
荡。继汉有作，而次清儒。①

可以看出，章氏反对今文经学派"以师说效用于王官，制法决事"，而赞
扬古文经学派实事求是治经的态度。1898 年，章氏已经翻译了主张社会达尔
文主义的斯宾塞（Herbert Spencer）的《论进境之理》。他提出"抟国不在敦
古"显然是要以进化论的观点说明，上古时代以"神话"等一类东西为"经"
的方式已经不能适应后世，不能再打着"诵法"的口号以神秘主义"制法"
宣扬天授君权。他认为正是东汉学者们的求实的精神才使"'六艺'复返于
史"，西汉的谶纬思想才"不渍于今"。可以说，章氏写《清儒》的目的正出
于此，他认为继承东汉古文经学派治经精神的即为清儒。

二、章炳麟的神话认识及其变化辨析

综合来看，章炳麟在《訄书》重订本以及《周末学术余议》具体所指的
神话不脱中国的阴阳五行思想以及与这些思想结合后产生的谶纬思想的范畴。
章氏所认识的神话是与宗教神权思想有着密切关联的，他所谓"古史皆经"
即是出于这样的认识，他对于后世谶纬思想的批判也是基于此。他提出"六
艺，史也"，将《尚书·洪范》等篇视作具有宗教与神话性质的"史"，其目
的当然是在解构六经所构筑和承载的天授君权的神圣合法性，以图对王统的基
础造成打击。从这一结果而言，他与他反对的康有为在某种意义上达到了殊途
同归。

但是，另一方面，章氏对于神话的认识不乏积极的一面。正如前文所述，
章氏是以宗教认识神话的。有学者提出，在 19 世纪末，"以传教士与中国士大
夫分为两极，使得'宗教'一词在'教化'与'迷信'之间拉扯"，章氏在
《清儒》中所谓"魅鬼，象纬，五行，占卦之术，以宗教蔽六艺，怪妄！"中
的"宗教"即为负面意义的"迷信"之意。② 事实上，这一论断没有从具体的
语境来考察章氏的论断，章氏在这一句论述所在的段落起首即明确指出"大
氐清世经儒，自今文而外，大体与汉儒绝异"③，也就说章氏对"宗教蔽六艺"
的判断是指与清儒的治经法迥异的汉儒而言。也有学者据章氏的此句论述提

---

① 章炳麟著，朱维铮校：《訄书（初刻本、重订本）》，第 131–132 页。
② 黄克武：《中国近代思想中的「迷信」》，铃木贞美、刘建辉编：『東アジアにおける知的交
流』，2011 年，國際日本文化研究センター，第 192 页。
③ 章炳麟著，朱维铮校：《訄书（初刻本、重订本）》，第 135 页。

出，章氏"对上古经书中的神话色彩（延续至西汉的谶纬、方术、五行系类）持反对态度"，并得出了章氏排斥神话的结论。① 应该说这一判断有其合理性，但是章氏对神话的态度并非一味排斥。从章氏对"神话"的使用来看，他明确反对的是后世以谶纬附和经学的具有"神话之病"的"神话"，对于他所认为的类似于印度史诗神话的《诗》和《书》，他的叙述是不统一的：既认为"下取民意，而上于九天出王"，又认为"怪迂侏大"；既认为存在"哲学古义"，又认为足以"眩惑人"。他承认阴阳五行思想中包含着神话式的宇宙空间认识，是形而上的。他也以史学家的眼光看到了最初的历史记录不乏天文观测与历算等"天然科学"的研究与古人对"宇宙始终"的理解，这其实是承认六艺中包含着研究古代社会历史资料的价值。应该说，这也是章氏所认识的"六艺，史也"的另一重意义。

姜义华曾经指出，《訄书》中的《封禅》《河图》《干蛊》等篇章是章氏以唯物主义立场对有神论和封建神教设道的批判。② 如果对照一下《訄书》的初刻本和重订本，就会发现章氏保留了与批判谶纬思想有关的《封禅》《河图》等篇章，却删除了阐述鬼神认识和宗教来源的《干蛊》篇。在这篇文章中，章氏将宗教鬼神的产生视为民之愚昧表现的"上古野人之说"和"圣人亦下渐之以行吾教"的综合性产物，将不语怪力乱神的孔子赞为"其圣足以干百王之蛊"③。他将这篇文章排斥于重订本之外固然显示了他与尊孔者的诀别，但一方面也表明了他对宗教和神话认识的加深。这一点从《哀清史》的附录《中国通史略例》中也可以看出。《哀清史》旨在揭露清朝统治者伪造国史、监谤为道、欺诈成风的统治。章氏感叹清后无良史，由此在附录《中国通史略例》和《中国通史目录》中提出了撰写中国通史的框架和设想，这也是他对其时梁启超所提倡的不为一家朝廷而为国民作史的"新史学"④ 主张的一种呼应。章氏提出今日治史"不专赖域中典籍"，要把考古资料、外国人所言、中西文化的比较、儒家之外的诸子百家的主张统统纳入作史的视野，而"若夫心理、社会、宗教各论、发明天则、悉人所同，于作史犹为要领"⑤。可以看出，宗教是他所认为的能够反映国民历史的一个极为重要的部分。当然，

① 谭佳：《神话与古史：中国现代学术的建构与认同》，第135页。
② 姜义华《〈訄书〉简论》，《复旦学报》，1982年第2期，第54页。
③ 章炳麟著，朱维铮校：《訄书（初刻本、重订本）》，第29页。
④ 1901年梁启超在《清议报论说》发表《中国史叙论》，1902年在《新民丛报》发表《新史学》的一系列文章，由此掀起了中国的"新史学"革命。提出中国史是一姓朝廷之史，非一国之史，他提出要为国民作史。关于"新史学"的论述详见第四章。
⑤ 章炳麟著，朱维铮校：《訄书（初刻本、重订本）》，第279页。

作为排满革命派的章氏所构想的民族史是立足于汉族中心主义基础上的狭隘的民族史，这一点是不能否认的。但是他在对待民族遗产的态度上，无疑比康有为站得更高，看得更远。诚如梁涛对《清儒》的评价："作者反对用六经为后世'制法'，要求把六经当作古代历史看待，把一贯至高无上的儒家经典还原为一批据以研究古代社会发展和变革的珍贵资料，并以此来认识古代社会的发展，了解人类文明的进步，这可以说是章氏研究经学的最后心得和最终结论。"① 章氏最初的神话认识无疑是建立在这样的思想之上的。

1903年，章氏为邹容的《革命军》作序而被捕入狱，1906年出狱后他第三次奔赴日本加盟《民报》主笔并在孙文为他举办的欢迎会上提出了"文学复古"的主张："彼意大利之中兴，且以文学复古为之前导，汉学亦然，其于种族，固有益无损。"② 已有不止一位学者提出，章氏所提倡的"文学复古"来源于意大利文艺复兴的启示，其意在于"明确地将'国粹''汉学'亦即'国学'作为种族革命的文化基质"③。这使得章氏在之后的学术道路上显示了一种与当时的文学革命潮流所不同的格格不入的"复古"与"倒退"。古史辨派领军人物顾颉刚对他的批评毫不留情，他说："他在经学上是一个纯粹的古文家，所以有许多现在已经站不住的汉代古文家之说，也还要替他们弥缝……在这许多地方，都可以证明他的信古之情比较求是的信念强烈得多，所以他看家派重于真理，看书本重于实物。他只是一个从经师改装的学者。"④ 顾颉刚读了康有为《孔子改制考》后改变了由章炳麟处得来的对今文经学派的批判，康氏的书是启发他走上疑古学术的资料之一，⑤ 顾颉刚对章氏有此评价不足为怪。但是如果对比一下重订本和1914年出版的《检论》之《清儒》篇，就会发现章氏在后者中删除了所有的有关"神话"的论述和引自姉崎正治宗教学的内容，还将"上古以史为天官，其记录有近于神话"改为"上古史官，司国名而记注"，"神话之病，不渍于今"改为"秘祝之病，不渍于今"⑥。而在章氏1922年于上海做国学演讲的记录稿《国学概论》中，章氏则明确提出"经史非神话"。他指出"正经正史"中所没有记载的盘古开天辟地、女娲补天、后羿射日等故事才为神话，而经史中虽然也有古帝感孕而生、大禹治水等

① 梁涛：《〈訄书〉评注》，陕西人民出版社，2003年，第111页。
② 章炳麟：《革命之道德》，《民报》，1906年第8号，第2页。
③ ［日］木山英雄："文学复古"与"文学革命"》，张春田编：《"晚清文学"研究读本》，广西师范大学出版社，2016年，第111页。朱维铮也提出，"文学复古"在于"用国粹激动种性"。参见朱维铮：《导言》，章炳麟著，朱维铮校：《訄书（初刻本·重订本）》，第31页。
④ 顾颉刚：《古史辨第一册自序》，《顾颉刚古史论文集·卷一》，中华书局，2011年，第23页。
⑤ 顾颉刚：《古史辨第一册自序》，《顾颉刚古史论文集·卷一》，中华书局，2011年，第20-23页。
⑥ 章炳麟：《清儒（检论）》，周予同编：《中国历史文选（下）》，中华书局，1962年，第395页。

较为神秘奇怪或夸大的部分,但章氏将这些内容都视为具有合理性的假托和考语,他断定"经史所载,虽在极小部分中还含有神秘的意味,大体并没有神奇怪离的论调"①。这事实上是肯定了经史的信史地位。章炳麟这种认识的转变一方面大概与人类学派神话学说的逐渐传入和普及有关,一方面恐怕与他的思想转入"文学复古"脱不了干系。章氏对于日本否认抹杀尧、舜、禹的疑古风潮和中国后来兴起的古史辨运动(详见第五章)始终是持批评态度的。他曾哀叹:"国家未亡,而历史先亡,可哀也已。"② 可以说章氏对神话的认识始终是建立在对民族历史认识的基础之上的。尽管后期他对古史和神话的认识走向了保守和偏执,但他在中国"神话"早期的使用中既已表现出来的一些真知灼见,如他对古史宗教性和神话性的判断,他对阴阳家思想形而上的评价,这些意见在今天仍值得参考。

本章小结

刘锡诚指出,民族主义和平民意识是西学东渐的前提,"中国神话学就是在这样的社会和文化背景下滥觞的"③。这是非常准确的看法。中国"神话"一词的使用正是在清末知识分子忧国忧民的呐喊中,在建立现代民族国家的政治诉求中被开启的。一方面,"神话"通过孙福保对《非尼西亚国史》的翻译、通过梁启超对由埃及至腓尼西亚,由腓尼西亚至希腊再至欧洲文明脉络的追寻被最早"携带"进入了中国。"神话"成为梁启超构筑西方文明传承的证据。当然,梁启超之意本不在神话而在于通过西方源流的探源勾勒和构筑出的自由、平等、共和等话语,它们作为梁启超别求于异邦的新声指向他其时所希冀的理想之中国和理想之国民的建立和改造。这种西方源流史的构筑是立足于种族文明竞争意识之上的高度选择,从某种意义上而言它是一种东方人建构的"西方主义"。"神话"一方面又最早出现于章炳麟"述鞠迫言"的深刻危机意识中。章炳麟通过日本宗教学家姊崎正治的著述吸收了以麦克斯·缪勒为首的

---

① 章炳麟:《国学概论 国学略说》,江西教育出版社,2011年,第7页。
② 章炳麟:《论经史实录不应无故怀疑》,《章太炎讲演集》,第225页。此文为章炳麟在1935年章氏星期讲演会上的讲演。关于章炳麟对日本疑古思潮和古史辨派批判的详细经纬可参见陈学然:《中日学术交流与古史辨运动:从章太炎的批判说起》,《中华文史论丛》,2012年第3期。
③ 刘锡成:《序言》,马昌仪编:《中国神话学百年文论选(上册)》,陕西师范大学出版总社有限公司,2013年,第1页。

西方语言学派和宗教学派的神话认识并将这种认识浓缩于"六艺，史也"的一句判识中。"六艺，史也"是将六经视为具有宗教性和神话性的古史，在这样的角度下被认识的神话是与中国的天授君权政治理论密切联系的阴阳五行思想以及与这些思想结合后产生的以谶解经的今文经学派的谶纬思想。"六艺，史也"是作为古文经学家的章氏对今文经学家康有为发起的挑战，它摧毁了康有为通过《新学伪经考》《孔子改制考》所塑造的"托古改制"的圣王孔子形象，推翻了康有为所谓制造"大道"的六经的神圣性，也通过"抟国不在敦古"抨击了今文经学派打着"诵法"口号用神权惑众的真相。但是，"六艺，史也"也是作为史学家的章炳麟对被康有为彻底抛入虚无的中国的古史的恢复。他认识到了宗教和神话性质的古史中有着古人的天然科学和宇宙观，它们是构成中国民族史最源流的那一块不可或缺的部分。梁启超和章炳麟，在中国最初的"神话"使用中，一个着眼于"西"，一个着眼于"中"，一个着眼于"立"，一个着眼于"破"中有"立"。但是，在激扬民族主义、寻求民族认同方式、建立现代民族国家的政治诉求上，他们可谓殊途同归。当然，梁启超最初使用的"神话"仅是拿来主义，而章炳麟已经将神话用于中国的解剖，他所认识那一部分神话也是以后学者们讨论的焦点，从这个意义上而言，章炳麟是中国神话学科萌芽期不应忽略的一位学者。

第四章　中国神话学的两种民族起源话语建设

"民族（nation）"和"民族主义（nationalism）"通常被认为是现代性的产物，前者指代拥有一定疆域并且享有独立主权的政治实体，而且往往等同于国家和人民。① 西方各国要求建立现代民族国家的民族主义浪潮的发生和现代神话学的兴起在时间上是齐头并进的，神话往往被看作民族最古老的历史记忆，成为连接民族认同的纽带。这一点，在 18、19 世纪的德国尤为突出，浪漫主义先驱赫尔德（Johann Gottfried Herder）等思想家均要求在民族历史和传统的基础上培养民族精神，为摆脱拿破仑帝国的统治、结束邦国割据的局面打下基础。正因如此，赫尔德一再强调神话是民众的、民俗的、本土的。② 格林兄弟、卡尔·缪勒（Karl Otfried Müller）也继承了赫尔德的看法。格林兄弟认为神话和语言之间存在着民族精神的共同基石，③ 他们的研究正是着眼于语言上有血缘关系的民族间的神话比较和搜集。而卡尔·缪勒则提出神话是民族文化发展中必然产生并且自发形成的、表达民族感情和思想精神的产物。④ 正如叶舒宪所指出的，始于格林兄弟的西方比较神话学的共同旨趣都在于"'民族——国家'话语的建构"⑤。本尼迪克特·安德森也曾提出，"假设如果民族国家确如公众所认为的，是'新的'而且是'历史的'，则在政治上表现为民族国家的'民族'身影，总是浮现在遥远不复记忆的过去之中"⑥。晚清知识分子对民族身影的追寻正是从遥远的不复记忆中开始的。它表现为两个途径的民族源流话语建设：一是通过挖掘、重构中国的古史去附和及发展由西方人建

① ［英］埃里克·霍布斯鲍姆著，李金梅译：《民族与民族主义》，上海人民出版社，2006 年，第 17—18 页。霍布斯鲍姆指出"民族"的意义在 1908 年以前跟所谓"族群"的单位基本上是重合的。再如本尼迪克特·安德森将"民族"界定为一种想象的、享有主权的政治共同体。参见［美］本尼迪克特·安德森著，吴睿人译：《想象的共同体：民族主义的起源与散布》，上海人民出版社，2005 年，第 6 页。

② ［日］松村武雄著，松村一男、平藤喜久子监修：『神話学原論（下卷）』，ゆまに書房，2005 年，第 642 页。

③ ［日］松村武雄著，松村一男、平藤喜久子监修：『神話学原論（下卷）』，第 680 页。

④ ［日］松村武雄著，松村一男、平藤喜久子监修：『神話学原論（下卷）』，第 683 页。

⑤ 叶舒宪，谭佳：《比较神话学在中国：反思与开拓》，社会科学文献出版社，2016 年，第 25 页。

⑥ ［美］本尼迪克特·安德森著，吴睿人译：《想象的共同体：民族主义的起源与散布》，上海人民出版社，2005 年，第 11 页。

构并传入中国的汉族西来说；二是基于神话的民族精神源流说将神话由信史改造为中国文明的源流。前一途径与彼时的种族、民族认识彼此纠缠，而后一途径则与疑古思想、新史学意识和教科书的编纂息息相关。它们是中国神话学参与民族认同的建构的一个侧面。本章将对这一过程进行追溯并探讨神话如何在民族源流的建构中被挖掘、被认识、被重估、被加工、被重构。

第一节　"汉族西来说"本土化中的神话重构

一、"汉族西来说"的产生及其传播

17世纪中叶以后，欧洲基督教耶稣会士来远东或中国传教者日渐增多，他们对于中国国情、文化、典籍的介绍使欧洲人增加了对中国的了解，也促使欧洲人开始研究中国。但其时欧洲人了解中国的途径极为有限，得到的知识也过于碎片化，考古学又未发达，且不乏欧洲中心主义作祟，于是在中西文化的表面比附中便产生了中国文明起源的各种学说，其中绝大多数为中国文明起源于本土之外的西方的学说。这些学说的产生主要集中于18世纪到19世纪的中后期，包括源于埃及说、巴比伦说、印度说，此外还有北美说、印度支那半岛（即中南半岛）说、新疆和阗说等。[1] 20世纪初，这些学说的一部分又经日本中转进入中国，成为清末民初的知识分子建构中国民族源流史的理论依据。其中尤以法裔英国学者拉克伯里（Terrie de Lacouperie）的"汉族西来说"在中国的影响最大。中国文明西来说最初的产生与中西文明创世说的冲突有很大的关系，为了构筑天主教教义的普世性，清初在华的耶稣会士们已经开始为西来说寻找证据，如南怀仁（1623—1688）在《道学家传》序中称伏羲为亚当的第13代子孙，深受汤若望（1592—1666）影响的钦天监监正、天主教徒李祖白所撰《天学传概》称中国人为德亚（指犹太人）之苗裔，后汤若望、李祖白等人遭杨光先弹劾并由此掀起了"康熙历狱"，此说即为罪状之一。[2] 西来

---

[1] 参见罗罗：《中华民族起源考》，《东方杂志》，1919年第2号，第2页；缪凤林：《述学：中国民族西来辨》，《学衡》，1925年第37期，第2页；何炳松：《中华民族起源之新神话》，《东方杂志》，1929年第2号。1920年法国人考狄所著《中国通史》在巴黎出版，此书第一章对欧洲的各种中国民族起源学说进行了考证。后何炳松根据此章写成《中华民族起源之新神话》对各学说进行了介绍和批驳。

[2] 陈卫星、邹壮云、璩龙林：《中学与西学 清末民初国学思潮的历史考察》，2013年，世界出版社，第21—23页。

说的出现无疑是对中国传统华夷秩序的一个挑战，它的背后隐藏着中西文明体系孰优孰劣的较量。不过，清末深刻的民族危机导致了华夷秩序观的逐步解体和中国文明优越心态的翻转，在清初不被中国接受的西来说反而得到了清末知识分子们的青睐并成了风靡一时的公共知识。

拉克伯里1844年生于法国，幼年随父亲在香港生活，归国后移民英国并于1874年进入大英博物馆工作。拉氏将自己的学术生涯全部投入到了西来说的研究中，① 经日本介绍进入中国的"汉族西来说"即来自1894年出版的《中国上古文明的西方起源》（*Western Origin of the Early Chinese Civilization*）一书。他在此书中的主要观点为，中国《尚书》中的"百姓"为由黄帝率领而来的巴比伦移民——巴克族（Bak）。"百姓"即"巴克"的音转，"百姓"的容貌应为碧眼、绯面，以别于土著的"黎民"。巴克族移来后，未能忘记其故习，故中国的吉凶之说、历书、科技、学术、政治制度与宗教多与巴比伦相似，文字也承自巴比伦的楔形文字。② 在此书中，拉氏构筑了这样一段西亚民族的迁徙史。

中国民族来自迦勒底（Chaldea）巴比伦（Bobylonia）。古时候有霭南（Elam）王名廓特奈亨台（Kundur nankhundi）者，初用兵平巴比伦南部，嗣率巴克（Bak）民族东徙。从土耳其斯坦横断亚细亚中郭山脉，由此东向，沿塔里木河（Tarym）达于昆仑山脉之东方，而出吐鲁番、哈密二厅之边，抵中国之西北部，循黄河而入中国。奈亨台即中国之所谓黄帝，③ 巴克即中国之所谓百姓，昆仑（Kuenln）译言花国（Floweryland），以其地丰饶，示后世毋忘。既达东方，遂以名国，即中国所谓中华也。又其先有亚迦狄（Agade）王名萨尔功（Sargon）者，于当日民族，未知文字，创用火焰形之符号，是即中国所谓神农（音与萨尔功近似），号称炎帝者是也。又有人名但吉（Dunkit）者，会传其制文字，即中国之仓颉。④

19世纪以来，随着两河流域考古文物的发掘以及对泥板书楔形文字的解

---

① 孙江：《拉克伯里"中国文明西来说"在东亚的传布与文本之比较》，《历史研究》，2010年第2期，第119页。

② 何炳松：《中国民族起源之新神话》，《东方杂志》，1929年第2期，第87页。

③ 孙江，《拉克伯里"中国文明西来说"在东亚的传布与文本之比较》，《历史研究》，第121页。拉伯克里在1880年出版的《中国文明的早期历史》（*Early History of The Chinese Civilisation*）中指出，汉语中Hoang-ti最早读音为Kon-ti，根据中国的历史传说，黄帝家族姓Nai（原本为Nan或Nak），进一步检索中国古代文献可知，它还来源于Nakkon-ti，黄帝的名字与Susian文本中作为诸神之首的Nakhunta或Nakhunte之间存在着惊人的一致性。原为Susa王的Kudur Nakhunta来到幼发拉底河，在大约公元前2285年建立了国家。

④ 缪凤林：《述学：中国民族西来辨》，《学衡》，1925年第37期，第2页。

读，亚述学（研究两河流域文化的学科）建立并发展起来。据吉开将人和孙江等人的研究，拉氏学说一方面建立在亚述学的基础之上；另一方面，居于香港的英国传教士理雅各（James Legge）在《尚书》的翻译中（1865）所提出的汉族乃诺亚子孙的构想，居于北京的艾约瑟（Joseph Edkins）的印欧语和汉语同祖论都直接影响了拉氏的理论建构。艾约瑟在其1871年的著作《中国在语言学上的一个位置》（*China's Place in Philology*）中提出，中国古典文献中的"三苗"的后裔即为现代苗族，苗族在汉族西来后被从中原逐入南方地区。拉氏发展了艾约瑟的看法，他曾对中国南部到中南半岛的语言进行过比较研究，认为早期进入中国的巴克族的语言中的土著语言成分和西南民族特别是苗族以及中南半岛民族的语言之间存在内在联系，换言之，中南半岛绝大多数人都有中国原住民的因素。这些研究成果全都收录于1887年出版的《汉民族以前的中国诸语言——汉民族占据以前中国本土的土著民族所说的诸语言研究》（*The Languages of China before the Chinese: Researches on the Languages Spoken by the Pre-Chinese Races of China Proper Previously to the Chinese Occupation*）中。[1]显然，这一研究是以土著的西南民族被汉族驱逐至南方以至更远的边疆地方为预设前提的。也就是说，拉氏通过语言学的比较研究建构了一个汉族（外来征服者）和西南民族（土著被征服者）的二元对立模式。

拉氏的学说进入日本学者的视野大致在1895年以后，但是多数学者仍对西来说保持了较为谨慎的态度，或者将西来的源头放在了比较容易接受的帕米尔高原及昆仑山附近。[2] 进入中国的"汉族西来说"并非来自专业学者的著述，而是源于白河次郎和国府种德合著的百科全书系列《支那文明史》

---

① ［日］吉開将人：「苗族史の近代：漢族西来説と多民族史観」，『北海道大学文学研究科紀要』2008年2月，第31—32页；孙江：《拉克伯里"中国文明西来说"在东亚的传布与文本之比较》，《历史研究》，第121页。

② 曾经留英的三宅米吉在英期间（1886—1888）既已关注其学说，回国后他曾撰文指出，中国文明在四千年前突然开花结果，必非中国古籍所载的圣人发明，一定是由他国输入而来。但是，在日本最初的东洋史建构中，知识分子对拉氏的西来说还是采取了较为谨慎的态度。如1896年，桑原骘藏撰文对巴比伦起源说进行了批判，相比西方学者建构的东洋学，他以《竹书纪年》印证中国上古史料的可靠性。不过，桑原并没有完全否定西来说，但他更赞成德国地理学家李希霍芬（Richthofen）所提出的汉族源于塔里木河附近之说，即和阗说。而法学者户水宽人则在引用拉伯里学说的同时构筑了自己的西来说。他认为西来进入中国的种族并非起源于西亚也非印欧语系，而是中亚起源的乌拉尔—阿尔泰语系，支撑户水学说的是当时在土耳其、匈牙利正在形成的泛图兰主义（或称泛突厥主义）。拉克伯里对南方民族语言关联性的研究和假说也促使鸟居龙藏对中国西南地区的少数民族进行了实地调查并形成了自己的西来说。鸟居认为汉族的祖先经帕米尔高原东部即昆仑山附近来到黄河和长江流域，并打败了土著的苗族等民族。参见吉開将人：「苗族史の近代：漢族西来説と多民族史観」，『北海道大学文学研究科紀要』，2008年2月，第35—48页；孙江，《拉克伯里"中国文明西来说"在东亚的传布与文本之比较》，《历史研究》，第121页。

（1900）。那么白河和国府为何采纳了日本学者们谨慎对待的"汉族西来说"呢？《支那文明史》专辟第三章介绍了拉氏的学说并在此基础上构筑了中国的上古民族史。在绪论中，他们将苗族作为"中国最早的种族"放置于所列民族——苗族、汉族、通古斯族、土耳其族、蒙古族、藏族、韩族的首位，并且均运用了西来说解释了苗族和汉族的迁徙：

（一）苗族是中国最早的种族，与越族属于同族。汉族未南下之前，此族已居于黄河、扬子江之间，后为汉族所征服。中国史中有苗猛獠獞之称。现居于湖北、湖南、四川的部分地区及贵州、云南的大部分地区。未同化于汉族，依然安于未开之陋习。安南暹罗也属此族。

（二）汉族来自西亚的迦勒底。在黄帝的率领下自帕米尔高原横断新疆大平原向东入黄河流域，自称百姓（巴克族），称夏。伏羲神农早于黄帝进入黄河沿岸，夙播文明核子。黄帝进入此流域后百（巴克）族愈加繁殖壮大，过黄河南下驱逐苗族，终蔓延至中国全土。中国文明实发于此种族。[1]

值得一提的是，白河和国府虽然介绍了拉氏的西来说，但是他们对于西来说所持的却是一种模棱两可的态度。在第三章的起始，两位作者在简单介绍了拉氏的主张后就发出了以下两个设问并均予以了否定回答。他们说："中国太古文明与西亚文明之关系，是否为正确事实？不可断言。同样，两者于太古期是否相互关联相互影响？也不可断言。"对于何以在此书中介绍和采用西来说，他们给出的缘由是，由于在追溯中国文明的根源以及在追问何以中国文明发达于黄河流域这一类问题时，"还未有任何人能给予一个适当的解释"，在这样证据缺失的情况下，拉氏的学说不失为"一个有力的资料"。[2] 换言之，他们介绍和采用拉氏西来说仅是一种无奈之举，是为了构筑一个体系较为完整的中国文明史。事实上，《支那文明史》也仅是面向大众的"帝国百科全书"中的一部，两位作者也非专业的学者，他们也并没有深究西来说的真实性。

据缪凤林的回忆，在中国，蒋观云最早在《中国人种考》（1903）中采纳了拉氏西来说，此后一帮学者随之从风。[3] 而又据孙江的考证，蒋观云在撰写《中国人种考》时参考了东新译社黑风所译的中文译本《中国文明发达史》

---

① ［日］白河次郎、国府種德：『支那文明史』，博文館，1900年，第4-5页。
② ［日］白河次郎、国府種德：『支那文明史』，第28-29页。
③ 缪凤林：《述学：中国民族西来辨》，《学衡》，第3页。

（1903）。① 那么，被日本学者谨慎对待的西来说为何在短时间内得到中国知识分子的认同呢？以下首先通过东新译社的译本从侧面探讨清末中国移植西来说的历史语境。

二、东新译社对"汉族西来说"的改编

东新译社为留学日本的湖南新化籍的留学生组织的翻译社，从《中国文明发达史》（1903）首页的附文《东新译社开办原由及其特质》可以看出，东新译社的创办始于"痛国家之脔割，忿种族之犬羊"之爱国之心，他们希望能够通过"熔铸他人之材料而发挥自己之理想，以激动爱国精神，孕育种族主义"。② 而横阳翼人氏（原名：曾鲲化）则为此书作绪论，他开篇即直陈中国的危机，指出经甲午战争和庚子赔款之后，中国依次降为"第二等半开化国"和"第三等野蛮国"，而国人犹自大痴迷不醒曰自己为文明国。横阳氏将中国的落后归为异族的统治，他认为正因为异族的统治才导致了中国逆进化论之公理而日日倒退，在言语中表现出了强烈的排满倾向。他反问道："虽然执今日魑魅罔两横行之中国，岂可抹煞我祖宗光天化日之中国？执今日混沌蛮族之中国，岂可覆盖我祖宗活泼国民自由运动之中国？"继而他又指出，译者黑风氏翻译《中国文明发达史》的目的正是在于"痛我祖国所以立国之特性流为幻气游魂"。③ 可以看出，以上表述不过是"驱逐鞑虏，恢复中华"的又一个版本，尽管这个口号在两年后才会由孙中山在建立同盟会时正式提出。在这样的方针下翻译而成的《中国文明发达史》注定不会仅仅停留在学术和语言的转达上。《支那文明史》的第三章主要是对拉氏学说的介绍，包括拉氏用以证明西来说的证据——中国文明和巴比伦文明在学术和技术、文字和文学、宗教和政治制度以及传说和传奇方面的相似点。如果对比《支那文明史》原书和《中国文明发达史》的第三章就可以发现，译者在最后的部分加入了原文中并不存在的述评，其中观点值得玩味。

要而论之，支那民族西亚细亚来之民族，而非西亚细亚同种之民族也。支那文明西亚细亚所传之文明而能扩张其固有之文明也。想当时之巴克族也，勇

---

① 孙江：《拉克伯里"中国文明西来说"在东亚的传布与文本之比较》，《历史研究》，第127–128页。1903年，上海会文学社据《支那文明史》节译的《帝国文明史》、由湖南留日学生组成的东新译社和上海竞化书局分别翻译出版的《中国文明发达史》和《支那文明史》都相继问世。孙江的结论是在对比译词的使用后得出的。

② 黑风译：《中国文明发达史》，东新译社，1903年，第1页。

③ 黑风译：《中国文明发达史》，第1–2页。

于冒险，经历万里之山河，逐异族之族畜，开垦得广莫之膏腴，善于生聚发众多之子孙，勇于自治称完全之帝国。巴克民族诚佳族哉。而黄帝率巴克民族之无数无名英雄东征西战，南竞北征，纵横宇内，莫敢为敌，目空万国。惟独经营支那血族子孙世为帝王，不数百年至于太平支流藩息。人达四亿，地达万方。豪杰哉，黄帝也。圣人哉，黄帝也。美哉，支那。华哉，支那。①

　　如果说《支那文明史》所介绍的拉氏学说的着重点在于通过中国和巴比伦文明的对比证明黄帝一族的西来，译者则否认了黄帝一族和当今西亚民族的关联。而且译者的述评将《史记》中黄帝四方征战的史料编入这套叙述，阐发重点转为黄帝进入中国后所创的伟业，这一点在第三章起篇的翻译中即可见端倪。译者将陈述中国文明来自巴比伦地方的一句表述「支那太古の民族はカルシアバビロン地方より移住せしものなり（中国太古民族是自迦勒底巴比伦地区迁移而来的民族）」② 加译为 "支那太古民族自加尔齐亚巴比伦地方转移东下，布西亚文明于殖民地，与后世子孙永据发达之基"③，将学术话语变为了以征战扩张为关键词的政治话语，而这大概也是横阳氏所感叹的 "流为幻气游魂" 的 "立国特性" 之一。

　　这里需要附加说明的是，《支那文明史》的作者并没有刻意区分 "种族" 和 "民族" 两个用词。如在介绍苗族和汉族时，作者均称两族为种族，但第三章的标题又为「支那民族西亜細亜来るの説」，文中也有例如「此の支那文明の源泉たる黄河揚子江の流域より現出せし民族には果たして如何の種族ありしか（这一出现于中国文明发源地黄河扬子江流域的民族到底为何种族?）」④ 这样的表述，黑风在翻译中也均延续了原文的用词。这种 "种族" 和 "民族" 的混用在清末知识分子的著述中也是比较普遍的现象。如在蒋观云所著《中国上古旧民族之史影》（1903）中，苗族既被认为是中国的上古民族，也被认为是 "先吾种族而为中国之主人翁者"⑤。1907 年出版的胡炳熊所著《论中国种族》的开头即为 "吾中国民族有以为来自帕米尔高原的"⑥。直到 20 世纪 20 年代左右，一些学者才有意识对两者做了区分。如缪凤林在《中国民族西来辨》（1920）中指出："种族与民族含义各别。前者以肤色、眼发

---

　　① 黑风译：《中国文明发达史》，第 33 页。
　　② 黑风译：《中国文明发达史》，第 28 页。
　　③ ［日］白河次郎，国府種德，『支那文明史』，第 14 页。
　　④ ［日］白河次郎，国府種德，『支那文明史』，第 2 页。
　　⑤ 蒋观云：《中国上古旧民族之史影》，《癸卯新民丛报汇编》，1903 年，第 359 页。初出：《新民丛报》，1903 年第 31 期。
　　⑥ 胡炳熊：《论中国种族》，《东方杂志》，1907 年第 8 期，第 361 页。

及头颅率等为区分之标准。系人种学所研究。后者则以血统、言文、习俗等关系而成立。历史学之研究对象也。一种族可析为无数民族，一民族亦可包含无数种族。"① 1922 年梁启超所著《中国历史上民族之研究》的开头也表达了相似的看法，不过这时候梁氏也明确指出："血源、语言、信仰皆为民族成立之有力条件，然断不能以此三者之分野。"② 从 1903 年梁启超所著《政治学大家伯伦知理之学说》可以看出，梁氏早期从德国政治学家伯伦知理（Bluntchli Johann Caspar）的学说中所接受的"民族"概念中包含了八个要素："（一）其始也同居于一地；（二）其始也同一血统；（三）同其支体形状；（四）同其语言；（五）同其文字；（六）同其宗教；（七）同其风俗；（八）同其生计。"③ 这也从侧面说明，晚清知识分子所理解的"民族"概念中其实也交叠着血统、肢体形状等界定"种族"的要素。缪凤林和梁启超所说的人种学意义上的"种族"即今日我们所言"人种（race）"，以血族、言文、宗教、习俗所论的"民族"则比较贴近我们现在所理解的"族群（ethnic group 或 ethnicity）"，不同的是"族群"不是以血统而比较倾向于从文化角度定义共同体，"人们基于拥有的赋予其以不同社会身份的共同祖先、语言或宗教，而将自己——或他人——归类于某个民族的成员"④，这与我们现在所言的对应于"nation"且兼具国民、国家等社会政治意义的"民族"还是有一定的区别。⑤

有学者指出，汉语中本有"种族"一词，最初指代家族、宗族，宋代以后则多指少数民族，已经具有现代"民族（ethnic）"的含义。只不过，这个词并非少数民族的唯一指称，也不包含华夏族（汉族）。晚清的知识分子则在汉语"种族"的传统意义上糅合了西方种族（race）的概念，扩充了其"民

---

① 缪凤林：《述学：中国民族西来辨》，《学衡》，第 1 页。

② 梁启超：《中国历史上民族之研究》，《梁任公近著第 1 辑 下》，商务印书馆，1922 年，第 44 页。

③ 梁启超：《政治学大家伯伦知理之学说》，《癸卯新民丛报汇编》，1903 年，第 128–129 页。初出：《新民丛报》，1903 年第 38–39 期。

④ 段超、李吉和编：《民族理论与政策研究（第 2 辑）》，华中科技大学出版社，2015 年，第 32 页。该书还指出这两个词中国都习惯译为"种族"。"ethnic group"及"ethnicity"等都是比较晚出的概念，产生于 20 世纪后半叶。

⑤ "民族"一词源于日语已是学界的共识。据镜味治也的研究，明治时期"nation"被引入日本时被译为"国民"和"民族"两个词。这种以民族概念为基础的政治诉求就是民族主义。民族主义指以一个"nation（民族）"为基础创立国家，然后以成为该国"国民"为目标和诉求的政治运动。参见［日］镜味治也著，张泓明译：《文化关键词》，商务印书馆，2015 年，第 51–52 页。事实上，梁启超在本页正文所列的两篇文章中均有意识地区分了"民族"和"国民"的区别，这也说明梁氏所使用的"民族"可能是更为单纯意义上的"民族"。

族（ethnic）"的意义。① 这一点从梁启超在《中国史叙论》（1901）中的论述中可以得到证明。他说："对于白、棕、红、黑诸种，吾辈划然黄种也。对于苗、图伯特、蒙古、匈奴、满洲诸种，吾辈庞然汉种也。"② 考虑到日本历史上对汉语词汇的吸收，白河和国府等日本知识分子对于"种族"和"民族"的混用大概也是遵循了这样的一条路径。不过，西方语言中的"种族（race）"并非一个单纯意义上的人种学概念。雷蒙·威廉斯就指出，体质人类学在 19 世纪时，"与其他社会、政治思想与偏见纠缠不清"，且受社会达尔文主义生存竞争观念的影响，这个词及其派生词产生并包含了种族天生不平等论和雅利安人种、北欧人种的天生优越论。③ 这种观念无疑会对清末知识分子重新理解和定义"种族"一词产生影响。正如本书第三章所叙，在较早介绍西方人种学的文章《历史与人种之关系》（1902）中，作者梁启超即已表现出了基于进化论的黄白人种竞争意识，而在此文中梁氏亦以"种族"和"种界"等词指代"人种"。再如刘师培在《中国民族志》中所言："种族既殊，竞争自起，其争而独存者，必种之最宜者也……尝西人东渐之后，亚种劣而欧种优，故忧亡国……然则汉族自振当何如，曰亦唯有保同种排异族而已。"④ 在这种叙述中，梁启超口中的黄白种之竞争更被置换为汉族的生存之忧和汉族与国内他族的竞争。这种叙述模式和《中国文明发达史》的绪论如出一辙。可以说，清末知识分子所理解的"民族"就是这样一种融合了社会达尔文主义和血源等种族意识的概念。当然，刘师培和东新译社的主张代表了排满派比较极端和狭隘的民族复仇主义，但不可否认的是即使是在主张各民族联合、提倡大民族主义⑤的改良派如梁启超的笔下，也不乏这种基于进化论的种族论调。从 1901 年的《中国史叙论》来看，梁启超似已通过日本渠道接触到了西来说，他在"人种"一节中已将苗族作为土著人种，而将汉族描述为由帕米尔高原东迁入黄河流域的"次第藩殖于四方"的黄帝子孙及"文明之胄"。⑥ 缪

---

① 景凯旋：《汉语"种族"词义的变迁》，《西域研究》，2017 年第 1 期，第 1-2 页。
② 梁启超：《中国史叙论》，夏晓虹，陆胤校：《新史学》，商务印书馆，2014 年，第 73 页。初出：《清议报》，1901 年第 90、91 期。
③ ［英］雷蒙·威廉斯著，刘建基译：《关键词：文化与社会的词汇》，生活·读书·新知三联书店，2016 年，第 422 页。
④ 刘师培：《中国民族志》，《刘师培全集》第 1 册，中共中央党校出版社，1997 年，第 626 页。此书初出时间不详。有学者指出是在 1904 年。参见曾黎梅：《我国第一部近代意义上的中国民族史著作：刘师培〈中国民族志〉》，林超民主编：《西南古籍研究·2010》，云南大学出版社，2011 年，第 18 页。
⑤ 梁启超在《政治学大家伯伦知理之学说》中提出合汉、合满、合回、合苗、合藏的大民族主义说。参见梁启超：《政治学大家伯伦知理之学说》，《癸卯新民丛报汇编》，第 131 页。
⑥ 梁启超：《中国史叙论》，夏晓虹，陆胤校：《新史学》，第 72 页。

凤林和梁启超后来对于种族和民族的区分从某种意义上说其实是基于对"民族"认识转换后的纠偏行为。

总而言之，拉氏的西来说在与当时知识分子所理解的"民族"概念所相遇时，便产生了新的阐释。在预设了汉族西来的前提下，东新译社的译本在原文的话语系统上添加了黄帝率领的汉族在中国战胜异族，开辟疆土的伟业。这一套叙述正契合了刘师培所言"其争而独存者，必种之最宜者也"，从根源上力证了汉族的优秀，就刘师培和横阳翼人等主张排满的革命派而言，使用这一叙述的终极目的当然是为推翻满族的统治寻找合法性。而另一方面，这一话语也与19世纪末兴起的"黄帝热"[①] 相遇并迸发出火花，成为塑造"黄帝"这一民族认同符号的一部分。东新译社的译本中的西来说是被重构了的西来说，事实上，进入当时知识分子话语系统的西来说的叙述视角都与东新译社的译本大同小异。而在整合西来说和中国古史的过程中，黄帝战胜异族的话语更被具化为汉族和苗族之间的战争，黄帝战蚩尤神话的重构由此浮出地表。

三、蒋观云对黄帝及蚩尤神话的重构

学界一般认为蒋观云的《中国人种考》中最早涉及了拉氏的西来说。《中国人种考》于1903年至1905年连载于《新民丛报》并于1929年由华通书局结集出版，其中在1903年第37期的连载中，蒋氏以"中国人种西来之说"为题专门介绍了拉氏的西来说。事实上，蒋氏在写此文之前，已经通过日本法学者田能村梅士的著作间接地接触到了西来说。在1903年登载于《新民丛报》第31期的《中国上古旧民族之史影》一文中，蒋氏基于田能村梅士的学说将西来说聚焦于苗族历史的回顾，并将黄帝和蚩尤的涿鹿之战描述成汉族和苗族间的战争。

从内容上来看，《中国上古旧民族之史影》几乎翻译和介绍了田能村梅士所著《世界最古的刑法》的第一编第一章"支那文明的滥觞"的大部分内容。[②] 在这一章中，田能村提出了一个主要的观点，即中国的古代文明并非只源于黄河流域，而是以长江和黄河为中心南北各有滥觞，他认为从气候、水流以及地味（地之肥瘠）三个方面而言，南方皆优于北方，因此南方文明当早于北方文明。他根据"晚近欧洲诸学者的新研究"指出，造就北方河水文明

---

① 沈侨松指出："在辛亥革命（1911）前十余年间大量的报章杂志中，处处可见关于黄帝的各种论述，蔚为一般'黄帝热'。"参见沈侨松：《我以我血荐轩辕：黄帝神话与晚清的国族建构》，《台湾社会研究季刊》第28期，1997年12月，第6页。

② 『世界最古の刑法』出版于1904年（有斐阁），而蒋观云的《中国上古旧民族之史影》则登载于1903年的《新民丛报》。这一章内容当在1904年前就已经在别处公开过。

的汉族为由中亚地区外来的图兰人（即突厥人），而造就南方江水文明的则是中国固有的古老种族苗族以及后来由南方而来的交趾支那族。① 田能村所采纳的西来说并非直接得之于拉克伯里，而是受到了法学者户水宽人的影响。后者在引用拉伯克里学说的同时构筑了自己的西来说。他认为西来进入中国的种族并非起源于西亚也非印欧语系，而是中亚起源的乌拉尔—阿尔泰语系，支撑户水学说的是当时在土耳其、匈牙利正在形成的极端民族沙文主义"泛图兰主义"（或称"泛突厥主义"）。② 田梅村立论南方苗族文明早于北方汉族文明的目的是说明苗族往古并非全然非文明之种族，其证明之一就是《尚书·吕刑》中记录着中国最早的刑法——苗族刑法。而南方文明之所以不传是由于南方民族后来被北方的汉族所征服，历史的书写由胜利者掌握之故。③

蒋氏采纳田能村之说其意当然不是关注苗族的刑法究竟如何，正如他自己所述："田能村梅士之言如是，余盖读之而有感焉。夫千古种族之兴衰，亦关系于战争之事为最大耳。"作为种族兴衰与战争成败关系的实例，他指出："有黄帝与蚩尤（九黎苗族蚩尤九黎之君）之一战，而我种获胜，遂得分布其子孙于大陆，而世世有中国之土地，而彼苗民一败之余，尽弃其江淮荆州，及北方所以占有之区域。至于三危之窜，并弃其在彭蠡洞庭间之根据地，而崎岖踯躅促于山谷间，至于今不能自振。"④ 蒋氏所言"三危之窜"在《尚书·尧典》和《史记》中均有记录。《尧典》曰尧时舜曾"窜三苗于三危"，《史记·五帝本纪》中也记载尧时三苗在江淮荆州地区数度作乱，于是舜向尧进言请求将三苗迁于三危。而在《史记·孙子吴起列传》中也有"昔三苗氏左洞庭，右彭蠡"的记录。但是，如果按《史记》的记载来看，蒋氏的论述是有漏洞的，三苗在江淮作乱是尧时的事情，三苗尽弃江淮荆州显然不是黄帝在北方的涿鹿战蚩尤后造成的直接结果。三苗是否就是苗族的前身？蚩尤是否是苗族的祖先和首领？田能村在前列书第二章"南支那的刑法"中明确指出，今日居于云贵诸地的苗民之种族就是被舜流窜的三苗的后裔。但对于蚩尤的身份，他只是说明中国历史的记载中有蚩尤与九黎之君为同一人及不同人的两种说法，而且在行文中也明确表明苗族的酋长名字没有流传下来。在第一章的最后他据《史记》记载也提出汉族对苗族的征伐是在黄帝战胜了炎帝和蚩尤之后。此外，尽管在第二章中他也列举了《尚书·吕刑》中有关蚩尤与苗民的记

① ［日］田能村梅士：『世界最古の刑法』，有斐閣，1904年，第13-20页。
② ［日］吉開将人：「苗族史の近代：漢族西来説と多民族史観」，『北海道大学文学研究科紀要』，第44页。
③ ［日］田能村梅士：『世界最古の刑法』，有斐閣，1904年，第21页。
④ 蒋观云：《中国上古旧民族之史影》，《癸卯新民丛报汇编》，1904年，第363页。

述——"蚩尤惟始作乱，延及于平民，罔不寇贼，鸱义，奸宄，夺攘，矫虔。苗民弗用灵，制以刑，惟作五虐之刑曰法"，但他根据诸家如宋时蔡沉之的注释"苗民承蚩尤之暴，不用善而用之以刑"指出，苗民只是继承了九黎之君蚩尤所制的刑法。[①] 也就是说，田能村并没有将蚩尤视作苗族的祖先，也没有将黄帝和蚩尤之战视作汉苗之间的战争。前述蒋氏的一套话语只能认为是基于田能村学说的又一层重构。九黎、三苗、苗族、蚩尤这几者之间到底存在着什么样的关联？就此学界历来争论不休，目前为止没有定论，[②] 这也不是本书能够解决的问题。从鸟居龙藏的《苗族调查报告》来看，作者也仅是指出"苗"字最早见于"窜三苗于三危"[③]，作者并没有说明三苗即为苗族的祖先。但是可以肯定的是，蚩尤是苗族的首领这一话语的浮现是始于近代，而且与西来说有密切的关系。如1933年吕思勉在《白话本国史》中曾言："近来的人说，蚩尤是三苗的酋长，三苗就是现在所谓苗族；他占据中国本部，在汉族之先，后来给汉族驱逐掉的。黄帝和蚩尤的战争，就是其中的一事。这句话很不精细。"[④] 由此看来，蒋氏作为最早关注和介绍西来说的学者之一，很有可能是这一话语的最早创造者。那么，蒋氏这一论述的目的仅是为汉族与苗族之间的战争找一个有力的历史依据吗？

黄帝和蚩尤等古史上的人物是否是真实的存在？在司马迁的叙述中，黄帝的传说确实存在于民间，但他认为百家所言黄帝"不雅驯"，所以在删定资料时还是过滤掉了不够理性的部分。但是，司马迁认为不雅驯的一些传说还是通过古代文人的采集记录以及后世的加工流传了下来，黄帝战蚩尤的故事也是如此。如《山海经·大荒北经》中记载了黄帝派应龙和女魃等神与蚩尤作战的细节。《古今注》（卷上·舆服第一）和《太平御览》（卷十五）中有蚩尤作

---

① ［日］田能村梅士：『世界最古の刑法』，有斐閣，1904 年，第 26-30 页。

② 根据玥起望《苗族研究概述》（《胡起望民族学研究集锦》，中央民族大学出版社，2009 年）；张岳奇《蚩尤能否引作苗族族源》（《民族研究》，1984 年第 4 期）、《论"三苗"与苗族的关系》（《贵州民族研究》，1981 年第 4 期）；梁昭《苗族蚩尤叙述中的族性书写》（《现代中国文化与文学》，2008 年第 1 期）等论著综合来看，民国期间的学者如朱希祖、凌纯生、何士能等都认为三苗与苗族无关（据笔者所见，章炳麟在《检论·序种姓》和吕思勉在《白话本国史》中都否认了两者关系），这一问题在 20 世纪 80 年代重新进入学者的视野并被从多方面进行了论证，三苗与苗族的关系多被肯定。张岳奇虽然肯定了三苗与苗族的关系，但他通过详细的文献考证否定了蚩尤为苗族的族源。梁昭则指出，20 世纪 80 年代以后，随着苗族知识分子书写"苗族史"愿望的浮现以及对苗族风俗和苗族民间神话传说的收集整理工作的进行，苗族迁徙史诗中的英雄祖先"格蚩老爷"开始被认为是蚩尤，蚩尤由此被证明为苗族的祖先。也有学者如吴晓东在《西苗族史诗非蚩尤的口碑诗》（《民族文学研究》，2003 年第 3 期）中通过苗语和彝语的考证否定了以上学说。

③ ［日］鸟居龙藏著，国立编译馆译：《苗族调查报告》（上册），国立编译馆，1946 年，第 16 页。

④ 吕思勉：《白话本国史》，中国友谊出版社，2009 年，第 13 页。初版：商务出版社，1933 年。

大雾，黄帝制指南车以辨四方的描述。而《山海经·大荒东经》《太平御览》（卷七十八引《鱼龙河图》）和《述异记》（上卷）则将与黄帝作战的蚩尤描绘成铜头铁额、食沙石子的形象。① 蒋氏对黄帝战蚩尤的故事的详细展开就是杂糅了以上各种传说而成的。但是蒋氏之意并不在于从散于古籍的资料中整理出一个完整的故事，他的论述着眼于战争的胜败与种族的兴衰，并且分为两个层次。一是以黄帝制指南车尚机械来比较蚩尤作大雾之妖妄，证明汉族优秀于苗族，通过回顾汉族辉煌的过去来抚古比今，所谓"甲午丧师，庚子丧师，土地剥削，种姓蹂躏……昔何英雄，今何潦倒"；另一个层次则是将蚩尤作雾视作苗族的巫俗和民智开发的第一步，感叹当日文明繁庶之苗族自败后的衰亡。在蒋氏看来，今日之中欧之战即往日汉苗之战，今日汉族即往日之苗族，"呜呼！亡种人之事情，固若是其何惨耶？然而今者，欧洲人之虐遇我其殆蚩尤甚，我同胞其亦痛乎否？醒乎否耶？"②

继《中国上古旧民族之史影》后，蒋氏开始关心拉氏的西来说，并将其学说运用到了《中国人种考》的"中国人种西来之说"一章中。从内容上来看，这一章分为两个部分，一为对拉氏学说的详细介绍，一为调动古史来证明西来说的可靠。他以《庄子》《列子·周穆王》、屈原诗赋中昆仑山的记载来证明黄帝的西来，指出"中国古史多言昆仑而又述黄帝之所游"，而且"古书所言西方之事何以皆归之于黄帝？而取百家之说以参差互证又俱言西方盖有乐园即黄帝之梦华胥，亦云在弇州之西，台州之北，又西王母之国早见于传记而多赞美之词"③，蒋氏认为这些都是黄帝一族东迁和回忆其西方祖俗的证据。蒋氏写这一章的目的有学术上的自觉，所谓"以今日者人类学日益昌明，人情于其祖先之所由来，决不肯安于茫昧"④，但另一方面也是延续了对黄帝伟业的塑造，从根源上证明汉族的优秀，鼓动民心。他说欧洲的殖民扩张在于"蒸汽船之制发明与恃其器物之利用"，而"我种人于上古四千年前，世界草昧，舟车未兴，而超越千万里"开辟东方一大国，"其事业之雄奇，又直为他人种之所无，足以鼓舞我后人之气概者，抑又何如也？"⑤ 如果说《中国上古旧民族之史影》着重于强调弱势民族的衰败来唤醒同胞的危机意识。这一章则通过整合中国的史料和拉氏的西来说来证明黄帝一族的伟大，激发黄帝子孙

---

① 彭美玉编：《中国古代神话精华》，南京大学出版社，2012 年，第 43 页；李新吾等：《梅山蚩尤——南楚根脉，湖湘精魂》，湖南文艺出版社，2012 年，第 8-9 页。
② 蒋观云：《中国上古旧民族之史影》，《癸卯新民丛报汇编》，1904 年，第 363 页。
③ 蒋观云：《中国人种考》，《新民丛报》，1903 年第 37 号，第 16 页。
④ 蒋观云：《中国人种考》，《新民丛报》，第 14 页。
⑤ 蒋观云：《中国人种考》，《新民丛报》，第 15 页。

的民族自豪感，正如蒋氏所言"当种族并列之日，而讲明吾种之渊源，使以团结吾同胞之气谊，使不敢自惭其祖宗，而陷其种族于劣败之列"①。

蒋氏对黄帝、蚩尤神话的重构固然是基于进化论观下的亡国灭种之危机意识的反映。如果结合他这一时期的其他论著，如《海上观云集初篇·风俗篇》（1902）、《文弱之亡国》（1903）、《几多古人之复活》（1903）、《神话历史之养成人物》（1903）等文章来看，这种重构其实还包含了蒋氏对中国文明性质、国民性的批判和塑造国家之"新民"的现实理想追求。蒋氏认为国之精神元气在于政治宗教风俗，它掌握了国家莫大之权。而中国之俗本于农缺武事，与欧美相比"文而弱，诈而好礼，散而不能群，知有家而不知有国，谄上而骄下，荣仕宦而好利，畏强而凌弱，自奉厚而公心薄，无独立之性而改之"②，他指出，虽然"黄帝时代，其势骎骎，有膨胀四溢之势"，但自秦汉以后"君主之用儒术以柔之也"，致使中国走向文弱，而文弱之国就算文明强于野蛮国，也有可能被对方所颠覆。因此，"人心风俗""我种人"性质的改变关乎种族的兴亡。③蒋氏对于国民性的批判是对梁启超在《新民说》中所提出的"进取冒险""尚武"等新民素质的一种回应。④ 这种认识也是清末知识分子改造国民思想的一种共识。1905 年，当时负责教科书编纂和管理的编译图书局甚至将"尚武"作为编纂教科书、实行国民教育的宗旨之一。⑤ 当时，清末的知识分子通过塑造岳飞、郑成功等一系列民族英雄来激发国民的爱国之心，蒋氏对此深深认同，他指出黄帝、郑成功"皆伴民族主义之发生而复活者也"，而黄帝"至今而我族之伟人，尚如化石之仍留其行迹"⑥。在《论中国人崇拜岳飞之心理》（1904）中蒋氏更是指出，如果一社会无英雄之成分及礼拜英雄的精神则"必为其他社会所欺压凌侮，而遂至于灭国，而遂至于灭种"⑦。在这里，他再次列举了蚩尤和苗族、黄帝和汉族这一套话语作为这一观点的例证。可以说，唤醒国人反省中国之弱，以英雄激荡国人爱国保种之心正是蒋氏在西来说视野下重构神话，将黄帝与蚩尤之战置换和具化为汉族与苗

① 蒋观云：《中国人种考》，《新民丛报》，1904 年第 12 号，第 9 页。
② 蒋观云：《海上观云集初编·风俗篇》，游红霞：《蒋观云学术思想研究》附录，中国文联出版社，第 174 页。初版：上海广智书局，1902 年。
③ 蒋观云：《文弱之亡国》，游红霞：《蒋观云学术思想研究》附录，第 185 页。初出：《新民丛报》，1903 年第 37 期。
④ 梁启超的《新民说》的第七节为"进取冒险"，第十七节为"尚武"。
⑤ 朱有瓛等：《中国近代教育史资料汇编·教育行政机构及教育团体》，上海教育出版社，2007 年，第 15 页。
⑥ 蒋观云：《华年阁杂谈：几多古人之复活》，《新民丛报》，1903 年第 37 号，第 3 页。
⑦ 蒋观云：《论中国人崇拜岳飞之心理》，《新民丛报》，1904 年第 24 号，第 28 页。

族之战的原因。这种现实的需要在《神话历史养成之人物》（1903）一文中也可见一斑。蒋氏直言一国的神话和历史就如同活版印刷的植字，植字清明与否皆会影响后世人心的清明与否，他呼吁"盖人心者，不能无一物以鼓荡之"，在他看来神话和历史即为鼓荡之有力者的"重要之首端"。① 此文虽然一直被学界视为中国神话学的开山之作，但对于这篇文章产生的具体历史语境还未有人加以关注。

当然，这时候的蒋氏以史料整合西来说的工作是比较粗糙的，对于西来说和他使用资料的真实与否，蒋氏并没有深究。比如蚩尤的族属问题，他曾说："蚩尤固为苗种与否，别一问题，此但据古书以蚩尤为苗种耳。"② 对于拉氏的西来说，他也明确表示"未敢论定"③。事实上，在《中国人种考》之"中国人种诸说"（《新民丛报》1904 年第 7 号）章节中，蒋氏又根据日本学者贺长雄的学说修订了拉氏的西来说，通过详细考证《山海经》等古籍中昆仑山的记载来证明黄帝及汉族起于昆仑山下。他也推翻了之前长江文明早于黄河文明的说法，而主张中国文明先河后江。不过，蒋氏并没有改变汉族西来东迁至黄河流域并战胜三苗的看法，作为佐证，蒋氏对黄帝事迹中的战蚩尤做了进一步的考证，在原有认识的基础上提出炎帝和蚩尤为同一人物的说法。他还对与昆仑有关的西王母记载专门进行了讨论，提出西王母为种族之名之说。综合来看，相比西来说的学术上的真实性，蒋氏更为在意的是西来说在启发民智、塑造民族符号方面的现实利用价值，这与东新社翻译西来说的目的是一样的。

四、"汉族西来说"的其他演变及批判

继蒋观云之后，一时之间西来说成为清末知识分子的公共知识。汉族西来战胜苗族开辟疆土的观点，以古史整合和附和西来说的方法都得到了较为广泛的认同和践行。刘师培的《中国民族志》（1904）、《攘书》之《华夏篇》（1904）、《思祖国篇》（1904）、章太炎的《訄书·序种姓》（1904）、梁启超的《历史上中国民族之观察》（1905）、陶成章的《中国民族消长史》（1904）、胡炳熊的《中国种族论》（1907）都是如此，这些论著虽然在内容偏向和考证结果方面有一定出入，但均在西来说的影响下展开了中国民族源流的考证。其中，刘师培和梁启超也将黄帝蚩尤之战作为汉苗之战纳入了自己的叙

---

① 蒋观云：《神话历史之养成人物》，马昌仪编：《中国神话学百年文论选（上册）》，陕西师范大学出版总社有限公司，2013 年，第 1 页。初出：《新民丛报》，1903 年第 36 号。
② 蒋观云：《论中国人崇拜岳飞之心理》，《新民丛报》，1904 年第 24 号，第 26 页。
③ 蒋观云：《中国人种考》，《新民丛报》，1903 年第 37 号，第 14 页。

事。此外，刘师培等人还改写了另一套西来说，他们将"巴克"作为中国创世神"盘古"的音转，由此证明汉族的源流为"巴克族"。① 辛亥革命之后，随着中华民国的成立，推翻清王朝的任务已经基本完成，"五族共和"开始成为主流话语。在这种语境下，西来说的叙事也发生了演变。如屠孝寔在《汉族西来说考证》（1920）一文中结合鸟居龙藏"汉苗同源（人种相似、汉苗语根相似）"对西来说又进行了重构。他认为汉苗本为一族，居于西域（即新疆境内），后人口繁盛，遂分为两支东迁。出阿尔泰和昆仑之间循黄河东迁的即为汉族，出阿尔泰及喜马拉雅之间沿长江而下的即为苗族。由于苗族迁徙所经之地多为山区烟瘴之地，不适合耕种，故其蔓延速度快于汉族并在汉族到达中国本部时已经自长江进至黄河流域。两族相遇后常有互婚之事，如黄帝之娶西陵，大禹之娶涂山。但因生存竞争，终至同室操戈之举，在黄帝战胜蚩尤后，苗族始退居黄河以南。② 在上述重构中，汉族和苗族同源且均来自西方，黄帝和蚩尤之战虽然仍被处理为汉苗之战，但两者之间的关系却由清末知识分子口中的异族间的战争变为同室操戈，而清末知识分子指称西来说时所使用的"中国民族（文明）西来说"也被屠氏有意识地改为"汉族西来说"，这无疑也是对之前的汉族中心主义的一种纠偏行为。在此文中，屠孝寔还用另一种神话证明了西来说。他将中国创世及盘古神话与印度古籍《梨俱吠陀》中的创世和尸体化生神话相比较，认为此类神话来源应在印度和波斯两民族，"彼时汉族亦留西土，尚未东迁，此类神话，殆同出一源者"③。卫聚贤所著《天地开辟及盘古传说的探源》（1934）④ 也言及了两者的相似，他并没有采纳西来说，而是认为盘古神话的实质源于印度，而盘古之名则源于苗族的盘瓠。这一类问题的探讨至今仍然没有消歇，由于与本章主题有所偏离，此处不再赘述，仅把它作为西来说本土化过程中的神话研究予以记录。

20 世纪 20 年代以后，随着中国考古成果的相继发现，"汉族西来说"被证实为荒谬之说，接受西来说的清末知识分子也受到了批判。如缪凤林就运用当时最新的考古发现——19 世纪末发现的爪哇猿人遗骸，1923 年法国传教士桑志华、德日进在中国河套地区发现的旧石器时代的遗迹来证明东亚早已有土著人种存在，推翻了中国人种皆来自外部的推测。⑤ 他批驳蒋观云等人"矜其淹博，东牵西扯，曲说朋附"，他认为，"中国民族之由来，远在有史以前，

---

① 刘师培：《中国民族志》，《刘师培全集》第 1 册，第 600 页。
② 屠孝寔：《汉族西来说考证》，《学艺》，1920 年第 1 期，第 3-4 页。
③ 屠孝寔：《汉族西来说考证》，《学艺》，第 4 页。
④ 卫聚贤：《天地开辟与盘古传说的探源》，《学艺杂志》，1934 年第 1 期。
⑤ 缪凤林：《述学：中国民族西来辨》，《学衡》，1925 年第 37 期，第 7 页。

欲加考证，必自凭借有史以前之遗骸与用器"。① 当时，与缪凤林持相同看法的还有何炳松，他在《中华民族起源之新神话》（1929）中指出了中国当时建构民族源流的现状，他认为中国的考古事业虽然在甲骨文和金文方面有所突破，"于殷周二代文化大放光明，然于华族起源问题仍未能稍示眉目。故吾国古史至今尚在旧日神话笼罩之中"，然而"荒唐无稽之旧神话尚未廓清，而匪夷所思之新神话反变本加厉"。② 何氏所说的"新神话"即是指包括拉克伯里的西来说在内的各种中国文明外来说。如果按照何氏说法，建立在西来说"新神话"基础之上的中国学者诸说当又为"新新神话"。

　　新神话和新新神话的出现固然与民族源流无史可循与考古学之未发达息息相关，但是，正如前文所述，蒋观云等学者并非没有意识到这一点。蒋氏曾明确指出要明了西来说的是非真伪不但要研求巴比伦等地的"碑碣器物文字语言及地层中之遗物"，而且还要有待中国文明学术进步之后揭晓结果，这是因为"不解各学术者不能考古，中国考古之事劣于西人，以无各学科为根底故也"。③ 那么，既然对西来说有疑问，为何还要采纳和证明西来说呢？20世纪初，在以梁启超为首的"新史学"派的召唤下，为国民作史的呼声渐高。梁氏认为"人种"是作中国史时必须纳入视野的一项，因为"民族为历史之主脑"④。而西方人种学、体质人类学等知识的传入也使得蒋观云等知识分子在"人情于其祖先之所由来"时"决不肯安于茫昧"。在无史可辑、无实物可证的情况下，西来说至少为中国人建构自身的民族史提供了一个看似科学以及有理有据的说法。但笔者认为，清末知识分子在半信半疑中引进西来说更多是国内情势使然。我们可以看到西来说在进入中国后发生了多次变异，黄帝率领汉族战胜异族的话语为排满派的"驱除鞑虏"的要求、为树立"黄帝"这一民族符号提供了合法说辞，同时它也配合了知识分子对中国文明性质、国民性的批判和对塑造"新民"理想的追求。在这一过程中，《山海经》《穆天子传》《竹书纪年》等古籍资料被调出，而黄帝、蚩尤、西王母、盘古等神话被重新发现并加以重构。当然，在神话概念还未得到普及之前，这些知识分子不认为自己讨论的是神话，虽然蒋观云认为自己引用的黄帝战蚩尤的材料"其事不尽可据"⑤，也意识到了《山海经》"真赝杂糅，未可尽据为典要"⑥，但现实

①　缪凤林：《述学：中国民族西来辨》，《学衡》，第1—2页。
②　何炳松：《中华民族起源之新神话》，《东方杂志》，1929年第2号，第80页。
③　蒋观云：《中国人种考》，《新民丛报》，第15页。
④　梁启超著，夏晓虹、陆胤校：《中国史叙论》，第73页。
⑤　蒋观云：《中国上古旧民族之史影》，《癸卯新民丛报汇编》，第363页。
⑥　蒋观云：《中国人种考》，《新民丛报》，1903年第35号，第16页。

的需要使得他们无暇讨论这一问题。可以说西来说本土化过程中的神话重构更多的是为当时的政治话语服务，其政治性大于学术性。但不可否认，在这一过程中，关于中国古代民族以及相关历史和神话的探讨等也随之浮出地表并一直延续至今。当然，必须看到，"汉族西来说"本土化过程出现的种种言说是基于社会达尔文主义并建立在以血族论民族基础上的狭隘的汉族中心主义的表现，应当受到批判。但是，中华民族多元一体的观念并非一蹴而就，它是在不同的历史语境中，在不断地摸索和错误中不断地被改正和修正的，它恰恰是中华民族自觉化的曲折过程中的一个侧面。

清末知识分子欲以"汉族西来说"建构民族源流的尝试告以失败，另一方面，伴随着现代教育体系的创建，通过教科书的编纂整合改造历史资源、建构民族源流的尝试也在同时进行。

第二节　清末中国历史教科书中的民族起源叙述

一、三皇五帝史统的形成及其内核

教科书的编写和通过教育活动实现的知识灌输行为事实上是一种"权力的运作"过程，它对读者施加包含"价值观念、道德评判、文化认同"以及知识的"分科划界、次第排序、叙事模式"等各种意义上的"规训"，[①] 由于其面对的读者对象的特定性及广泛性，历史教科书无疑是在特定的政治思想指导下重新整合、书写历史和传播民族主义、获取政治认同的有效装置。而清末的历史教科书的起源叙述所能够依赖的历史资源则是中国的三皇五帝史统。

中国古代文献中关于三皇五帝的记载非常复杂，其组合也是众说纷纭。根据李衡眉的整理和考证，三皇说有四种模式：一是"天皇、地皇、泰皇"说；二是儒家"天、地、人"三才说；三是以司马贞的《三皇本纪》为代表的、将"天皇、地皇、人皇"描述为各有兄弟数人或十数人存在的纬三皇说；四是晚周所建构的"诸子派"的三皇说，特点是将"古代传说与耳闻目睹的一些夷狄部族的生活实况"融为一体以"重构三皇神话故事"。三皇多为于发明创造有功的英雄人物的组合，如伏牺（羲）、神农、燧人、女娲、祝融、共

---

① 张仲民，章可编：《近代中国的知识生产与文化政治：以教科书为中心》，复旦大学出版社，2014年，第2页。

工、轩辕、黄帝、赫胥等。而五帝则有以《易传》《礼记》《国语》《史记》等为代表的黄帝、颛顼、帝喾、帝尧、帝舜说，此外还有太昊、炎帝、黄帝、少昊、颛顼说以及其他一些不同的组合。① 三皇五帝史统的真正形成是在汉代，但是它的素地来自春秋战国时期。有学者指出，《管子·封禅》中记载的泰山封禅的十二家以及《庄子·祛箧》中出现的十二位古帝中已有出现于后世三皇五帝系统的神农、炎帝、黄帝、颛顼、帝喾、尧、舜、伏牺（羲）、祝融、轩辕、赫胥以及属于五帝之后帝王体系的禹、汤、周成王等人物。而在《吕氏春秋》的《古乐》和《尊师》篇中已见三皇五帝的概念，其所列古帝序列中包含了神农、黄帝、颛顼、帝喾、尧、舜等人物。②

中国的古史体系事实上也是一个信仰体系。三皇五帝往往是于发明有功的圣王，正如《韩非子·五蠹》所述，上古之世教人民"构木为巢""钻木取火"的圣人有巢式、燧人氏因能使"民说之"，故而民"使王天下"。③ 这一体系的形成的确有利于统治者"借助圣王楷模灌输道德信仰教化功能"。④ 关于三皇五帝史统的形成，本书第一章已有所详述，它一方面传承了自史前文明至商周文明所逐渐形成的祭祀信仰系统，一方面也不乏汉代谶纬思想的参与和神化，两者共同塑造了这一产物并通过儒家思想的正统化、通过经学传统使之成为中国支撑帝王统治的一个神圣信仰体系。而汉代谶纬思想又是在吸收了前人阴阳五行说和天人感应说的基础上形成的，它们都源于古人对自然、天文的观察，对于宇宙的解释。"天"的观念至少在周代就已经确立，最高统治者往往被视为承受天命的天之子来替天行道。徐兴无指出，战国秦汉时期，天人之际的讨论成为主要思潮，此时的"天道观"经过诸子各说的"哲学的突破"，已经摆脱了原始文化的范畴，人们讨论天人之际的目的在于如何在新被认识的宇宙法则下建立一个公平、太平、统一的理想世界，而这一倾向的背后就是以"祖先崇拜的氏族王国神话，向着以圣人崇拜为主的统一帝国神话的改变"，其显现即是谶纬文献中三皇五帝等圣人圣王系统的体系化。⑤正因为三皇五帝

① 李衡眉：《三皇五帝传说及其在中国史前史中的定位》，《中国社会科学》，1997年第2期，第180-181页。关于三皇五帝的不同模式，顾颉刚做过非常详细的整理。参见顾颉刚：《顾颉刚古史论文集·卷二》，2011年，中华书局，第26、304页。此外，顾颉刚认为《史记·秦始皇本纪》中所言及的"天皇、地皇、泰皇"中的"泰皇"即为"人皇"，其依据是"泰"为"大"的音借，而根据《说文》"大"又为"人"之形。参见顾颉刚：《顾颉刚古史论文集·卷二》，中华书局，2011年，第246页。"三才说"最早可能是日本学者白鸟库吉于20世纪初提出的。
② 葛志毅：《谶纬思潮与三皇五帝史统的构拟》，《管子学刊》，2007年第4期，第57页。
③ ［战国］韩非：《韩非子》，山东画报出版社，2013年，第378页。
④ 葛志毅，《谶纬思潮与三皇五帝史统的构拟》，《管子学刊》，2007年第4期，第62页。
⑤ 徐兴无：《谶纬文献与汉代文化建构》，中华书局，2003年，第154页。

史统掺杂了如此多复杂的因子，它成为中国现代史学和神话学创建初期讨论和争论最多的领域之一。

中国的第一部纪传体通史《史记》以记述黄帝、颛顼、帝喾、帝尧、帝舜的《五帝本纪》作为开篇。继司马迁之后，西晋皇甫谧在《帝王世纪》中从宇宙生成讲起，将庖牺（包羲、伏羲）、神农（炎帝）、黄帝列为三皇，少昊、高阳（颛顼）、高辛（帝喾）、帝尧、帝舜列为五帝，构筑了一个看似更为完备的三皇五帝系统。而唐时的司马贞则不满足于司马迁仅将黄帝以下五帝作为"君臣之始，教化之先"[1]，因而在吸纳了《帝王世纪》和三国时期徐整《三五历记》内容的基础上补作庖牺、女娲、神农（炎帝）之《三皇本纪》并兼收了天皇、地皇、人皇之三皇说。宋代的罗泌《路史》则将三皇又分为初三皇、中三皇，其构筑的上古史更是芜杂复杂。在内容上，与《史记》不敢言不雅驯者相比，后几者吸收了更多的神话和谶纬思想。但从编辑思想而言，这些三皇五帝系统都不脱圣君王道叙事的轨迹。如司马迁在《太史公自序》中对孔子作《春秋》"以达王事"的意义做出了高度评价。他将《春秋》"上明三王之道"作为"王者之大道"之一，深感作为史官如果"废明圣盛德不载"则"罪莫大焉"，[2] 将圣君王道的记录作为自己撰写《史记》的使命之一。而皇甫谧的《帝王本纪》开篇即带有浓厚的天命观，言明："天子，至尊之定名也，应神受命，为天所子。"[3]

纵观中国近代以前的史书，断代史居多，通史偏少，从上古述起的通史更少。《史记》外另一部正史通史巨著《资治通鉴》的开端仅起于周威烈王二十三年。为了弥补这一遗憾，和司马光同时代的刘恕所编《通鉴外纪》及元代金履祥所编《通鉴前编》都对上古至商代的内容进行了补编，其中均包括了古帝体系。清康熙时代的吴乘权吸收两部史书的内容并以朱熹所编《资治通鉴纲目》为框架，著成上至盘古下至明末的通俗通史读本《纲鉴易知录》，其开头记述分为三皇纪和五帝纪，三皇纪包含了盘古、天皇、地皇、人皇、有巢、燧人，五帝记则包含了伏羲、神农、黄帝、少昊、颛顼、帝喾、帝尧、帝舜。这本书"在清、民国时期曾风靡中华，并译成外文，传播海外"[4]。此外，乾隆下令编纂并御批的纲目体通史《御批历代通鉴辑览》也将伏羲、女娲、

① ［唐］司马贞：《三皇本纪》，程国政编注：《中国古代建筑文献集要·先秦·五代》，同济大学出版社，2013 年，第 382 页。

② ［汉］司马迁：《史记》，线装书局，2006 年，第 545–546 页。

③ ［晋］皇甫谧：《帝王世纪》，中华书局，1985 年，第 1 页。

④ 吴承权著，管成学等译：《文白对照〈纲鉴易知录〉上》，红旗出版社，1998 年，第 1 页。

神农（炎帝）、黄帝、少昊、高辛（帝喾）、帝尧、帝舜作为三皇五帝放在开端。① 三皇五帝史统形成后逐渐被编入通史，这无疑是历史的编纂者追本溯流的一种本能，不过，从纲目和内容来看，这些书的叙事均以帝王事迹为中心，其主导思想当然不可能脱离张扬圣贤、维护君主统治纲常的政治意图。

二、清末中国历史教科书的编写背景及新史学认识源流

1902 年清政府公布的"壬寅学制"和 1904 年公布并在全国普遍实施直至1911 年的"癸卯学制"② 标志着中国教育制度和体系现代化进程的开始。此后，为配合教育实践的需要，各种教科书的编纂和出版纷沓而至。从"壬寅学制"和"癸卯学制"的内容来看，清政府均将史学作为各级学堂的主要科目，"癸卯学制"不但规定各级学堂均要讲授史学，对初等小学堂、高等小学堂、中学堂中国历史课程的教育要义也做了规定，其内容也基本大同小异。如针对初等小学堂课程提出"其要义在略举古来圣主贤君重大美善之事，俾知中国文化所由来及本朝列圣德政，以仰国民忠爱之本源"③，针对高等小学堂和中学堂的要义中也分别有"陈述黄帝尧舜以来历朝治乱兴衰大事……犹宜讲本朝仁政"④ 以及"专举历代帝王之大事，陈述本朝列圣之善政德泽"等内容。⑤ 究其目的，当然不外乎在于培养国民的忠君意识以维护王朝和君权的统治。就在同一年，负责编纂和管理教科书的编译图书局将"忠君、尊孔、尚公、尚武、尚实"作为国民教育和教科书编纂的宗旨提出并由清政府于 1906年正式颁布。⑥ 但是，这一宗旨中的"忠君、尊孔"的要求与作为教科书编写主体的、已受民权思想和新的史学意识启蒙的一部分知识分子的思想并不完全契合。不过，由于清末教科书的编写发行多采用了民间编写、政府审定的形式，政府对于教科书的实际把控比较薄弱，这也有利于一部分进步的知识分子通过教科书的编写传播新的思想。正因为如此，清末的中国历史教科书的历史

① ［清］傅恒：《御批历代通鉴辑览》，上海通元书局，1903 年。
② "壬寅学制"是指 1902 年 8 月 15 日正式公布的由学务大臣张百熙制定的《钦定学堂章程》，这一章程并未被真正实施。"癸卯学制"是指于 1904 年 1 月颁布并于全国普遍实行的《奏定学堂章程》。"癸卯学制"在"壬寅学制"的基础上改造而成，由张百熙、张之洞、荣庆主持制定。"壬寅学制"和"癸卯学制"均效仿日本建立了各级学堂体系。参见璩鑫圭、唐良编：《中国近代教育史资料汇编：学制演变》，上海教育出版社，2007 年，第 241、296 页。
③ 璩鑫圭、唐良炎编：《中国近代教育史资料汇编：学制演变》，上海教育出版社，2007 年，第304 页。
④ 璩鑫圭、唐良炎编：《中国近代教育史资料汇编：学制演变》，第 319 页。
⑤ 璩鑫圭、唐良炎编：《中国近代教育史资料汇编：学制演变》，第 330 页。
⑥ 朱有瓛等编：《中国近代教育史资料汇编·教育行政机构及教育团体》，第 15、300、315 页。

起源叙述体现了新旧思想和史学意识的交织。

清末最早使用的新体中国历史教科书最初引译自日本的中国史专著，其中在中国影响最大的有那珂通世以汉文编写而成的《支那通史》（1888—1890），市村瓒次郎编写的《支那史要》（1893）、那珂通世的学生桑原骘藏编写的《中等东洋史》（1898）。① 从体例、内容及编写意图而言，这三部历史教科书与以编年体、纪传体、纪事本末体为主的中国史籍相比，可谓有耳目一新之感。首先，在体例上，三者均采用了"篇—章"或"章—节"的形式，并且以上世史、中世史或上古期、中古期等来进行大的时代的划分，而且全书皆以"总论"统领全书，首先论述中国（亚洲）的地理（地势、疆域）、人种（民族）、时代的划分（朝代的更替）等。在内容上，在中国史籍文献的基础上采纳了西方的学说，如中村正直对《支那通史》的评价："不独采拾支那史，而兼收洋人所录。"② 从编写意图来看，这些书里也显示出了新的史学意识，如《支那通史》不但记述各个朝代的政治大事和兴亡变革，还言及了各种典章制度，如名字姓氏世族、丧葬嫁娶礼制、阴阳五行之说、文书的沿革、先秦典籍、官制沿革、租税、文学宗教等。《中等东洋史》则是一部以中国史为主的亚洲史，因而注重以整体亚洲的眼光审视中国历史，如书中比较注重记述中国和周边国家的关系，也专辟了章节记述佛教的东渐等。可以说，这些教科书中叙述的不仅是中国一朝一代的兴亡史，还注重到了拥有疆域和固有民族、作为世界一员的中国的制度沿革以及文化文明的发展变迁。

以上教科书所显现的史学意识可以说是近代国家的观念和西方影响下的史学观明确确立后的产物，这种意识从同时代的日本史学学者的著作中也能窥得一斑。如浮田和民在《史学原论》（1898）中对史学所下的定义，他说："史学是考究社会中的人类进化的顺序及法则的学问。"③ 而浮田所理解的社会的"最高尚的形式"就是国家。他引述英国学者托马斯·阿诺德（Thomas Arnold）的观点指出"历史在广义上意味着所有社会的传记，在狭义上意味着政治社会即国家的历史。"④ 浮田所下的定义也受到了斯宾塞的社会进化论等学说的影响，他在文中引述了斯宾塞的诸多观点，如"唯一有实际价值的历

---

① 刘超：《历史书写与认同建构：清末民国时期中国历史教科书研究》，社会科学文献出版社，2016年，第46-49页。

② ［日］中村正直：「支那通史序」，那珂通世：『支那通史』，中央堂，1888年。

③ ［日］浮田和民：『史学原論』，東京専門学校，第16页。此书原为东京专门学校所作的教材，出版年代不详，有学者考证，应为1898年下半年或在1899年。参见邬国义：《梁启超史学思想探源》，《社会科学》，2006年第6期，第6页。

④ ［日］浮田和民：『史学原論』，第13页。

史是可以称为记述社会学的东西""史家应做的最高工作是记述国民的生活""历来的历史仅停留于帝王的传记，多于实际毫无益处"等等。① 日本文明史学意识的出现大概可以追溯到福泽谕吉的《文明论之概略》（1875），尤其是田口卯吉的《日本开化小史》（1877—1882），从社会、国家、文明的角度重新审视包括中国史和日本史在内的东洋史，这其中也有日本学者欲通过编纂历史来梳理东洋文明，并以之对抗西洋文明的意图。如那珂通世就不满于仅将叙述欧洲盛衰者称为世界史或万国史，他在为桑原骘藏的《中等东洋史》所作之序中指出，世界的文明开化并不仅仅是欧洲的专有，东洋诸国诸如日本、中国、印度在人类社会的发达上也产生了广大的影响。因此，日本国民需要对东洋自古以来的盛衰沿革有一个明确的了解。② 可以说，西学开启了日本新的史学意识，同时又作为一个他者让东洋意识到了作为文明体的自身。

新式历史教科书的编写事实上也是一种通史的编纂，在新的史学意识和编纂意图的指导下，通史的起源叙述必然也要发生相应的转变。前文所举三本教科书虽然都将中国的古帝系纳入了历史的开端叙事，但与传统中国史书中的古帝系叙事相比却产生了一定的转变。如《支那通史》将唐虞时代作为上世史的开篇。关于唐虞时代之前，作者是这样叙述的：

> 支那开化甚古……汉人之祖先即为土著之民，号称华夏。本业稼穑、树艺、五谷桑麻。织布帛锦绮，制陶器漆器，冶铸诸金，雕琢珠玉，营宫室，作舟车，设市场，交易百货，有文书、历算、律度、量衡。诸大族各据城邑为君长，谓之群后，即诸侯而小者也。其数甚众，号为万邦而戴一帝以为宗主，谓之元后，又称天子，礼乐刑赏之制略备……今由唐虞国势之隆，以意推之，支那之乡于开化盖已历数百千年矣，且汉人恐当非支那土人……盖由其本土在西方沿河流而东迁也……及种民益繁，智力益进，则攘斥四夷，营城设邑，遂开绝大帝国，分划九州，统一万邦。此必数十世开创之业，而年代世系不可得知。至于唐虞时，人文既开，庶绩咸熙，历代之史，自是可得而述也。③

在中国古代典籍的记述中，古帝都是能够创造发明的圣王，如教人取火的燧人氏，教人筑巢的有巢氏，创造八卦、书契、教人结网渔猎的伏羲氏，教人稼穑、建立交易市场的神农氏，创造舟车、宫室、文字、律度、量衡、制定官制的黄帝，制定历法的尧等。但是在《支那通史》中，这些创造发明的主体

---

① ［日］浮田和民：『史学原論』，第14页。

② ［日］那珂通世：「中等东洋史叙」，桑原骘藏：『中等東洋史』，大日本图书，1898年，第1-2页。

③ ［日］那珂通世：『支那通史』，中央堂，1890年，第7-8页。

被汉族这一群体所取代，这些发明创造也成了显示中国这一国家疆域内人群文明进化进程的种种标志。那珂虽然也列出了尧和舜的事迹，但其思想中已经显示出了疑古的萌芽，正如上文的引用，他采纳了汉族西来说，认为汉族由西来直至人文初开，"必数十世开创之业，而年代世系不可得"，大概基于这样的思想，他得出了尧与舜的言行"多出于后人假托"① 的结论。那珂所创造的这种中国历史的起源叙述在当时的教科书中成了一种固定模式。如《中等东洋史》《支那史要》以及小川银次郎的《东洋史要》（1899）中都延续了这种模式，即从汉族的西来开始叙起，然后述及汉族的文物制度的发展。在这样的叙述策略下，中国古史中的圣王成为汉族这一群体中的一员，其创造发明也成为群体的文明。所不同的是桑原和小川对那珂所提到的文物制度的创造发明人，即从遂人氏和有巢氏所起直至三皇五帝还是有所言及。市村在《支那史要》中比较明确地指出，三皇五帝从其事迹考虑当为汉人种，他比较重视尧舜时的政府组织和律令刑法，认为从这里可以窥出社会的进步。②

1901 年梁启超在《清议报论说》发表《中国史叙论》、1902 年在《新民丛报》发表《新史学》的一系列文章，由此掀起了中国的"新史学"革命。在《新史学》系列的第一篇文章《中国之旧史学》中，梁氏基于进化论的史观对中国传统的史学进行了激烈的批判，他指出中国"从来作史者，皆为朝廷上之君若臣而作，曾无有一书为国民而作者也"，他认为史之贵者在于"能叙一群人相交涉相竞争相团结之道，能述一群人所以休养生息通体进化之状"。③ 因此，近世史家，必探察人间全体之运动进步，即"国民之全部经历"，梁氏所理解的"国民之全部经历"包含了德国哲学家埃蒙埒济（Rudolf Hermann Lotez）所说的"智力（理学及智识之进步皆归此门）、产业、美术（凡高等技术之进步皆归此门）、宗教、政治五个方面"。④也就是说，梁氏所希冀的新史当为国民群体的文明发展史。对于中国国民群体的历史起源，梁氏在《中国史叙论》的"有史以前之时代"一节也专门进行了探讨。他认为三皇五帝之事"其确实与否，万难信也"，由于史前的大洪水为"全世界公共纪念物"，因而"中国史若起笔于夏禹，最为征信"，不过由于黄帝为我同胞之初

---

① ［日］那珂通世：『支那通史』，中央堂，1888 年，第 8 页。
② 参见［日］市村瓒次郎：『支那史要（上）』，吉川半七，1895 年，第 5-6 页。
③ 梁启超：《中国之旧史学》，夏晓虹，陆胤校：《新史学》，第 87 页。初出：《新民丛报》，1902 年第 1 号。
④ 梁启超：《中国史叙论》，夏晓虹，陆胤校：《新史学》，第 65 页。初出：《清议报论说》，1901 年第 1 集卷 2。

祖，其事距洪水时代不远，故应采纳司马迁的特识，"定黄帝以后为有史年代"①。他还运用西方的考古学和社会进化论知识判断黄帝时代的中国已经经过了新石器时代，而黄帝及尧舜时代已经经过了酋长执政的时代，进入了中央集权君主专裁之治的萌芽期——豪族执政时期。据此，梁氏指出："中国有史以前，即经绝远之年代，而文明发达之早，诚足以自豪于世界也。"② 这样，在梁氏的叙述下，中国史籍中的古帝系统由圣王世系变为了中国国民群体的历史开端和文明的源流。

新史学的一系列文章作于梁氏流亡日本期间，有学者考证这些文章在内容上很多参考、翻译及移植了浮田和民的《史学原论》《西洋上古史·绪论》、桑原骘藏的《中等东洋史》、坪内雄藏的《西洋上古史》、高山林次郎的《支那文明史》等著述。其中，梁氏对历史所下定义——"历史者，叙述人群之进化现象也"即承袭自《史学原论》，《中国史叙论》中的"有史以前之时代"中关于考古学的论述及"纪年"等小节内容来自《西洋上古史·绪论》。而《中国史叙论》中的"地势"和"人种"部分则取材于《中等东洋史》的"总论"。③ 可以说，在日本文明史学意识的影响下，梁启超形成了自己的新史学知识和认识，这其中自然包括对于中国历史起源的认识，而梁启超所掀起的新史学革命不必说一定会对中国的历史教科书的编写产生影响。

三、清末中国历史教科书起源叙述新话语的出现

清末中国对于日本人所编写的中国历史教科书的引译可以说是一种应急的无奈之举，但这一举措也促进了国人自编本国历史教科书的开始。如丁保书在《蒙学中国历史教科书》（1903）的编纂大义中就对日本人所编之书表达了不满："顾近岁以来，各学堂多借东邦编述之本，若支那通史，若东洋史要④，以充本国历史科之数。以彼人之口吻述本国之历史，于彼我之间抑扬不免失当。"⑤ 丁氏所编之书作为蒙学之用，内容相当简略。不过，从中还是可以看出日本教科书在篇章体例等方面所带来的影响。而且该书也采用了以汉族的西来为开端，然后叙述以黄帝为始的古帝系更迭的模式。编者将黄帝以前时代定义为有酋长无君主时代，将黄帝时代定义为文化端绪渐启并逐渐过渡为君主统

---

① 梁启超：《中国史叙论》，夏晓虹，陆胤校：《新史学》，第 77 页。
② 梁启超：《中国史叙论》，夏晓虹，陆胤校：《新史学》，第 79 页。
③ 邬国义：《梁启超史学思想探源》，《社会科学》，2006 年第 6 期。
④ 《东洋史要》为桑原骘藏《中等东洋史》的汉译名，1899 年由东文学社出版。
⑤ 丁保书：《蒙学中国历史教科书》，上海文明书局，1903 年。

治的时代。① 姚祖义所编写的《最新初等小学中国历史教科书》（1904）和
《最新高等小学中国历史教科书》（1904）则沿用了中国传统通史的述法，从
盘古到三皇再至五帝，编者将有巢氏以来作为人事初开期，伏羲、神农时作为
中国开化期，黄帝及尧舜时期作为文化益备期，② 后者在篇首处还添加了"历
朝国统"一节总述中国朝代的更迭。可以说，从这几本书的开端叙述中多多
少少能看出一些社会进化史观的影子，但总体而言，这种叙述仍然较多地体现
了传统史学意识以及清政府所要求的忠君的教育要义。在清末的中国历史教科
书中最早显现出新史学意识的当推夏曾佑所编《最新中学教科书中国历史》
（1905），梁启超是这样评价夏氏所编教科书的起源叙述的："他对中国历史有
崭新的见解——尤其是古代史，尤其是有史以前。"③

《最新中学教科书中国历史》以"篇—章—节"为体例，在书的开端均论
及人种以及时代区分等，在形式上显然是受到了日本人所编历史教科书的影
响，在内容上却比后者要精细许多。夏曾佑对包牺氏、女娲氏、神农氏、黄
帝、颛顼、帝喾、尧、舜等三皇五帝的政教事迹以及文物的发明都有详细的记
述。在时代的区分上，他断然将开辟至周初时代称为传疑时代，将炎黄以前的
时代称为神话时代。夏氏是最早在中国的历史教科书中使用"神话"一词的
人，而他对中国神话的认识正是聚焦于三皇五帝的事迹。在"上古神话"一
节中夏氏论及并列举了三皇五帝诸说以及相关文献记载，他意识到三皇五帝之
名最早出现在周初，认为三皇五帝之说之所以众说纷纭"大抵皆秦汉间人，
各本其宗教以为言"。④ 在"尧舜"一节中，他对此有更为详细的论述：

> 孔子删书，断自唐虞，故儒家言政治者，必法尧舜，孟子所谓先王（由
> 三代前推之）。荀子所谓后王也（由五帝后数之）。九流百家，托始不同，墨
> 子言禹，道家言黄帝，许行言神农，各有其所宗。即六艺之文，并孔子所述
> 作，而托始亦异。《诗》惟见禹、汤、文、武，《易》备五帝，《春秋》法文
> 王，惟《书》首尧、舜，其意深矣。⑤

六经为孔子托古改制而作是清末康有为《孔子改制考》（1897）中的主要

---

① 丁保书：《蒙学中国历史教科书》，第 1 页。
② 姚祖义：《最新初等小学中国历史教科书》，商务印书馆，1904 年，第 1 页。丁保书和姚祖义
编写的教科书都是清末影响比较大的教科书。其中《蒙学中国历史教科书》继续使用到民国时期，
1913 年达到 38 版，《最新初等小学中国历史教科书》至 1910 年出到 22 版。参见刘超：《历史书写与认
同建构：清末民国时期中国历史教科书研究》，第 62-65 页。
③ 梁启超：《亡友夏穗卿先生》，新缘文学社编：《名家传记》，上海文艺书局，1934 年，第 2 页。
④ 夏曾佑：《最新中国教科书中国历史》，商务印书馆，1914 年，第 9 页。初版：1905—1906 年。
⑤ 夏曾佑：《最新中国教科书中国历史》，第 27 页。

观点，该书指出"三代以上，茫昧无稽……六经中先王之行事，皆孔子托之，以明其改作之义"①。作为近代最有影响力的今文经学者，康有为曾在《新学伪经考》（1891）中抨击古文经是刘歆为王莽篡汉提供理论依据而伪造的伪经，他视孔子为作六经、托古改制的"素王"，通过树立改制的孔子形象以寄托自己维新变法建立大同世界的理想。康氏所谓太古之事无法考证之说事实上是否定了三皇五帝史统作为信史的地位，从而解构了其在中国文化系统中的神圣性，《孔子改制考》两度被清政府列为禁书自有其中原因。这一点在第三章也有所述。但是，康氏树立起的作为改革家的孔子旗帜并不能填补被他所打倒的上古史，正如周予同所指出的，康氏是一个"彻头彻尾的经学家"，他的目的在于"假借经学以谈政治"，只是其结果不乏"给予史学以转变的动力，破坏儒教的王统与道统"的一面。②夏曾佑在《最新中学教科书中国历史》的"儒家与方士之分离即道教之始"一节中重复了《新学伪经考》的观点，表明"本编亦尊今文学者"③，显示了作为一个今文经学家的态度。从上述引文来看，他的疑古思想当承袭自康有为的学说，不乏一个今文经学家的政治自觉。但是作为一个作史者，夏氏显然不能只如康氏一般将三皇五帝史统彻底抛入虚无。夏氏的做法是将古帝的史统还原为神话，再以进化论来解释神话。如他以为包牺氏教民结网渔猎、制嫁娶之礼标志着其时由渔猎社会进入游牧社会，由知有母而不知有父阶段进化为家族产生的阶段，神农氏发明耒耜及尝百草，标志着由游牧社会进入耕稼社会。他指出：

故凡今日文明之国，其初必由渔猎社会，以进入游牧社会。自渔猎社会，改为游牧社会，而社会一大进……故凡今日文明之国，其初必又由游牧社会，以进入耕稼社会，而社会又一大进……我族则自包牺已出渔猎社会，神农已出游牧社会矣。……综观伏羲、女娲、神农三世之纪载，则有一理可明。大凡人类初生，由野番以成部落，养生之事，次第而备，而其造文字，必在生事略备之后。其初，族之古事，但凭口舌之传，其后乃绘以画，再后则画变为字。字者，画之精者也。故一群之中，既有文字，其第一种书，必为记载其族之古事，必言天地如何开辟，古人如何创制，往往年代杳邈，神人杂糅，不可以理求也。然即为其族至古之书，则其族之性情、风俗、法律、政治，莫不出乎其间。而此等书，当为其俗之所遵信，胥文明野蛮之种族，莫不然也。中国自黄

①　康有为：《孔子改制考》，中华书局，1958年，第279页。

②　周予同：《经学与经学史》，上海人民出版社，2012年，第172、176页。

③　夏曾佑：《中国古代史》，杨琥编：《夏曾佑集》，上海古籍出版社，2011年，第1003页。《最新中国教科书中国历史》1933年改名为《中国古代史》。

帝以上，包牺、女娲、神农诸帝，其人之形貌、事业、年寿皆在半人半神之间，皆神话也。故言中国信史者，必自炎黄之际始。[①]

可以看出，夏氏是在以包牺氏和神农氏的记载来套用社会进化论，描述中国社会由渔猎社会进入游牧社会继而进入农耕社会的发展脉络，这其实是对中国这一文明体之文明的追本溯源。夏氏西学思想的源头难以细考，但他在戊戌变法（1898）之前既已接触过严复译自赫胥黎的《天演论》（1897）和斯宾塞之学。[②] 20 世纪初的中国，关于社会进化论的介绍和翻译业已出现，如严复译自斯宾塞的《群学肄言》（1903），融合了斯宾塞《社会学原理》和摩尔根（Lewis Henry Morgan）《古代社会》的日本学者贺长雄的著作《人群进化论》于 1903 年也由广智书局出版面世，社会进化的观念逐渐成为知识分子中一种较为普遍的认知，这从前面所列教科书的编写内容也可窥得一斑。夏氏曾为严复翻译自甄克斯（Edward Jenks）的《社会通铨》（1903）作序，据笔者的考证，夏氏对于耕稼社会晚于游牧社会的认识应该源于《社会通铨》的"耕稼民族分"一章，而对于婚制和社会阶段的理解则来自"宗法通论分"一章。[③] 而前列引文中夏氏对于文字源于图画的认识似来自曾广铨和章炳麟译述的斯宾塞的《论进境之理》（1898）一文。[④]

夏氏也是中国较早接触神话的学者之一，他在教科书"中国种族之原"一节列举巴比伦神话以证明汉族西来说的谬误，在"女娲"一节也曾以巴比伦神话与女娲造人神话进行对比。从前述夏氏所述来看，他指出"其族至古之书，则其族之性情、风俗、法律、政治，莫不出乎期间"事实上是将神话视作孕育一国文明的源流，在《论变法必以历史为本》（1905）一文中他也曾明确地将地形、生计、风俗、宗教、政治列为"一群之人立一国"的要端和历史之本。[⑤] 可以说，他对于神话价值的认识在当时是有着超前性的。在这样的认识下，社会进化论成为了一个有效的话语转换装置，通过这个装置，传统的三皇五帝史统虽然不再被看作信史，但也没有变为彻底的空白，而是转身变成了中国文明的源流。事实上，从教科书第二册的凡例来看，对于文明史的追溯已经成为夏氏自身的编纂用意之一，他所谓"总以发明今日社会之原为主"

① 夏曾佑：《最新中国教科书中国历史》，第 13 页。
② 据 1987 年梁启超所作《与严幼陵先生书》可知。参见周予同：《经学与经学史》，第 178–179 页。
③ ［英］爱德华·甄克斯著，严复译：《社会通铨》，北京时代华文书局，2014 年，第 21、48 页。
④ 章炳麟：《章太炎全集 译文集》，《斯宾塞尔文集》，上海人民出版社，2015 年，第 11 页。
⑤ 夏曾佑：《论变法必以历史为本》，《东方杂志》，1905 年第 2 卷第 8 期，第 152 页。原文署名为"别士"，系夏曾佑之号。

的意图中便包括"关乎社会者，如宗教、风俗之类"在内。① 他所编教科书的第一册中便包含了孔子前后的宗教以及老子、墨子之说，第二册中则有道教、佛教、文学源流、两汉官制等内容。夏氏所编历史教科书被周予同评价为今文经学、进化论和日本东洋史体裁的糅合，② 而这种糅合的背后无疑有着新史学意识的指导。当时，既对经学有新的主张又对中国通史编纂深怀兴趣的学者不止夏氏一人，章炳麟也为其中一人。在章氏所拟定的《中国通史略例》的目录中，章氏专设"典"一类叙述各类制度。他指出：通史如西方的社会学"静以臧往，动以知来……有典则人文略备，推迹古近，足以臧往矣"，而在记述有名帝王和历史人物的《考纪》和《别录》类中，章氏认为"非有关于政法、学术、种族、风教四端者……一切不得入录"。③ 这些都显示了当时的知识分子在新史学意识下建构中国文明史的急迫心情。

但是，必须指出的是，夏氏的历史起源叙述与章氏思想并不相合，而且存在着一个很大的漏洞。他一方面指出中国古帝史统为秦汉间宗教家所言，相信尧舜之说都为孔子托古改制而作，一方面却将古帝事迹作为中国上古的神话加以利用，并没有说明上古神话与秦汉之际古帝说形成的有机联系。这与章炳麟从历史的发生和源流处去看待神话有着明显的不同（详见第三章）。章氏是通过将六经还原为史从而解构了六经的神圣性，夏氏作为一个今文经学家当然不能容忍这一说法，因为颠覆了六经的神圣性事实上也是颠覆了他们所相信的孔子作六经托古改制的神圣性。他指出："盖经即为史，则不过记以往之事，不能如西汉之演图比谶，预解无穷矣。而其结果，即以孔子之宗教，改为周公之政法。"④ 从革命思想的彻底性而言，其与章氏相比高下立见。而章氏《訄书》重订版从《订孔》述起本就是针对康有为等今文经派的尊孔主张而谈。从学术建构而言，夏氏的论述由于在学理上不够严密曾被古史辨派领军人物顾颉刚斥为"拿辨伪做手段、把改制作目的，是为运用政策而非研究学问"⑤。但无论如何，从客观结果而言，夏氏的疑古思想毕竟对三皇五帝史统的神圣性和中国君主统治政体的理论合法性造成了冲击。在这一点上，作为今文经学家的夏氏和作为古文经学家的章氏也可以说是达到了殊途同归。

有学者对 20 世纪 20 年代前后的中国历史教科书做过统计，根据统计可知20 年代之前的教科书基本都以有巢式、伏羲氏、黄帝、唐虞作为信史的开端，

① 夏曾佑：《中国古代史》，杨琥编：《夏曾佑集》，第 947 页。
② 周予同：《经学与经学史》，第 184 页。
③ 章炳麟著，朱维铮校：《訄书（初刻本、重订本）》，中西书局，2012 年，第 279 页。
④ 夏曾佑：《中国古代史》，杨琥编：《夏曾佑集》，第 1003 页。
⑤ 顾颉刚：《古史辨第一册自序》，《顾颉刚古史论文集·卷一》，第 38 页。

而在 20 年代之后，随着中国考古活动的开展和发现，历史教科书开始将三皇五帝视为传说和神话，从社会进化的角度去处理古史的史料。[1] 这种做法与夏氏的做法基本上是一致的。而从 1933 年出版的《复兴高小历史教科书（高小用）》来看，该书以"新发现的石器"作为第一章，以清末以来甲骨的发现以及当时从辽西到青海的考古成果来印证传说"茫昧难以凭信"[2]，这种认识与当时的古史辨运动主张显示了高度的一致。综合来看，夏曾佑在中国神话的认识以及在中国通史的编纂意识方面的确是一位先驱人物。在 20 年代之前，继夏氏之后，从神话的角度认识中国上古史的历史教科书也仅有章嶔所作《中学中国历史教科书》（1908）和潘武所作《中华中学历史教科书》（1912）。这两本书都对神话做了一定的解释。如章嶔指出："有史以前无记录，但凭口述，口述流传衍为神话。"他将盘古开天辟地到伏羲之前视为无记录的神话时代。对于伏羲之后的三皇五帝，他虽然也有一定的怀疑，指出"古初记录荒佚，庶事简析，儒者托想羲农或企之为盛治，然据社会进化之理推之，觉彼时初民日用饮食之事，皆无足达生人满欲之望"，但仍将伏羲以后作为有记录的历史。[3] 潘武的神话认识与章嶔相同，也沿用了夏氏"传疑时代"的说法，但是他视为神话和传疑时代的是从盘古开天辟地到天皇地皇人皇这一段时期，将燧人伏羲以后皆视为信史。[4] 这两本教科书在对神话的理解和判断上远不如夏氏深刻，但在体裁上和对文明史的追求上，一边疑古一边信古上都与夏氏著述相似。这确实反映了当时知识分子在构筑中国通史过程中只能囿于古代文献的一种困境。而这似乎也为轰轰烈烈的古史辨运动的到来埋下了伏笔。

本章小结

清末知识分子对民族源流的追寻和构筑表现为两种途径和两种改造：第一条途径是对西方人建构并经过日本中转进入中国的"汉族西来说"的改造。中国对"汉族西来说"的接受并不是一种全盘和均质的接受，西来说所建构的黄帝率领巴克一族进入中国战胜土著民族的话语在中国的土壤被阐发和具化

---

① 刘超：《历史书写与认同建构：清末民国时期中国历史教科书研究》，第 260-264、275-280 页。

② 徐映川编，王云五校：《复兴高小历史教科书（高小用）》，商务印书馆，1933 年，第 1 页。

③ 章嶔：《中学中国历史教科书》，上海文明书局，1908 年，第 2-3 页。

④ 潘武：《中华中学历史教科书》，中华书局，1913 年，第 12-13 页。初版：1912 年。

后并产生了新的神话，它成为黄帝征战四方战胜异族的伟业，成为汉族和苗族的战争，而且后者更被视为欧洲和中国强弱悬殊的现实反映。西来说与混合了西方体质人类学和社会达尔文主义的清末知识分子所理解的"民族"概念相遇，成了配合树立"黄帝"民族符号和排满派基于民族竞争意识的"驱除鞑虏"主张的有力说辞，也配合了其时知识分子对以"文弱"为关键词的中国文明性质、国民性的批判和对塑造"尚武"的"新民"理想的追求。本土化了的西来说是清末知识分子在亡国灭种危机意识下的一种应急反应，也是中华民族自觉化曲折进程中的一个侧面。作为一种以狭隘的汉族中心主义为特征的政治话语，西来说建构的民族源流很快被证实为荒谬并遭到批判。但是，为配合西来说，《山海经》《穆天子传》《竹书纪年》等古籍被调出，而黄帝、蚩尤、盘古、昆仑山等神话材料被重新发现并加以重构，其中浮现的一些问题，如有关蚩尤的族属，苗族的源流的讨论一直延续至今，而神话作为鼓动民心的力量也得到了认识。清末知识分子构筑民族源流的第二条途径是对本国历史资源三皇五帝史统的改造。三皇五帝史统是中国传统经学所塑造的道统和王统的基础。在中国近代最早的中国通史编纂活动——历史教科书的编写中，作为历史起源的三皇五帝史料的处理显示了传统史学和新史学意识的复杂交织。一方面三皇五帝的政教事迹作为信史出现，实践了清政府教育要义的"忠君爱国"要求，一方面三皇五帝史统被视为秦汉宗教家所创造的神话，其信史地位受到怀疑。不过，在西方和日本文明史观影响下出现的新史学革命要求编纂以民族的发展为主脑的国民文明史，因此在后者的叙述中，中国的历史起源并没有变为空白，通过进化论这一有效的话语转换装置，中国的神话传说被套用于社会不同进化阶段，神话也被视为孕育一国文明的源流，圣王体系转变成了中国文明的源流。但是，这种认识忽视了神话的自然发生而将其作为后世宗教家的伪造，它被视为一种政治上的诉求而非学术的建构。清末知识分子对于民族源流的建构虽然显示了不同的路径，但是这两者并非各自独自进行，汉族西来说也是清末历史教科书中常见的起源叙述。两者都是在新史学意识的指导下，通过民族源流和民族史的建构塑造民族精神，寻求民族认同，为建立现代民族国家打下基础。从这个意义上而言，两者的前提和目的是一致的。而在这一过程中，神话材料被挖掘、被重构，神话作为信史的对立面被认识和重估。这些都说明，清末的知识分子已经开启了神话学于民族认同建构的意义，尽管此时它的政治意义大于学术意义。

第五章　神话学与史学的分离交织：疑古与释古

　　中国古史的形成有宗教、政治与神话的相互交叉渗透，有权力政治集团对神话的利用和改造，它最终又以信史的面目出现。正因如此，中国的神话学一开始就与经学、三皇五帝的史统以及谶纬思想发生了密切的联系，这些关注点背后有着共同的政治和学术追求，表现为在新史学观指导下重新认识和重新解读原本以帝王世系为中心的中国上古史。这些早期研究的聚焦点也预示了关于古史和神话的讨论将会在更广和更深的层面继续。五四运动之后，伴随着西学东渐的广度和深度的加大，西方史学、神话学、人类学、考古学等知识进一步得到了介绍和传播，再加上 19 世纪末以来甲骨文和殷墟的陆续发现，这些都为从新的角度认识古史和神话提供了前提条件。新文化运动和整理国故运动（详见第六章）的蓬勃展开，一方面促进了对于旧史统和观念的打破，另一方面推动了中国史学和神话学学科建构的自觉，史学和神话学都要求厘清各自的概念和研究对象。以顾颉刚为代表的古史辨派正是在这样的背景下于 20 世纪的 20 年代应运而生。古史辨派的辨伪其目标是将神话剥离出历史，其认识的核心是"古史（神话）的人化"。20 年代中期以后，随着中国神话学科自觉建构意识的萌生，对于以古帝世系为中心的上古史的探讨在神话学研究领域也开始浮现与展开，"古史的人化"转化为了茅盾和冯承钧等人提出的"神话的历史化"，而郑振铎、陈梦家则力图在神话中寻找真实的历史，傅斯年明确提出用包括神话在内的各种史料重建古史。以上以及信古的态度形成了冯友兰于 1938 年所提出的"中国现在史学界之三种趋势，即疑古，信古及释古"①。本章追溯中国史学和神话学领域中古史和神话话语的纠缠，考察将两者分离与融合的言说。

---

　　① 冯友兰：《冯序》，罗根泽编：《古史辨》第六册，开明书店，1938 年，第 1 页。冯友兰所说的信古、疑古与释古是指对如何认识史料的态度。信古是指对史料"不加以审查而即直信其表面价值"，疑古是指"审查史料"，释古是指"将史料融会贯通"。

第一节　古史辨派对神话与历史的认识

一、顾颉刚辨古史的政治理想

古史辨运动的发端可追溯到 1923 年顾颉刚所发表的《与钱玄同先生论古史书》一文，在此文中，顾氏提出了"时代愈后，传说的古史期愈长"，"传说中的中心人物愈放愈大"之"层累地造成的中国古史"说，[①] 引起了学术界的震荡。古史辨派的研究成果主要收录于从 1926 年至 1941 年陆续出版的七册《古史辨》中。其中，第一册主要收录了这一运动的发起人顾颉刚、钱玄同、胡适三人的文章。此后，伴随着影响力的扩大，越来越多的学者加入了讨论。从《古史辨》后六册的收录文章来看，钱穆、吕思勉、童书业、罗根泽、蒙文通、杨宽等近代史学领域的奠基者都是主要撰稿人，梁启超以及王国维的文章也有收录入内。1941 年《古史辨》第七册的出版标志着轰轰烈烈了将近 20 年的古史辨运动渐渐趋于平淡。童书业在这一册的序中回顾和总结了这一运动所得出的"相对结论"：

> "三皇""五帝"的名称系统和史迹，大部分是后人有意或无意假造或讹传的。"皇""帝"的名号本属于天神，"三""五"的数字乃是一种幼稚的数学的范畴，"三皇""五帝"和古代哲学与神话是有密切的联系的。大约：盘古，天皇，地皇，泰皇（或人皇），决无其人；燧人，有巢，伏羲，神农，也至多是社会进化的符号。至于黄帝、颛顼，帝喾，尧，舜，鲧，禹等，确实有无其人虽不可知，但他们身上附有很多的神话，却是事实。把这些神话传说剥去，他们的真相也就所剩无几了。至启以下的夏史，神话传说的成分也是很重，但比较接近于历史了。到商以后，才有真实的历史可考。总而言之，夏以前的古史十分之七八是与神话传说打成一片的，它的可信成分贫薄到了极点！[②]

可以说，古史辨派的结论基本上完全推翻了中国古籍中记载的商代以前的

---

① 顾颉刚：《顾颉刚古史论文集·卷一》，中华书局，2011 年，第 181 页。初出：《读书杂志》1923 年第 9 期。

② 童书业：《古史辨》第七册序，马昌仪选编：《中国神话学百年文论选（上册）》，陕西师范大学出版总社有限公司，2013 年，第 289 页。初出：开明书店，1941 年。

历史。他们的观点至今左右着史界对于中国古史的认识。1996 年启动的"夏商周断代工程"的出发点不乏对这一论断的反动。古史辨派并非横空出世，正如古史辨运动的发起人和领军人物顾颉刚本人而言："古史辨不曾独占一个时代，以考证方式发现新事实，推倒伪史书，自宋到清不断地在工作，古史辨只是承接其流而已。"① 钱玄同也曾指出，中唐以后中国就出现了不少具有疑古意识的学者，但是真正让六经显现其真面目的还是在清代以后，一方面得益于戴震、段玉裁、俞樾、章炳麟等经学家讲通文义，一方面得益于阎若璩、姚际恒、崔述、康有为等人推翻伪经。② 根据顾颉刚的自述，他辨古史的指导思想从远的来说起源于郑樵、姚际恒和崔述："崔东壁的书启发我'传、记'不可信，姚际恒的书则启发我不但'传、记'不可信，连'经'也不可信。郑樵的书启发我做学问要融会贯通，并引起我对《诗经》的怀疑。"③ 从近的来说，康有为、章炳麟、夏曾佑的学说等都给予过他启发，钱玄同对于今、古文经注释的不满、罗振玉和王国维在考古学方面的贡献都对他致力于扫清伪史并建立信史体系的学术目标有直接的推动作用。此外，他在北京大学预科求学期间（1913）于京剧观剧中悟到的戏剧的变迁和分化、为北京大学歌谣学会搜集歌谣过程中（1917）悟到的歌谣的分化演变、胡适考证故事变迁的方法也培养了他以演进的方式审视古史的眼光。④

　　直接引起顾颉刚对古史怀疑的历史人物为禹，其次为尧和舜。在与钱玄同的信中，他根据史料的记载指出以下四点：1. 禹于西周的观念中为神，于鲁僖公时确已为人；2. 禹最初为夏铸的九鼎上的一种动物，和夏的始祖并无关系，后世的人追溯禹出于九鼎，将其作为夏的始祖；3. 东周初年的文献中只有禹，东周末年的文献中出现了尧和舜，《论语》之后儒家为鼓吹尊贤主义而发明禅让之说，因而尧舜的事迹日益完备，这才有了《尚书》中的《尧典》《皋陶谟》《禹贡》等篇；4. 从战国到西汉，尧舜之前加上了许多古皇帝。⑤ 之后，钱玄同在《答顾颉刚先生书》中呼应了顾颉刚的看法，也借此提出了自己对古史的主张。作为章炳麟的弟子，他并不赞同康有为所提六经为孔子托古改制而作之说，但力陈六经多为后世儒者托古而作，尤其认为《尚书》和

---

① 顾颉刚：《我是怎样编写古史辨的?》，《顾颉刚古史论文集·卷一》，第 174 页。初出：《中国哲学》第 2、6 辑，1980 年，1981 年。

② 钱玄同：《答顾颉刚先生书》，《顾颉刚古史论文集·卷一》，第 198 页。初出：《读书杂志》1923 年第 10 期。

③ 顾颉刚：《我是怎样编写古史辨的?》，《顾颉刚古史论文集·卷一》，第 159 页。

④ 顾颉刚：《我是怎样编写古史辨的?》，《顾颉刚古史论文集·卷一》，第 16–44、152–165 页。

⑤ 顾颉刚：《顾颉刚古史论文集·卷一》，第 182–186 页。

《春秋》信史价值不高。钱玄同几乎全盘否定了六经的价值，他说："'六经'底大部分固无信史价值，亦无哲理和政论底价值"，"'六经'在古书中不过九牛之一毛，但它作怪了二千多年"。① 这种论断是真正意义上的"离经叛道"，在以"德先生"和"赛先生"为代表的五四精神的疾风骤雨下，六经几无容身之地。

顾氏的观点发表之后，受到了时为南京高等师范学校的学生、史学大师柳诒徵的弟子刘掞藜以及胡适族叔胡堇人的质疑，其中刘掞藜以比较详细的文献考证指出了顾颉刚在考据上的不足。针对质疑，顾氏完成了《答刘胡两先生书》以及《讨论古史答刘胡二先生》。在前者中顾氏表明了自己对于古史的态度，在后者中则针对具体的问题进行了辩驳，并对自己的论说体系进行了证据的补充和修正完善。在他看来，信史建设的第一步是分出信史和非信史，而在推翻非信史方面应具备以下四项标准：1. 打破民族出于一元的观念；2. 打破地域向来一统的观念；3. 打破古史人化的观念；4. 打破古代为黄金世界的观念。顾氏的以上四点认识是互相密切联系的。首先，推翻民族源于一元和地域向来一统的观念是在强调春秋以来国家和民族的合并导致"种族观念渐淡而一统观念渐强，于是许多民族的始祖的传说渐渐归到一条线上"，这其实是推翻了中国千百年来百代帝王一统世系的观念。其次，顾氏所谓的"古史的人化"是建立在他对古史的认识基础之上的，他认为"古人对于神和人原没有界限，所谓历史差不多完全是神话"，是"前人的想象祭祀之实"，表现在古代文献中即为人与神的相混。春秋末期以后人性发达，诸子把"神话中的古神古人都'人化'了"，而神话的"人化"之极的结果是古代被塑造成了黄金世界，而这不过是战国时期的政治家将"王功"与"圣道"相结合的结果。② 这两点看法等于摧毁了上古帝王世系在中国传统文化中的政治价值和教化功能。

在1933年出版的《古史辨》第四册的自序中，他对以上的认识进一步进行了阐发，指出：帝系是种族的偶像；王制为政治的偶像；道统为伦理的偶像；经学是学术的偶像，"这四种偶像都建立在不自然的一元论上……这四种一元论又归于一，就是拿道统说来统一切"，因而拆除这些伪造的体系就可以使"古人不成为现代的领导者"，"古史不成为现代的伦理教条"，"古书不成为现代的煌煌法典"。③ 可以说顾氏对于宗教、政治和神话的交叉互渗的认识

---

　① 顾颉刚：《顾颉刚古史论文集·卷一》，第189、198页。初出：《读书杂志》1923年第10期。

　② 顾颉刚：《顾颉刚古史论文集·卷一》，第202-204页。初出：《读书杂志》1923年第11期。

　③ 顾颉刚：《顾颉刚古史论文集（卷一）》，第110-117页。初出：《古史辨》第四册，1933年3月，樸社。

是清晰的，他辨古史的目的也是明确的。发表于 1935 年的《战国秦汉间人的造伪与辨伪》一文被顾氏自认为是中国造伪和辨伪历史的一个"鸟瞰"。① 这篇文章也可看作对其古史态度的更为具体化的表达。他指出战国以前的古史是民神杂糅的传说，是宗教的；战国、秦、汉期间，由于"世官的破坏，种族的融合，地域的扩张，大一统制度的规划，阴阳五行原理的信仰"等原因立了许多应时的学说，杜造了许多古史并经由司马迁和郑玄等人之手进一步变得齐整。② 在 30 年代，顾氏又先后发表了《五德始终说下的政治和历史》（1930）、《汉代学术概论》（1935）、《三皇考》（1936）等系统性的研究，对以上观点进行了详细的考证和论证。可以说，顾氏辨古史的目的始终是不脱离推翻帝系、王制、道统和经学偶像这四点的。

二、"古史的人化"背后的学术理想及其局限

顾颉刚的《答刘胡两先生书》发表之后，刘掞藜针对这篇文章又做了回复，他对于顾氏所提第 3 点中"古人对于神和人原没有界限，所谓历史差不多是神话"之说提出了反对。刘掞藜并非信古派，并不反对古史中多神话之说，但他认为"古今以鬼以兽等名人者多矣"，这说明人和兽或神的相混、人和神没有界限的说法是不通的。而且他还指出，有许多伟人，后人因感谢他们的恩惠才将其祀为神。换言之，在刘掞藜看来，上古史并非完全是神话，而且人也可以神话化。由此，刘掞藜表明了自己更为谨慎的态度："对于经书或任何子书不敢妄信，但也不敢闭着眼睛，一笔抹杀。"③ 可以看出，这时顾颉刚和刘掞藜对于神话的理解是比较粗浅的，他们判断神话的标准仅仅是人与神相混与否。但刘掞藜所提"人的神话化"也不能说没有依据和道理。中国古史中的帝王感生神话如《诗经·商颂·玄鸟》中的玄鸟生商、《诗经·大雅·生民》中的姜嫄履迹而孕等便是最突出的例子，更不用说这种话语模式经过后世谶纬家的附和又生产出多少"新神话"。在中国，早在 1913 年就有学者蔀诲从宗教和政治的角度对帝王感生神话的发生进行过专门的论述。他指出："若夫宗教与政治之分科非初民脑中所有物，故为一群之长自必兼执身心之两权以管领其部下，惟身之制裁易而心之感化难，非有神奇之事迹怪异之行为不足以慑其

① 此文于 1936 年改名为《崔东壁遗书序》，发表于 1980 年，在《崔东壁遗书》准备再版之时，顾颉刚本打算再补上汉以后的部分，但未能如愿就去世了。汉以后部分为顾颉刚的学生王煦华根据旧有的草稿整理并补充完成。参见：顾颉刚编订：《崔东壁遗书》，上海古籍出版社，2013 年，第 1 页。

② 顾颉刚编订：《崔东壁遗书》，上海古籍出版社，2013 年，第 1-35 页。

③ 刘掞藜：《讨论古史再质顾先生》，顾颉刚：《顾颉刚古史论文集·卷一》，第 257-269 页。初出：《读书杂志》1923 年第 13-16 期。

志而使之畏动其情，而使之欣平其气，而使之柔。此自古宗教必依神秘以自立，皆与感生无父之说有同样之传闻，而神权政治所以易行于初民也。"① 这一段论述比较透彻地指出了宗教、政治和神话的相互依附关系，也说明了人（掌权者）被神话化的过程。

顾颉刚在《答刘胡两先生书》中明确表明自己的古史观是以胡适所提的古史大旨为骨干的。胡适的古史大旨接受了当时的一些考古成果，如对甲骨文字的研究，还有发掘渑池石器时代文化（即仰韶文化）的瑞典考古学家安特森（J. G. Anderson）② 所提出的商疑似新石器时代的观点。他认为《商颂》所记玄鸟生商为商民族神话传说，所以这一时期的历史不可考，"应该向'甲骨文字的系统的研究'里去寻史料"。他还指出，由于夏民族的史料不够用，"只好置之于'神话'与'传说'之间，以俟将来史料的发现"。③ 也就是说，胡适认为神话是不能作为信史的，当神话无法还原信史时，唯有以考古资料建立信史。胡适对于典籍中古史的不信任从其 1919 年出版的《中国哲学史大纲》中即可见端倪，他将孔子和老子以前的三皇五帝等历史归为伪史全部砍去。值得注意的是，不久后的 1921 年，王国维发表《殷卜辞中所见先王先公考》④，以殷卜辞中的"王亥"证实了《山海经》《竹书纪年》中记载的殷之先公王亥为历史上真实的存在。考古发现与神话传说中的历史的互证并不罕见，德国考古学家海因里希·施里曼（Heinrich Schliemann）正是根据《荷马史诗》于 19 世纪 70 年代以后陆续发现了特洛伊古城和迈锡尼古城。胡适的提议虽然可见当时甲骨卜辞研究的影响，然而，从上述论述也可以看出他并没有认识到他所不信任的古史中蕴藏着真实的历史。顾氏对于神话和历史的认识也是和胡适如出一辙的，正如他对自己工作的评价："我的工作，在消极方面来说，是希望替考古学家做扫除的工作。"⑤ 十年后，郑振铎在《汤祷篇》中对这种认识进行了的批判，他说："自从人类学、人种志和民俗学的研究开始以来，我们对于古代的神话传说，已不仅视为原始人里的'假语村言'了；自

---

① 萜海：《老学究语：中国古代之哲学·附录：古帝感生之神话》，《进步》，1913 年第 3 卷第 6 期，第 2 页。萜海，原名范子美，早年曾先后出任《苏报》《实学报》等刊物记者，1900 年，与美国传教士林乐知（Young J. Allen）相识，逐渐倾向于西学并成为基督教徒，从 1902 年开始任林乐知主办的《万国公报》的编辑。据笔者所见，他是较早从宗教和政治角度认识中国帝王感生神话的学者。他在这方面的研究还可见 1924 年发表的《研究：中国古代帝王与三大主教诞生的神话考》，里面提到了耶稣诞生神话对他的启发。参见《生命》，1924 年第 5 卷第 3 期，第 12—20 页。

② 又译为安特生。1921 年冬，安特生和袁复礼首次挖掘渑池仰韶文化遗址。

③ 顾颉刚：《答刘胡两先生书》，《顾颉刚古史论文集·卷一》，第 201 页。

④ 此文创作于 1917 年，首发于《观堂集林》卷九，乌程蒋氏刊行，1921 年。

⑤ 顾颉刚：《古史辨》第二册自序，《顾颉刚古史论文集·卷一》，第 96 页。初版：1930 年，樸社。

从萧莱曼（即施里曼）在特洛伊废址进行发掘以来，我们对于古代的神话和传说，也已不复仅仅把他们当作是诗人的们的想象和创作了。我们为什么还要常把许多古史上的重要的事实，当作后人的附会和假造呢?"① 从顾颉刚和刘掞藜争论的焦点来看，他们的争论正在于"禹是否具有神性"，即禹到底是历史上真有其人还是神话人物这一问题。这一点与古史辨派对古史的理解息息相关，正如杨宽所指出的："传说中之圣帝贤王……其原形无非为上天下土之神物。神物之原形即显，则古代之神话可明，神话明则古史传说之纷纭缴绕，乃得有头绪可理焉。"② 可以说古史辨运动欲运用神话这一武器去解构古史时，他们已经将神话放在了历史的对立面。

顾颉刚虽然以辨伪史为己任，但他并没有如钱玄同一般彻底否认古史的价值。他曾不止一次表示古史（神话和传说）虽然不能考出当时的政治史，却可以反映出真实的宗教史。③ 他虽然将古史定位为神话传说否定其信史的性质，却认为古史可以代表整合创作它的那个时代的真实的历史。④ 这一认识与意大利史学家克罗齐所言的"一切真历史都是当代史"似乎有不谋而合之处。克罗齐认为："只有现实生活中某一兴趣才能发动一个历史家研讨过去底事实。这过去底事实并不针对着一种过去底兴趣，而是针对着一种现时底兴趣，因为它与现实生活底兴趣打成一片。"⑤ 顾氏所提出的"古史（神话）的人化"即是用演进的视角来审视古史与后世的"现时兴趣"的交叉，与克罗齐所不同的是他完全否认了古史中的真实的历史要素，而且他的重点在于强调"人化"，即后世的造伪。客观而言，"神话的人化"和刘掞藜所提"人的神话化"从哪一方面而言都不能算错，但却是一个蛋生鸡还是鸡生蛋的悖论，这其实是创造了一个绝对的二元对立关系。事实上，将神话与古史分离，"把神话与传说从古代的载记中，后世的小说诗歌戏剧以至道经善书中整理出来，使得二者互相衔接，成为一贯的记载"⑥ 正是顾氏辨古史建立信史的愿望外的另一个愿望。可以说，将神话和历史各归其位，顾颉刚的这一愿望正是建立在近代学术

---

① 郑振铎：《汤祷篇》，马昌仪编：《中国神话学百年文论选》，陕西师范大学出版总社有限公司，2013年，第113-114页。初出：《东方杂志》1933年第30期。

② 杨宽：《中国上古史导论》，上海人民出版社，2016年，第286页。本文作于1938年，后收录于1941年出版的《古史辨》第七册。

③ 顾颉刚：《答刘胡两先生书》，《顾颉刚古史论文集·卷一》，第203页；顾颉刚：《三皇考》，《顾颉刚古史论文集·卷二》，第27页。

④ 顾颉刚编订：《崔东壁遗书》，上海古籍出版社，2013年，第34页。

⑤ 朱光潜：《克罗齐的历史学》，于沛主编：《20世纪中华学术经典文库·历史学》，兰州大学出版社，2000年，第236页。

⑥ 顾颉刚：《论古史研究答李玄伯先生》，第314页。《顾颉刚古史论文集·卷一》，初出：《现代评论》1924年第1卷第3期。

分科制度的要求之上的。

顾颉刚是以史学本位来思考神话和古史的，正因如此，他致力于辨伪，将神话清除出古史，并将新的古史的建立寄托于考古学的发现。对于这种方法，古史辨内部也有不同意见，如杨宽就指出顾氏的研究是为了"推翻古史而涉及神话的探索……所用的考订方法依然停留在辨伪这个目的上，没有把所有古史传说中的神话全部还原过来，更没有正式运用神话学的方法对古史传说作出全面的、系统的剖析"[①]。杨宽的《中国上古史导论》（1938）被评价为"与其说是一部上古史论，毋宁说是一部神话学专著"[②]。在该书第一章《古史传说探源论》中他指出"古史之层累造成，实由于神话之层累转变，非出伪托也"[③]。杨氏并不反对诸子托古改制之说，但他明确反对康有为在《孔子改制考》中所提出的孔子托古作六经的观点，他认为诸子托古改制"必非诸子之向壁虚构，无中生有也"[④]。杨氏也不满足于顾氏仅将传说的层累看成战国时期大国吞并小国，把各国的"祖先和神灵的横的系统改成了纵的系统"的产物，[⑤] 他结合陈梦家和郭沫若等人的考证提出中国的神话传说由以"殷"为首的东系各民族的神话和以"周"为首的西系各民族的神话融合分化而成：

中国古史之构成，在长期演进中，固不免融合他民族之神话……盘古神话初非由南蛮传入，乃由犬戎传说之演变，铁案如山……大皞即帝喾高祖夋，陈梦家已言之；少皞即契，舜亦即帝喾高祖夋，郭沫若已证之；皆无非商民族神话之演化。中国古史传说酝酿与写定，在商周之世，盖无非东西二系神话之分化与融合而成。[⑥]

基于以上的认识，杨氏指出，"盖古史传说固多出于神话，神话之来源有纯出幻想者，亦有真实历史之为背景者"[⑦]，为此，杨氏在此书最后的综论部分专设一节讨论"古代神话与历史背景"。应该说在神话和历史的认识上，他与顾颉刚相比而言是较为全面的。不过，杨氏并没有将这种认识运用于实践，

① 杨宽：《历史激流中的动荡与曲折：杨宽自传》，台北时报文化出版企业有限公司，1993 年，第 75 页。
② 刘锡成：《二十世纪民间文学学术史》，中国文联出版社，2014 年，第 265 页。
③ 杨宽：《中国上古史导论》，上海人民出版社，2016 年，第 36 页。本文作于 1938 年，后收录于《古史辨》第 7 册（1941 年）。
④ 杨宽：《中国上古史导论》，第 11 页。
⑤ 杨宽：《中国上古史导论》，第 33 页。
⑥ 杨宽：《中国上古史导论》，第 34 页。
⑦ 杨宽：《中国上古史导论》自序，《古史辨》第七册（上），上海古籍出版社，1982 年，第 70 页。

他承认《中国上古史导论》"仅将古史传说还原为神话"①。在该书中他虽然举出了王国维在《古史新证》中提出的"传说与史实相混"之说以及在未有文物证明的情况不能随便否定古史的二重证据法之说，对二重证据法也未予以否定，但他仍然坚持"然据史料以批判，古史传说之全出殷周东西民族神话之分化与融合，已铁案如山，无可动摇"②。可以说，杨氏的古史观是对顾颉刚学说的修正，如果说顾颉刚更关注的是后世的所谓造伪，他更为关注的则是神话的自然产生。不过，综合来看，他是基本认同顾颉刚的学说的，他对于顾颉刚的批判事实上与前述顾颉刚自身的学术追求并无不同，都是建立在史学和神话学分科要求的认识基础之上的。

顾颉刚的研究经常被诟病的一点还在于其对"默证"即以史料之"无"而论断"史实"也无③的滥用。傅斯年是顾颉刚的北大同窗兼室友，他早期是支持顾颉刚的疑古的，但是在1926年由欧洲留学回国后，在古史的认识上两者开始分道扬镳。在1931年④左右完成的《史料论略》中傅氏明确提出"史学便是史料学"，而史料的整理完全在于"比较不同的史料"。⑤当时，除了王国维的《殷卜辞中所见先公先王考》外，陈寅恪也于1930年5月发表了《吐蕃彝泰赞普名号年代考》（《中央研究院历史语言研究所集刊》第2本第1号），用拉萨长庆唐蕃会盟碑对照藏、蒙、满的文献考订了赞普的名号和年代。傅氏在《史料论略》中以王国维和陈寅恪的研究为例说明追寻古史如果只限于文献记载的比较，有可能是"托诸空言"⑥。他发展了王国维的二重证据法，认为出土文物，金石文字，民间的、外国的、不经意的、旁涉的记载以及口说的史料等都可以互证。在1932年出版的《东北史纲》中，傅氏指出"神话之比较研究，乃近代治民族分合问题者之一大利器"⑦。他将玄鸟生商的神话与东北历代各部落之《朱蒙天女》等传说相比较，指出两者为同一神话，以此证明"东北部族与中国历史之为一事"⑧。傅氏的实践一方面是为了说明神话也是一种有效的史料，神话中也隐藏着史迹，这当然是对顾颉刚的历史和

① 杨宽：《中国上古史导论》，第293页。
② 杨宽：《中国上古史导论》，第44页。
③ 张荫麟很早就指出了这一点，参见《评近人对于中国古史之讨论》，《古史辨》第二册，景山书社，1926年，第271-272页。
④ 此文为傅斯年于1929年至1935年任教北京大学时的讲义。
⑤ 傅斯年：《战国子家序论·史学方法导论·史记研究》，上海三联书店，2017年第78-79页。
⑥ 傅斯年：《战国子家序论·史学方法导论·史记研究》，第79页。
⑦ 傅斯年：《东北史纲》，上海三联书店，2017年，第21页。初出：1932年，编辑出版者都为傅斯年。
⑧ 傅斯年：《东北史纲》，上海三联书店，第34页。

神话认识的一种颠覆。另一方面，他通过神话重建古史的背后也有着政治的诉求。1932 年日本人为侵略东北扶持溥仪建立伪满洲国，鼓吹中国东北在历史上非中国领土，傅斯年通过神话证明远古东北民族与中国同种正是在这样的语境中诞生的。顾颉刚辨古史当然也有其政治诉求，是以推翻中国王统和道统的基础为前提的，但是他的研究在客观的结果上将中国的古史打入虚无，否定了中国古史的史料价值，中国的民族源流无从叙起，而他所寄托于考古学发现所建构的新古史至今不能说已经建立。这一点从中国近代史学和神话学创立的萌芽期就已有学者表现出了深深的忧虑。章炳麟驳斥康有为孔子托古改制作六经、将六艺视为宗教性和神话性的古史即是体现。而他面对日本抹杀舜、禹的疑古风潮以及古史辨运动发出的哀叹——"国家未亡，而历史先亡，可哀也已"也正是起于这种担忧（详见第三章）。① 顾颉刚所著的《本国史》（1924，上海商务印书馆）由于将尧、舜、禹视为伪造神话曾遭到禁卖，戴季陶激烈地指出"中国所以能团结为一体，全由于人民共信自己出于一个祖先，如今说没有三皇、五帝，就是把全国人民团结为一体的要求解散了"，顾氏很清楚地认识到这一批判的产生是由于当时"正是南北纷争，人民正在渴望统一的时期"。② 1935 年，日本所阴谋策划的华北五省自治运动展开，中国面临着分裂的危机，在这种情况下，顾氏也暂时放弃了自己所提出的中国民族和地域并非出于一元的主张，并于 1939 年 2 月 9 日发表了撰《中华民族是一个》（《益世报·边疆周刊》第 9 期）一文，对傅斯年于 1935 年发表的《中华民族是整个的》（《独立评论》第 181 号）予以正面回应。③ 可以说，疑古和释古从来都不仅仅是单纯的学术层面的探讨，出现于此的种种话语都是在现实的政治语境中，在政治和学术的拉锯中产生的。

第二节 神话研究视野下的神话与历史认识

从西方神话学的发展轨迹来看，最早对神话和历史提出探讨的该为生活于

---

① 章炳麟：《论经史实录不应无故怀疑》，《章太炎讲演集》，第 225 页。此文为章炳麟在 1935 年星期讲演会上的讲演。关于章炳麟对日本疑古思潮和古史辨派批判的详细经纬可参见陈学然：《中日学术交流与古史辨运动：从章太炎的批判说起》，《中华文论丛》，2012 年第 3 期。
② 顾颉刚：《我是怎样编写古史辨的？》，《顾颉刚古史论文集·卷一》，第 165 页。
③ 葛兆光：《余音：学术史随笔选（1992—2015）》，广西师范大学出版社，2017 年，第 119-130 页。

公元前四世纪古希腊时代的欧赫美尔（Euhemerns），欧赫美尔的主要主张为英雄即神，这一主张被称为欧赫美尔主义（Euhemerism）。他创作了《神圣史》这样一部小说表达他对神话的看法，即"神是死后被人崇拜的英雄，而神话是这种神的事迹的记录"①。19 世纪中叶以后，对于神话和历史的探讨一直在继续。英国史学家 George Grote 在《希腊史》（*History of Greece*，1846—1856）中力图打破欧赫美尔主义，提出神话和历史是两种截然不同的存在，"两者之间存在着无法逾越的鸿沟"②。英国人类学派如弗雷泽、安德鲁·兰等人承认包含了神话的民间传承和历史是不同范畴的事物，但他们认为这与"民间传承中包含着史的事实是不同的问题"③。而人类学派的研究正是致力于从神话中寻找历史的遗留物。1910 年左右，英国的 H. M. Chadwick 和 L. R. Farnell 等学者提出了解释英雄神话的新史实主义，他们认为"英雄神话一开始是以历史事实或其中的一部分为核心成立的"④。这似乎也是一种欧赫美尔主义的解释，但是这一派学者认为信任神话的字面描述是愚蠢的，他们承认的是神话中包含着历史的核心。综上可以看出，西方神话学是在分离历史和神话概念的基础上再重新认识神话和历史的关系的。中国早期的神话研究也重复了这样一条轨迹。

20 世纪 20 年代中期前后，中国的神话学研究正式展开，古史辨派所提出的"古史的人化"在神话学研究中得到了延续。茅盾在 1925 年发表的《中国神话研究》一文中正式提出了"神话的历史化"这一概念。在这篇文章中，茅盾基于人类学神话学派的神话定义和学说讨论了何为中国神话的问题。他规定只有反映"中华民族的原始信仰与生活状况"的才能视作中国神话。茅盾认为《神仙传》等书中记载的神仙与希腊和北欧神话中的神不同，即非自然现象的人格化，也非原始思想的反映，因此他主张《神仙传》等书中记载的诸神世系当排除于神话之外。由此他又提出一个疑问，即"《神仙传》等书所记诸神世系，即靠不住，那么中国现所存可靠的材料里能否找出神的系统来呢?"⑤ 众所周知，希腊神话和北欧神话有以宙斯和奥丁等为主神的神系，茅

----

① ［日］大林太良著，林相泰、贾福水译：《神话学入门》，中国民间文艺出版社，1989 年，第 4 页。

② ［日］松村武雄著，松村一男，平藤喜久子监修：『神話学原論（下卷）』，ゆまに書房，2005 年，第 828 页。

③ ［日］松村武雄著，松村一男，平藤喜久子监修：『神話学原論（下卷）』，第 828 页。

④ ［日］松村武雄著，松村一男，平藤喜久子监修：『神話学原論（下卷）』，第 838 页。

⑤ 茅盾：《中国神话研究》，《中国神话研究初探》，上海古籍出版社，2011 年，第 121—123 页。初出：《小说月报》，1925 年第 16 卷第 1 期。《中国神话研究初探》原名为《中国神话研究 ABC》，1929 年由世界书局刊行。

盾以上疑问的产生显然是建立在希腊和北欧神话的标准之上的。茅盾认为要回答以上的疑问就要转入神话与古史关系的讨论。他断定："我们相传的关于太古的史事，至少有大半就是中国的神话。"为了印证这一说法，他提出"神话的历史化，在各民族中是常见的……纪元前三一六年顷，希腊有武赫默洛司（Euhemerns）其人，就是以历史解释神话者的始祖。他以为民族的神话就是该民族最古代的历史的写影。"① 从以上论述来看，茅盾所言的"神话的历史化"其认识源于武赫默洛司，即今日我们所说的欧赫美尔。可以说，在将古史与神话画等号这一点上，茅盾的认识与欧赫美尔主义并无不同，但从内容来看，欧赫美尔主义与刘揆蔾所主张的"人的神话化"是一致的，这与茅盾所主张的"神话的历史化"显然还是有所不同。事实上，在这篇文章中，茅盾以盘古神话的记载为例论证了神话随时代的后移而其内容增饰愈多这一现象，以此证明古代历史家有力量对神话加以修改。在 1929 年出版的《中国神话研究 ABC》中，茅盾则对《楚辞》《淮南子》《山海经》中"神性的羿"和"人性的羿"加以区分，说明羿的历史化。他同时根据《山海经·海内经》中"帝乃命禹卒布土，已定九州"等记载证明禹为天帝所派出的具有神性的英雄。他指出："中国神话在最早时即已历史化，而且'化'得很完全。古代史的帝皇，至少禹以前的，都是神话中人物——神及半神的英雄。"② 可以看出，茅盾所提出的"神话的历史化"不乏古史辨学说的影响。他的认识或许是在古史辨派认识的影响下而对欧赫美尔主义的一种改造。

茅盾对于"神话的历史化"问题的讨论始终是以"诸神世系"的建构为目标的，这和顾颉刚所主张的将古史还原为神话的认识也是一致的。而这一目标又建立在这样一个预设前提之下，即中国神话早已散亡，仅存零星片段。中国神话贫乏论产生的过程及原因在第二章已有详细的叙述。茅盾认为，中国古代民族产生过丰富的神话，而中国神话之所以贫乏的主要原因之一即为神话的历史化。③ 基于以上的认识，他提出"如果欲系统地再建起中国神话，必须先使古史还原"，④ 茅盾所力图建构的诸神世系也是以古史中的帝皇为根本，找出"神话中诸神的领袖——或神之王——从而创造出一个'诸神世系'来"。⑤ 而这个帝皇，茅盾否定了伏羲和黄帝，因为前者记录太少，只是"光杆"和"绝后"的"主神"，而后者在《山海经》中的记载也很少，茅盾假定他是

① 茅盾：《中国神话研究》，《中国神话研究初探》，第 124 页。
② 茅盾：《中国神话研究初探》，第 123 页。
③ 茅盾：《中国神话研究初探》，第 6-8 页。
④ 茅盾：《中国神话研究初探》，第 110 页。
⑤ 茅盾：《中国神话研究初探》，第 100 页。

《山海经》中颇为重要的主神帝俊。这是因为在《山海经》的记载中，帝俊或帝俊的子孙不但是司幽国、白民国、黑齿国、三身国等国的始祖，而且是各种文化的发明人。《山海经》的注释者郭璞认为俊为舜的假借字，茅盾据此认为这个帝俊或为舜。①

顾颉刚提出的"古史的人化"和茅盾提出的"神话的历史化"都在将古史还原为神话。但前者主要强调古史为战国秦汉时期文人的附会和假造，是为了推翻经学传统及为所谓信史的建立扫除障碍，后者则是以神话学的眼光和方法力图重建中国神话体系。茅盾也认识到了谶纬思想对于古史的改编，但他指出："古来关于灾异的迷信，如谓虹霓乃天地之淫气之类，都有原始信仰为其背景……凡此诸端，一方面固然和神话混淆不清，一方面也是变质的神话（指其尚有原始信仰而言）。"② 可以看出，茅盾肯定了谶纬思想中有原始信仰的一面，并不完全将之视为文人的造伪，这一点认识比顾颉刚是更为深刻的。

茅盾对于神话与历史的认识在当时的神话研究者中不乏共识。与茅盾相比，冯承钧比较详细地描述了神话历史化的过程，他在《中国古代神话之研究中》（1929）指出：

> 窃揣古代记事之书，必不似今人分界之严。缘古代人神杂糅，史家所谓荒唐无稽者未必古人所公认之陈迹盛事，乃古之史家采辑史料，多凭主观，认为似真者存之，认为不实者去之，其不可去者则易神与怪，为圣为人，不可删者则执"传信传疑"之说以自解，复又绳以所谓"大义"，所谓"史法"，古代传说之真相，遂浑然不可复识矣……昔之所谓"先王陈迹圣人盛事"，实为后人"史化"之成绩……难者曰：子即以古人多为神怪"人化"者，何以后世君主亦有神奇欤……予曰：此又一问题也。古之神话，出自民间口传，后之灵异，出自文人伪造。③

冯承钧不但指出史家出于主观或以"大义"和"史法"对神话的任意删改和史化，即神话的人化、历史化，还意识到了后世对于帝王的神化，即人的神话化，但是他认为前者是自然发生的，后者则完全是出自后世文人的伪造。可以说，尽管顾颉刚、茅盾、冯承钧在对神话和历史的认识上有所出入，但是他们眼中的古史始终是由神话演进而成的古史，这种认识事实上暗含了对于古史史料真实性的怀疑。进入20世纪30年代之后，开始有一些学者对神话的人化、历史化产生怀疑，如郑德坤就这样指出：

---

① 茅盾：《中国神话研究初探》，第101-103页。
② 茅盾：《中国神话研究 ABC》，第111页。
③ 冯承钧：《中国古代神话之研究》，第90-92页。初出：《国闻周报》1929年第6卷第9期。

在中国，敬祖宗的思想本极占势力，是以把祖宗想象、传说为神人是很平常的。中国的历史神话特别丰富，而且神人简直莫分，于是很难划清神话和历史的界线。所以一班研究中国神话的人往往以为这些神话无历史上的根据。换言之，中国古史是神话的人化、历史化。沈雁冰先生在他《中国神话研究》这样主张，冯承钧先生在《中国古代神话研究》、玄珠（即沈雁冰先生）在《中国神话研究ABC》都显然一语。我也承认中国古史的神话意味太重了，但是究竟是神话的英雄，原来是人而被崇拜者遵奉为神；抑或他们原来是神，后来被化为人；又或是他们是分歧而合流的，是神人的合并。如果想要得到一条可以判别这些神话的公例，非把整个古代史，和各处地方的神奇故事，和地内的遗物，用一番广博的研究不可。[1]

郑德坤否认了神话的人化、历史化之说的公例性，即普遍性，提到了人或英雄也有可能被神话化，人神也有可能合并。事实上，在古史辨发生的初期，刘掞藜已经提到了人的神话化，而皕海早在1913年就从宗教发生的角度论述了早期神权政治对人的神化，解读了中国古史中的感生神话。这些都能说明神话的人化、历史化理论在学理上存在着破绽。但是这种声音在古史辨运动和早期的神话研究中并没有得到重视，其原因有待后文分析。但是可以看到的是，在20世纪30年代之后，中国的神话研究开始出现与神话的历史化之说相反的倾向，开始从神话中寻找真正的历史。这方面的开辟者无疑当为王国维，他的《殷卜辞中所见先王先公考》（1921），以甲骨卜辞与古史互证证明了《山海经》中出现的王亥等人物为真实的存在，提高了中国古史的史学价值。在王国维之后，在这方面开先河且做出较为瞩目的成绩的学者有郑振铎和陈梦家。

郑振铎是中国系统介绍古希腊罗马神话的先驱之一（详见第二章）。1933发表的《汤祷篇》是他运用英国人类学派学者弗雷泽（J. G. Frazer）的《金枝》从巫术的角度解读中国神话的一个尝试。在这篇文章的开篇，他以施里曼（Heinrich Schliemann）根据《荷马史诗》发掘出特洛伊古城的实例批判了古史辨派的疑古，并以《汤祷篇》为实例来印证神话中隐藏的历史。汤祷的故事记载于《荀子》《尸子》《吕氏春秋》《淮南子》《说苑》等文献中，讲述了汤剪发及爪，以己为牺牲将欲自焚为民祭天祈雨的故事。郑振铎指出，这个故事在今天看来不过是荒唐不经的神话："这神话的本质，是那末粗野，那末富有野蛮性……愈是野蛮粗鄙的似若不可信的，倒愈接近于真实。自从原始社会的研究开始了之后，这个真理便益为明白。"他批评崔述等疑古派以个人的

---

① 郑德坤：《山海经及其神话》，《史学年报》，1932年第4期，第144页。

理性来辨证古史，指出这其实是"以他们当代的文化已高的社会情况的标准去推测古代的社会情况，殆是无往而不陷于错误的"①。弗雷泽在《金枝》的"王的起源"中指出原始社会的王与祭师的身份密不可分。郑振铎认为汤祷的故事正显示了这种原始社会的"蛮性的遗留"，这种蛮性在中国后世的帝王身上演变为一种宗教性上的责任，他们要为灾异或天变负责，要为人民而祈祷。郑振铎不仅指出了神话中的真实，还指出了古代王的神化。他认为："国王的职责还不仅做一个祭师。在野蛮的社会里，他们还视国王为具有魔力的魔术家，或会给人间以风、以雨、以成熟的米谷的神。但也如古代宗教徒的受难，或神的受难一样，国王也往往因人民愿望的不遂而受了苦难。"②

陈梦家于1936年发表的《商代的神话与巫术》中明确提出要从神话中提取古史，建立世系。陈梦家对于神话和历史关系的理解受到了弗雷泽对于巫术和仪式、咒术间关系的启发。

> 弗瑞受说巫术是一种 Pseudo-science 或 Pseudo-art，Pseudo 者是伪的或假的……巫术起源于实用，其后将实用的功用失去，仅存其形貌，就是所谓仪式和咒术了。神话与历史的关系也是如此，神话最初的使命是传述历史，而其方法是神道设教，或者因人对鬼神兽物观念之混杂，故使历史变为神话；有些神话完全脱开历史的面貌，然仍有历史成分的存在；有些神话表面像是历史，而其骨子里毫无真实性。无论是有形无实或有实无形，这种神话我名之曰 Pseudo-history。在这种神话中我们可以寻出史迹，尤其是关于种族起源的记载……③

从以上论述可以看出，陈梦家并没有将历史与神话严格区分开来，他认为最早的神话就是一种历史。在这篇文章的篇首他也提出"神话本身就是历史传说"，而历史之所以和神话不分，一方面是由于神道设教，一方面则是由于人神兽观念的不分。陈梦家所认为的"神道设教"是指"人为的神话"，他借《淮南子》之《泛论》指出神道设教的性质不过是"借鬼神之威以声其教"。④这与冯承钧所认识的人的神话化的性质是一样的，不过，后者认为历史的神话化仅是后世文人的伪造而产生的，前者则认为历史产生的同时就已经在神话化

---

① 郑振铎：《汤祷篇》，马昌仪选编：《中国神话学百年文论选（上）》，第118–119页。初出：《东方杂志》，1933年第30期。
② 郑振铎：《汤祷篇》，马昌仪选编：《中国神话学百年文论选（上）》，第127页。
③ 陈梦家：《商代的神话与巫术》，马昌仪选编：《中国神话学百年文论选（上）》，第170页。初出：《燕京学报》1936年第20期。
④ 陈梦家：《商代的神话与巫术》，马昌仪选编：《中国神话学百年文论选（上）》，第165页。

的过程中了。基于以上的认识，陈梦家根据《商颂》《离骚》《天问》等文献建构了商民族或起于东北朝鲜半岛的学说。他还根据以上的看法并参考了杨宽所提出的神话分化说，提出了古史具有重复性和神话性的见解，他认为舜即帝喾，商契即仓颉，夏世即商世，禹为商人之祖，夏商帝王名，多项重复，由此得出了虞夏商为一系说的结论，建构了自己的古史世系。①

郑振铎、陈梦家的研究无疑是一种释古行为。如果说疑古是对信古的反动，释古似乎又是对疑古的反动，但是释古并不等于信古，信古将古史完全等同于信史或史籍字面的真实，而疑古将古史视为后世伪造的神话，即伪史，释古并非不疑古，它首先承认神话和历史是两个不同的东西，换言之，释古的认识是建立在疑古的基础之上的。但它又承认古史既是神话的又是历史的，在神话看似荒唐的叙述中隐藏着真实的史迹。完全的信古当然是不可取的，古史辨派所采取的是疑古的立场，他们在揭露宗教、神权和政治的交叉互渗方面功绩不可忽视，而且，疑古派在主观上并非没有释古的愿望。正如顾颉刚本人所言："释古派所信的真古从何而来的呢？这只是得之于疑古者之整理抉发。"②但是，从客观结果而言中国的疑古派的确在很大程度上抹杀了中国古史的史料价值。考古学的成果表明古史的记载并非完全虚构，无论是王国维所提出的"二重证据法"③，还是傅斯年所提出的多重的"史料比较"互证，抑或是今日叶舒宪提出的"四重证据法"④，这些认识都是建立在考古、口传等资料能够证明古籍记载的史料中隐藏着真实的基础之上的，在今天"走出'疑古'时代"⑤，从"神话历史"⑥的角度看待古史似乎已经成为学者们的共识。但是在另一方面必须要承认的是疑古的研究成果有很大一部分是可取的，而释古的研究成果未必都是真的。在对史料的处理的看法上是否存在着一个绝对"科学的"定论？在考古学成果没有重大突破和定论的今天，笔者认为很难下定论。更何况中国的疑古和释古都是在政治与学术的力学关系中发生的，我们不

---

① 陈梦家：《商代的神话与巫术》，马昌仪选编：《中国神话学百年文论选（上）》，第 166–170 页。

② 顾颉刚：《我是怎样编写古史辨的?》，《顾颉刚古史论文集·卷一》，第 174 页。

③ 王国维在《古史新证》（1925）中提出应以地下新材料补正纸上之材料。参见王国维：《论传说有史实为之素地与二重证据法》，马昌仪选编：《中国神话学百年文论选（上）》，第 53 页。

④ 叶舒宪将文字叙事、口传叙事、图像以及物的叙事、仪礼（礼乐）叙事视为四重证据法。参见叶舒宪：《中华文明探源的神话学研究》，社会科学文献出版社，2015 年，第 75 页。

⑤ 李学勤：《走出"疑古"时代》，《中国文化》，1992 年第 2 期。

⑥ 叶舒宪：《中国的神话历史——从"中国神话"到"神话中国"》，《百色学院学报》，2009 年第 1 期。叶舒宪提出要将神话概念从现代性的学术分科制度中解放出来，打破从文学、历史、哲学本位看待神话的态度。神话历史是指从神话式的思维方式理解中国的历史叙述，将其看成神话式的历史。

能完全抛开具体的历史语境去评价两者。那么，在中国的史学和神话学的创始期，并非没有学者提出人（历史）的神话化，何以疑古、古史的人化、神话的历史化会成为主流话语呢？

第三节　古史辨思潮趋向解析

神话的研究自古以来并非没有，但是真正将神话与历史拉开距离的还是在18世纪以来启蒙主义之后。工业革命的出现和科学技术的进步促进了资本主义和理性主义的发展，天主教神权统治遭到前所未有的怀疑。英语中 Myth 一词的出现可谓是这一过程的折射。根据雷蒙·威廉斯的考察，Myth 一词在 19世纪初才出现于英语中，"当时是一个正统宗教崩解的时期。Myth 向来被视为具有负面意涵，作为事实、历史（History）与科学（Science）的对比"，被认为是"不可能真正存在或发生的事情"。[1] 顾颉刚等人所认识的神话传说正是这样被事实、历史、科学相对化了的存在。如顾颉刚在《古史辨》第一册"自序"中就指出，中国过去的神学和哲学的基础全部建立于玄想之上，"幻想的与造物者游还不及科学家凭了实证以穷年累月之力知道些慬戳的真事物"[2]。

在中国释古是疑古的反动，究其原因，笔者以为这是由中国民族主义的性质决定的。中国近代疑古思想最初是以推翻或改良君权统治为现实目标的，不过，古史辨发生时中国的君权统治已经结束，五四运动以来科学与民主的口号已经深入人心，这些都有利于中国的古史辨派实现它的政治目标——从思想上彻底摧毁王统与道统的基础。而古史辨派的认识承接和预设了自康有为和夏曾佑以来的疑古叙事脉络，即古史都是后世伪造的，这种认识一开始出现时的政治性是大于学术性的，它的归着点自然在于通过将古史还原为虚假性质的神话来解构古史的信史性质。而中国考古学的成果也给古史辨派建立信史确立了信心。此后，神话学研究的正式展开和对神话认识的加深，古史辨派所提出的"古史的人化"在学理上的缺陷才开始慢慢得到认识和修正。而伪满洲国的建立，日本对中国华北的阴谋分裂都迫使中国通过重构古史加强民族的统一和认

---

① ［英］雷蒙·威廉斯著，刘建基译：《关键词：文化与社会的词汇》，生活·读书·新知三联书店，2016 年，第 359、361 页。
② 顾颉刚：《古史辨》第一册自序，《顾颉刚古史论文集·卷一》，第 30 页。

同，释古走上舞台势在必行。可以看到，释古和疑古都是一把双刃剑，在不同
的历史语境中，它们可能会发挥不同的话语功能。从中国的疑古和释古的发生
来看，它恰恰说明疑古和释古并不是截然分开的，也说明西学的东渐从来都不
是一种均质主义的接受，而是一种充满了对抗和统合的新知识生产过程。

本章小结

　　整体而言，疑古和释古的态度构成了近代中国学术界看待古史的主要方
面。疑古和释古有一致的一面，两者都不承认古史表面叙事的真实性，从客观
结果而言，疑古和释古都推翻了古史作为信史的神圣性。但疑古力图将历史与
神话剥离，将古史视为神话与伪史，释古则认为古史是历史和神话的合体，神
话表面荒唐的叙事中隐藏着某种历史的真相。在中国，疑古派的代表是古史辨
派，古史辨派在思想上承袭了康有为和夏曾佑的疑古思想，将古史视为后世改
造或伪造的神话，其核心思想为"古史（神话）的人化"，这一认识是以推翻
王统和道统为政治目标，以分离历史和神话，建立各自的体系为学术目标的。
早期的中国神话研究延续了"古史的人化"认识，并基于中国神话贫散论说
提出了"神话的历史化"，主张建立以古帝为中心的上古神系。20世纪30年
代以后，日本阴谋分裂中国以及继侵略东北后进一步侵略中国的野心暴露，在
中国进一步加强民族统一和民族认同的呼声渐高，神话研究的开展和人类学派
神话学说的影响也逐步加深，"古史的人化"话语在政治和学术上的偏狭受到
批判，从神话中寻找真实的历史，将古史视作神话与历史的合体，通过神话重
构古史的释古派开始出现，他们的认识与现在"走出'疑古'时代"的呼唤
相连。中国正是因为通过疑古的自我否定才有了释古的重写历史，它是一种发
展的革命。疑古和释古于中国建立独立、自主的现代民族国家这一目标而言都
是有着积极的意义的，而中国神话学在与史学的分离交织中也建构了彼此的体
系，发展了彼此的关联。

第六章　神话经典的创造：以《山海经》为例

本章所说的经典对应于英语的 canon 一词。那么，何为经典？有学者将 national cannon 定义为"经由专家学者等权威人士认可，或历经时间考验仍留存下来，足以代表民族精神及文化传统的典籍或作品"①。哥伦比亚大学教授白根志夫也指出 canon 是指那些"被赋予权威的、被广泛认为值得解释和模仿的文本"②。但是，被视为经典的典籍的价值与其说是自然发生的，不如说是被创造出来的。这一过程意味着对"典籍的选择（认知与排斥）、神圣化、规范化"，已意味着"斗争和变化"。③ 今天，当我们提及中国神话的经典时，《山海经》大概无愧于这一称号。著名神话学家袁珂就指出《山海经》"不但显示了它本身的神话性质，而且还深一层地显示了在产生时期的作为原始综合体的神话性质"④。袁珂所说的原始综合体意指神话性质的多学科综合的混沌状态，它包含了神话性质的原始宗教意识、历史、地理、民族、哲学思辨以及民俗等不同方面。《山海经》是中国古代的一部奇书，其作者和成书年代不详，一般认为约在战国中后期至西汉初中期各篇章的收录和编纂陆续完成。《山海经》中不但记载了各地的地理、风土、物产，还包括了许多奇异的神怪和动植物。由于内容的繁杂和奇特，《山海经》为何书自古以来看法不一，就其内容的真伪也争论不止。但在近代前多将其视为"地理书"，清代也有学者将其看作想象的产物，归入"小说书"类。《山海经》被视为神话书，其作为神话书的价值被认识和开发完全是近代以来西学东渐的产物，于 20 世纪 20 年代由鲁迅和茅盾首倡。⑤ 但是，达到这一认识的鲁迅和茅盾的思考路径完全不同，茅盾是基于人类学派神话学说来判断和重估《山海经》，而鲁迅则力图在

---

① 张错：《西洋文学术语手册》，上海译文出版社，2012 年，第 55 页。该书译为"正典"。
② ［日］ハルオ・シラネ，铃木登美：『創造された古典』，新曜社，1999 年，第 14 页。
③ ［日］ハルオ・シラネ，铃木登美：『創造された古典』，第 4 页。
④ 袁珂：《山海经全译》，北京联合出版公司，2016 年，第 10 页。
⑤ 茅盾和鲁迅的首倡，两者对于《山海经》中神话的识别所做的贡献在当时的学者的著述中有所记录。参见钟敬文：《山海经是一部什么书》，《浙江大学文理学院自治会会刊》，1930 年第 1 期，第 141–142 页；谭正璧：《中国小说发达史》，上海光明书局，1935 年，第 16 页。

传统的小说概念与神话之间建立起联系，发掘《山海经》的文学价值。后者的判断中既有与中国传统认识的牵连，又受到了日本学者《山海经》认识的影响。随着《山海经》神话书说的出现，《山海经》的神话价值也受到了广泛的关注和不同角度的认识。本章以《山海经》为最具代表性的例子，追溯《山海经》如何经过一系列的言说被改造和塑造为神话经典的过程，探讨中国神话学如何在中外古今知识体系的碰撞、融合、对接、改造与重释中建构自身的一个方面。

第一节　近代《山海经》新释的时代和学术背景

中国近代对于《山海经》的关注大概始于 20 世纪的 20 年代，其繁盛期在 30 年代。根据上海图书馆所建"晚清、民国时期期刊全文数据库"的检索结果显示，以包含了"山海经"关键词为标题的文章从 1876 年到 1919 年的 40 多年间仅有 11 篇，而在之后的整个 20 年代则达到了 21 篇，30 年代更达到了 278 篇，40 年代后则呈现减少趋势，共 61 篇。始自 20 年代盛于 30 年代的《山海经》研究是神话学兴起的一个侧面反映，也是盛行于同时代的"整理国故运动"的一环。郑德坤 1932 年在《山海经及其神话》一文中指出："西洋的文化东渐后中国的学者纷纷以整理国故、保存固有文化为要务。整理研究古代的神话当然也是这大工作中的一部分。他们研究的结果以为山海经是一本重要神话的记录。"① 也就是说在"整理国故运动"中，《山海经》作为神话书被重新认识。"整理国故运动"上承清代乾嘉考证派学风，但其产生和展开更多是新时代背景的催发。陈钟凡于 1937 年在《二十年来我国之国故整理》一文中，回首了这一运动的背景：

整理国故之说，近二十年来，始宣腾于人口，溯其原流，实始于清代……盖自顾炎武倡经学即理学后，一时学者多以治经为事，乾、嘉之世，爱标「汉学」之名，考证之风，斯时特著……斯固晚近整理国故之先声，犹之西历纪元后一四五三年后，东罗马学者奔避意大利，从事希腊古典研究，为西方文艺复兴（Renaisance）之前驱也……光、宣之间，康有为、梁启超乃昌言变法，学术之涂，至是丕变。西方科学及其工艺、技术，遂为国人所注重。直至

---

① 郑德坤：《山海经及其神话》，《史学年报》，1932 年第 4 期，第 150 页。

民国肇造，章炳麟刊行其所著国故论衡，一时学风，为之转变。民元八年，五四运动起于北平，一般学子津津于东西文化之比较，乃认新文化整理国故运动为不可偏废之两大工作。兹言后者：先问国故一辞，涵义至广，其内容究分几目……故近人每嫌国学一名之涵混，爱析为哲学，文学，史学三者言之。①

由上叙述可知，"整理国故运动"与"新文化运动"是同时展开的。"新文化运动"的两大旗帜为"民主"与"科学"，反对以袁世凯为首的帝制复辟和尊孔复古，主张文学革命，要求以白话文代替文言文。"国故"一词虽然源于章炳麟的《国故论衡》，但"整理国故运动"的最初发起者却是"新文化运动"的旗手之一胡适。1919 年在发表于《新青年》杂志的《新思潮的意义》一文中，胡适发出了"整理国故"的倡议。他提出"新思潮的根本意义只是一种新态度。这种态度可叫做'评判的态度'"，也即尼采所说的"重新估定一切价值"。② 就此，他又提出新思潮运动对于旧有的学术思想也应持三种评判的态度，即"第一，反对盲从；第二，反对调和；第三，主张整理国故"③。胡适所谓"评判的态度"并非国粹主义式的，而是对当时尊孔复古思潮下国粹主义的一种反驳。四年之后，在《再谈谈整理国故》一文中，胡适指出："国故二字是章太炎先生创出来的，比国粹，国华……等名词要好得多，因为它没有含得有褒贬的意义。现在老先生们看见新文化的流行，读古书的人日少，总是叹息说，'西风东渐，国粹将沦亡矣！'但是把古书试翻开一看，错误舛伪，佶屈聱牙，所在皆是，欲责一般青年皆能读之，实属不可能，即使'国粹'已亡，亦非青年之过，乃老先生们不整理之故。"④ 可以看出，胡适对于国故虽然采取的是貌似中立的态度，但他认为国故中的积极意义是不多的。自胡适之后，也有不少学人就整理国故的意义加入了这场讨论。比如 1923 年《小说月报》第 14 卷第 1 期专设栏目，就"新文化运动"中的"新文学运动"与"整理国故运动"是否相悖这一问题展开讨论，郑振铎、顾颉刚、茅盾等人撰文反驳了这一看法。郑振铎就认为"新文学运动的热潮里应有整理国故的一种举动"，要彻底改变社会的普遍文艺观点，"一方面固然要把什么是文学，什么是诗以及其他等等的文学原理介绍进来，一方面却更要指出旧的文学的真面目及弊病之所在……一方面却要重新估定或发现中国文学的价值，把金石从瓦砾堆中搜出来，把传统的灰尘从光润的镜子上拂拭下去"⑤。可见，"国

① 陈钟凡：《二十年来我国之国故整理》，《学艺》，1937 年第 16 卷第 1 期，第 1 页。
② 胡适：《新思潮的意义》，《新青年》，1919 年第 7 卷第 1 期，第 6 页。
③ 胡适：《新思潮的意义》，《新青年》，第 10 页。
④ 胡适：《再谈谈整理国故》，《晨报副刊》，1923 年 2 月 25 日第 1 版。
⑤ 郑振铎：《整理国故与新文学运动》，《小说月报》，1923 年第 14 卷第 1 期，第 1-2 页。

故"与"新文化"，表面看来两者似乎南辕北辙，一个专注于"故"，一个专注于"新"，对于当时的学人而言，"故"需要用"新"的学理来审视、评判以及重估，从而去其糟粕，留其精华，两者是不可分的两面。而且，这种重估也连接着"整理国故运动"的目标，即胡适在《新思潮的意义》中所提出新思潮的"唯一目的"——"再造文明"①。这大概也是在前述陈钟凡的叙述中将"整理国故运动"比之为西方文艺复兴的原因。

在《新思潮的意义》一文中，胡适还指出要以"科学精神"整理国故："从乱起八糟里面寻出一个条理脉络来；从无头无脑里寻出一个前因后果来；从胡说谬解里面寻出一个真意义来，从武断迷信里面寻出一个真价值来。"②胡适所理解的"科学精神"为"历史进化论的眼光"以及旧学术的条理化和系统化。换言之，在胡适看来，整理国故的意义固然在于对国故进行价值的重新评定，也在于如何用西方传来的学科体系将其分门别类使之条理化和系统化。对于胡适所提方法，也有不少学者进行了补充和扩充。在1923年宫廷璋撰写的《以科学方法整理国故其步骤若何》一文中，他首先指出了以科学方法整理国故的必要性："今日研究中国古籍者，欲持此科学精神整理国故，俾成科学；如果克臻斯效，则中国学术条理明晰，尽善尽美，必足与泰西各国之学术抗衡。"③通过科学地整理国故，使之条理化，从而建立一个与西方学术相抗衡的新体系。宫廷璋的主张与胡适的"再造文明"目标是一致的。对于如何科学地整理国故，宫廷璋也认为首先要"分科研究"，因为在不同的分科眼光下，国故的价值也各异。

欧洲学术，昔亦剖析不明。心理、伦理、逻辑、美学之脱哲学而独立，始于近百年间。学术日进，分科日繁，而后研究之道日密，研究成绩日佳。中国学术素病儱侗，一人所著，包罗各种学问……他日苟有研究教育、心理、经济、法政等科者，将无不取材于是。同为一木，以泛河流则为筏，以蔽风雨则为屋。观仁观智不同，价值遂因而异，故今日以科学眼光研究国故，门径一新。异日整理成功，必可用近代泰西科学分类法，而自古所患之分类纠纷问题，自迎刃而解矣。④

此外，1936年费怒春在《整理国故意见》一文中也提出了相同的主张，他认为整理国故除了提要汰繁、整理个人学说，还需要将中国传统的"经史

① 胡适：《新思潮的意义》，《新青年》，第11页。
② 胡适：《新思潮的意义》，《新青年》，第10-11页。
③ 宫廷璋：《以科学方法整理国故其步骤若何》，《民铎》，1923年第4卷第3号，第1-2页。
④ 宫廷璋：《以科学方法整理国故其步骤若何》，《民铎》，第6页。

子集"改为西式的分科并将古籍重新编纂。"中国的书所以不易读者，其主要的原因，就是没有科学的编制。所谓经史子集，在表面看来也是分科的样子，实际上如果把中国的旧书仅分为经史子集，自然是太笼统了一点"，因此要把经史子集的书籍"分作哲学、政治、经济、数学、法律、风俗、伦理、宗教等等科目重新编纂"。①

这样，以胡适为首的学者从评判态度、方法和目的三个方面对如何面对中国旧有的古籍文献提出了自己的意见，整理国故运动也在这样的要求和目标中展开。"新文化"和"国故"作为对立项出现完全是西学东渐的必然产物和结果，西方的知识、价值、学科体系的输入一方面迫使中国考虑如何面对"新"与"故"，如何从新的角度去认识和评判"国故"，诚如前文所列陈钟凡所言，"兹言后者（指国故）：先问国故一辞，涵义至广，其内容究分几目？"这完全是用"新"的眼光在审视"故"。另一方面也促使中国用"国故"去对接和填充西方的学科体系以图建立一个新的与西方抗衡的再造的新文明。从这个意义上而言，"新文化"和"国故"是一个事物不可分割的两面。而整理国故所带来的结果之一便是陈钟凡所言："故近人每嫌国学一名之涵混，爱析为哲学，文学，史学三者言之。""国故"由一"涵混"之物分化为"哲学，文学，史学"学科体系。

近代对于《山海经》的重读和重释无疑是包括神话学的西方学科体系输入中国后产生的结果，但是在将其进行学科归类和价值重判的过程中包含着以上中国曲折的心理挣扎，也包含着中国在西方科学体系的框架下套用、改造、整合、规范中国知识体系的努力。

第二节　《山海经》神话书说的出现及认识路径的不同

《山海经》为何书？就其性质而言，近代之前主要有三种看法：地理书、堪舆占卜类书、志怪小说类书。② 司马迁在《史记·大宛传》中最早提及《山经》，他认为张骞出使西域并没有见到《禹本纪》《山经》中所提及的昆仑、

---

① 费怒春：《整理国故意见》，《江汉思潮》，1936 年第 4 卷 4/5 期，第 46 页。

② 茅盾在 1929 年出版的《中国神话研究 ABC》中、钟敬文于 1930 年作成的《山海经是什么书》一文对《山海经》近代以前的认识做了比较详细的文献梳理，本书参考了两位学者的梳理。参见茅盾：《中国神话研究初探》，上海古籍出版社，2005 年，第 3—4 页；钟敬文：《山海经是什么书》，《浙江大学文理学院自治会会刊》，1930 年第 1 期，第 136—140 页

玉泉、华池，因此提出："故言九州山川，《尚书》近之矣。至《禹本纪》《山经》所有怪物，余不敢言也。"① 司马迁虽把《山经》当作"言九州山川"的地理书，但却认为其内容上并不可靠。此后，东汉时的王充在《论衡·谈天》，班固在《汉书·张骞李广利传赞》中均引用了司马迁的说法，并分别予以了"虚妄之言"② 和"放哉"③ 的评价。而班固在《汉书·艺文志》的书目中将其列入《数术略·形法类》视作堪舆占卜类书。首先对《山海经》资料的真实性予以肯定的是《山海经》的首位校勘者——西汉时的刘歆，他在《上山海经表》中指出"其事质明有信"④。东晋时期，为《山海经》作注的郭璞以当时新出土的文献《汲郡竹书》及《穆天子传》中穆天子西征等资料印证《山海经》中相类似的记载。自此，《山海经》作为可靠地理书的地位得以确立。《隋书·经籍志》之后，《旧唐书·经籍志》和《新唐书·艺文志》都将《山海经》归入史部地理类之首。与近代相接的清代，对于《山海经》的争议主要集中在地理说与志怪小说说之间。在明时已有胡应麟称其为"古今语怪之祖"⑤。清代纪昀总纂的《四库全书总目提要》将《山海经》归为子部"小说类三"中的"异闻"，其理由是："书中序述山水，多参以神怪……然道里山川，率难考据，案以耳目所及，百不一真，诸家并以为地理书之冠，亦为未允。核实定名，实则小说之最古者尔。"⑥ 不过，清代《山海经》的注释者毕沅和郝懿行是认同《山海经》的地理书性质的，因此都对志怪小说说提出了异议。毕沅在《山海经新校正序》中明确提出"《山海经》非语怪之书矣"⑦，而郝懿行在《山海经笺疏》序中也指出将《山海经》"类以夷坚所志，方诸齐谐，不亦悲乎"⑧。将《山海经》从史部地理类归为小说类，其实是降低了其"信史"的地位，而被看作荒唐之言了。不过纪昀所说"小说"与近代西方文学观影响下产生的近代小说概念还是有所不同的，这一点将在后文提及。

在中国，最早将《山海经》视为神话典籍的是鲁迅。在 1923 年出版的《中国小说史略》的第二章"神话与传说"中，鲁迅指出："中国之神话与传

① ［汉］司马迁：《史记》，线装书局，2006 年，第 517 页。
② ［东汉］王充：《论衡》，远方出版社，2007 年，第 152 页。
③ ［东汉］班固著，马玉山、胡恤琳选注：《汉书》，山西古籍出版社，2004 年，第 156 页。
④ ［西汉］刘歆：《上山海经表》，周明初校注：《山海经》，浙江文艺出版社，第 181 页。
⑤ ［明］胡应麟：《少室山房笔丛》，中华书局，1959 年，第 412 页。
⑥ ［清］纪昀总纂：《四库全书总目提要》，河北人民出版社，2000 年，第 3624 页。
⑦ ［清］毕沅：《山海经新校正序》，毕沅校：《山海经》，上海古籍出版社，1989 年，第 3 页。
⑧ ［清］郝懿行，《山海经笺疏序》序，周明初校注：《山海经》，浙江文艺出版社，2016 年，第 186 页。

说，今尚无集录为专书者，仅散见于古籍，而《山海经》中特多。"①《中国小说史略》是一部叙述了至清代为止的中国小说历史的著作。在此书的第一章中，鲁迅论述了中国小说名称的由来、小说的意义和分类的变迁，在第二章则专设"神话与传说"一章并在其中明确指出被视为小说一类的志怪之作"探其本根，则亦犹他民族然，在于神话与传说"②。从上可以看出鲁迅将神话作为中国小说源头的意图。文学史和小说史于中国而言都是西方而来的舶来品，中国最早的论述本国文学史和小说史的论著大约出现在20世纪初。其中，黄人所著《中国文学史》（1907）和张静庐所著《中国小说史大纲》（1920）都收入了神话和小说部分。但是黄人认为文字的出现是文学的起源，他将神话视为上古文学的一部分，而将《山海经》视为之后的周代的古小说。③ 张静庐认为战国时期的庄子和韩非子所作的寓言是中国小说的起源，神话的出现是在战国时代以后的汉代。④ 换言之，两者均没有言及神话和《山海经》的关联。可以说，鲁迅的认识在当时的中国是具有划时代意义的。那么，当时中国对神话的理解达到了什么样的程度呢？

正如本书第二章所述，神话一词在19世纪末期通过留日知识分子的著述由日本传入中国。1920年左右神话一词的使用数量激增，显示了中国开始对神话产生兴趣。不过，在《中国小说史略》出现之前，尽管神话一词已经输入，介绍和论述神话的文章也有少量出现，却没有人将《山海经》视为记录有神话传说的典籍。鲁迅本人在1908年发表的《破恶声论》中也曾论及神话，他指出神话的产生是由于古民"睹天物之奇觚，则逞神思而施以人化"⑤，以上认识可见将神话视作自然现象的拟人化表达的人类学派神话学说的影响。大概是受了这一派学说的影响，这时候的鲁迅既没有从文学和小说的角度去论及神话，也没有将神话和《山海经》联系起来。不过，当时从文学和小说角度讨论神话的学者并非没有。如在1918年出版的《欧洲文学史》中，著者周作人在"希腊"卷和"罗马"卷的第一章分别介绍了各自的神话，并将神话定位为希腊和罗马文学的起源。⑥ 但是，周作人也没有言及小说和神话的关

---

① 鲁迅：《中国小说史略》，北新书局，1926年，第11页。初版：北京新潮社，1923年。

② 鲁迅：《中国小说史略》，北新书局，第9页。

③ 黄人：《中国文学史》，苏州大学出版社，2015年第8、123页。初版：国学扶轮社，1907年。

④ 张静庐：《中国小说史大纲》，泰东书局，1921年，第11、16页。初版：泰东书局，1920年。

⑤ 鲁迅：《破恶声论》，马昌仪选编：《中国百年神话文论选》，陕西师范大学出版总社有限公司，2013年，第8页。初出：《河南》月刊，1908年第8期。

⑥ 周作人：《欧洲文学史》，北京十月文译出版社，2013年第3、67页。初版：上海商务印书馆。

系。有学者指出，中国最早提出神话是小说源流的学者是茅盾。① 在比《中国小说史略》的出版提前两年面世的《近代文学体系的研究》一文中，茅盾叙述了文学与神话、神话与小说的关系。在此文的总论中，茅盾先是解释了文学的源流，他指出文学的源流是表达人类思想的诗，诗产生于太古时代的人民对于美丽自然的赞叹，诗记录为文字，就成了人们所说的民歌、谣。在接下来的第二章，茅盾又论及了诗和神话的关系。他说：

> 文学最初的形式只是诗，诗后有了史……史中有些描写英雄的事迹，虽然怪诞荒唐，实在合乎于人类生活的影象的，便成了说部。在这些说部发达完全之进程中，又先有了一种短篇的，此类以神话寓言为多，到后来发达完成了，便称为短篇小说（short story）。其后文学的格式愈演愈备，除却短篇之外，长篇的野史也成为有定形的格式，于是便有了小说。②

在茅盾看来，诗发展成史，而史中的怪诞荒唐的英雄传说以及神话寓言等发展完全又成为短篇小说。茅盾是中国介绍希腊和北欧神话以及研究中国神话的先驱者之一（详见第二章）。1916 年至 1923 年，茅盾在上海的商务编译馆工作，接触到了大量的西方文艺书籍，他研究希腊和北欧神话的动机就在于"既要借鉴于欧洲，就必须穷本溯源"③。《近代文学体系》一文即是茅盾对西方近代文学的体裁、变迁、思潮和流派的介绍。茅盾虽然将神话传说视为小说的源头，但并没有论及西方小说的发生过程是否适用于中国，而且此后他也从未从小说的角度讨论过神话。

《中国小说史略》问世五年后的 1928 年 5 月，在刊载于《小说月报》的《中国神话的保存》一文中，茅盾也发现了《山海经》的神话价值，将其视为"秦末喜欢神话的文人编辑的一部杂乱的神话总集"，其中"所含神话材料独多——几乎可以说全部是神话"④。这一认识的产生有可能受到了鲁迅之说的影响。因为在《中国神话的保存》以及茅盾在 1925 年发表的最早阐述中国神话的文章《中国神话研究》中，他都引用了鲁迅在《中国小说史略》中所指出的关于中国神话不发达的原因，说明他已经读过了鲁迅的《中国小说史

---

① 马昌仪：《茅盾的神话观试论》，茅盾：《中国神话研究初探》，上海古籍出版社，2011 年，第 18 页。初出：《民间文学》，1981 年第 5 期。

② 茅盾：《中国文学变迁史》，刘贞晦，茅盾：《中国文学变迁史》，新文化书社，1921 年，第 12 页。

③ 茅盾：《商务印书馆编译所之二》，唐金海、孔海珠等编：《茅盾专集 第一卷 上册》，福建人民出版社，1983 年，第 428 页。初出：《新文学史料》，1979 年第 2 期。

④ 茅盾：《中国神话的保存》，《中国神话研究初探》，上海古籍出版社，2011 年，第 148–149 页。初出《文学周报》，1928 年第 6 卷第 15、16 期合刊。《中国神话研究 ABC》1978 年再版时改名为《中国神话研究初探》。

略》。不过，《中国神话研究》显示茅盾还没有开始大量搜集中国古籍中的神话语源，在这篇文章中茅盾所列举的 17 例中国神话中，与《山海经》相关的仅有一例，而且还是郭璞对《山海经》所做的注释。而在 1929 年出版的《中国神话研究 ABC》中，他所列举的源于《山海经》中的神话达到了 60 多例。1928 年左右大概是他开始关注《山海经》性质的一个转折点。不过，有意思的是，在中国最早提出神话是小说源流的是茅盾，但从这一的话语出现到1928 年之间的 7 年间，茅盾从未从文学、小说以及神话的角度去认识《山海经》。究其原因在于茅盾并不认为《山海经》是小说书。在《中国神话研究ABC》中，茅盾梳理了从汉至清的历代《山海经》的认识，指出"他们把《山海经》视作实用的地理书，固然不对，他们把《山海经》视为小说，也不算对"①。茅盾对《山海经》的认识完全建立在人类学派神话学说的基础之上，换言之，他所做的是基于人类学派神话学说的定义和分类而进行的《山海经》神话的识别和分类工作。在 1925 年发表的《中国神话研究》以及 1928 年发表的《人类学派神话起源的解释》中，茅盾对英国人类学派泰勒以及安德鲁·兰的学说都进行了较为详细的介绍，肯定了安德鲁·兰的"取今以证古"的研究方法。他吸收了人类学派神话学说的观点，视神话为原始文化的"遗留物"，规定只有"表现中华民族的原始信仰与生活状况"②的才是中国的神话。他还根据人类学派神话学说建立了中国神话的六个体系，一为天地开辟的神话，二为日月风雨及其他自然现象的神话，三为万物来源的神话，四为记述神或民族英雄的神话，五为幽冥世界的神话，六为人物变形的神话。③ 在《中国神话学 ABC》的第四章到第六章，茅盾分别以"宇宙观""巨人族及幽冥世界""自然界的神话及其他"为题来对应以上的分类一、五、二，以第七章"帝俊及羿、禹"对应分类四并探讨了中国的"诸神世系"和中国神话的历史化问题。在这几章中茅盾均大量引用了《山海经》的记载以佐证其分类，同时也反向证明了《山海经》中有"初民的宇宙观，宗教思想，道德标准，民族历史最初期的传说，并对于自然界的认识等等"④。承认《山海经》的神话书性质却否认其小说书的性质，从茅盾对《山海经》的认识途径来看，《山海经》中的神话能否作为中国小说的起源其实是一个很大的疑问。鲁迅和茅盾认识路径的不同凸显了这样一个问题，即西方小说的发展过程是否适用于中国？换言之，在中国，神话、《山海经》以及小说之间是否存在着必然的联系性？

---

① 茅盾：《中国神话研究初探》，第 4 页。
② 茅盾：《中国神话研究》，《中国神话研究初探》，第 121 页。
③ 茅盾：《中国神话研究》，《中国神话研究初探》，第 121 页。
④ 茅盾：《中国神话研究初探》，第 4 页。

《中国小说史略》问世后，鲁迅对于神话、小说、《山海经》的认识被诸多论述中国小说史的论著所采纳，如胡怀琛所著《中国小说的研究》（1929，商务印书馆），谭正璧所著《中国小说发达史》（1935，上海光明书局）、《新编中国文学史》（1935，上海光明书局），郭箴一所著《中国小说史》（1939，长沙商务印书馆）均为其例。《山海经》是神话书，使中国小说的源流等观念也逐渐得以确立，并被现代的许多中国小说史论著所继承。① 正如吴小如所指出的，中国小说史的框架"始终没有超越《中国小说史略》的藩篱"②。近年来，也有学者在肯定小说神话起源论以及《山海经》神话书性质的同时，从神话和小说的形态方面对鲁迅的观点提出了疑问。如韩秋白、顾青认为："鲁迅先生所谈的仅是小说的发生及其内容的起源，而并未涉及产生的过程及创作主体。"③ 刘勇强则指出从叙事学的角度来看，中国的上古神话基本都是概述性的而非描述性的，也缺少人物的发言和对白，他认为神话的文本不是小说。④ 不过，他并没有否认神话和小说之间的传承关系，认为神话中神怪的塑造以及神话中显现的民族精神都对后世的小说产生了很大影响。叙事学理论产生于 20 世纪中叶以后，这些学者们的怀疑本身是基于新的理论视角下的认识。而这样被认识的"小说"与鲁迅所认识的"小说"是同一事物吗？

　　鲁迅的《山海经》认识并不完全是他的独创。众所周知，《中国小说史略》受到了日本汉学者盐谷温的《支那文学概论讲话》（1919）的影响而成。特别是第二章"神话与传说"采纳了盐谷温著作的第六章"小说"的第一节"神话与传说"的一些观点。⑤ 就此，鲁迅自己也曾在《不是信》一文中言及。

---

　　① 如孟瑶所著《中国小说史》（1969，台北传记出版社），北京大学编纂的《中国小说史》（1978，人民文学出版社），杨子坚所著《新编中国古代小说史》（1990，南京大学出版社），徐君慧所著《中国小说史》（1991，广西教育出版社），韩秋白、顾青所著《中国小说史》（1995，文津出版社），钱振纲所著《清末民国小说史论》（2008，河北人民出版社），齐裕焜所著《中国古代小说演变史》（2015，人民出版社）等都继承了这种观念。

　　② 吴小如："序"，齐裕焜：《中国古代小说演变史》，人民文学出版社，2015 年，第 1 页。

　　③ 韩秋白，顾青：《中国小说史》，文津出版社，1995 年，第 5 页。

　　④ 刘勇强：《中国古代小说史叙论》，北京大学出版社，2007 年，第 43-44 页。

　　⑤ 陈源于 1926 年提出了鲁迅剽窃盐谷温之说，鲁迅在《不是信》中予以了反驳。因此，关于两部论著之间的关系研究基本上都将焦点集中于剽窃的有无方面。如认为"有"的研究有《顾颉刚如是说：鲁迅〈中国小说史略〉蓝本事件》，参见张京华，《中华读书报》，2013 年 3 月 13 日第 13 版。另一方面，主张"无"的学者或是聚焦于两者的交际，或是在比较两本作品的框架的基础上探讨鲁迅对盐谷温小说史的框架的继承和发展，或是考察两者思想的不同。如谢崇宁：《中国小说史的构建——鲁迅与盐谷温论著之比较》，参见《中山大学学报》，2011 年第 4 期。赵京华：《鲁迅和盐谷温——兼及国民文学时代的中国文学史编撰体制之创建》，参见《鲁迅研究月刊》，2014 年第 2 期。张永禄，张谡：《论盐谷温对鲁迅小说史言及的影响》，参见《中国现代文学研究丛刊》，2015 年第 5 期。本书所欲探讨的关于两者《山海经》认识的关联，以上研究均未提及。

他说："我的《小说史略》的第二篇是基于它的。"① 那么，盐谷温关于神话、小说、《山海经》的认识是如何成立的呢？他的认识又会对鲁迅产生怎样的影响呢？

第三节　基于小说的神话起源论的鲁迅《山海经》认识的成立

一、盐谷温《山海经》认识的产生及其问题点

在《支那文学概论讲话》的第六章"小说"的第一节"神话与传说"中，盐谷温指出"在现存先秦的书中，如果寻求保有大量神话，成为小说先驱的典籍的话，当推《楚辞》的《天问》篇和《山海经》"②，将保存了大量神话的《山海经》和《楚辞·天问》篇定位为小说的先驱。盐谷温曾于 1906 年至1910 年在德国的莱比锡大学留学，其间汉学家孔好古（August Conrady，1864—1925）教授曾在课堂上讲授《楚辞》中月的神话，并将与之印度思想相比较，这给予盐谷温很大的启发。③ 从中国古籍中寻找和识别神话的动机与他的留学经历不无关系。不过，在《支那文学概论讲话》中，盐谷温并没解释神话是什么，只将其视为"太古荒诞无稽的传说"④。大概《山海经》和《楚辞》中有很多这种性质的记述，所以盐谷温将它们视为保存有很多神话的典籍。不过，盐谷温并没有说明自己为何将《山海经》和《楚辞·天问》篇视为中国小说的先驱。从他的论述来看，他这一判断的形成应该受到了中国近代以前的《山海经》认识的影响。正如前文所述，明代的胡应麟和清代的纪昀分别将《山海经》视为"语怪之祖"和"小说之最古尔"。盐谷温在论述中列举了包括纪昀的主张在内的中国各代的《山海经》认识，提出《山海经》"与其说是地理书，不如说是收录了各地异闻传说的典籍"⑤。盐谷温将《山海经》视为小说的先驱大概是受到了纪昀"小说之最古尔"的影响。而且，他把《山海经》看作"周秦间的杂书"，认为汉代的小说书《神异经》《海内十

---

① 鲁迅：《不是信》，《鲁迅杂文全集上》，群言出版社，2016 年，第 177 页。初出：《语丝》，1926 年 2 月。

② ［日］塩谷温：『支那文学概論講話』，大日本雄弁会，1919 年，第 349 页。

③ ［日］塩谷温：『支那文学概論講話』，第 351–352 页。

④ ［日］塩谷温：『支那文学概論講話』，第 347 页。

⑤ ［日］塩谷温：『支那文学概論講話』，第 354 页。

洲记》"完全学习了《山海经》的内容"，强调了《山海经》对后世小说的影响。

　　但是，盐谷温所言的"小说的先驱"是指后世小说的材料来源还是指形式起源呢？其意义不明。纪昀所说的小说的实质和我们今天所认为的、作为文学的体裁的小说的概念不完全一致。和盐谷温同时代的英国小说家福斯特（Edward Morgan Forster）认为"小说是用散文写成的具有某种长度的虚构故事"①。这一定义和我们今日对小说的理解并无太大不同。如钱振纲将小说定义为"小说是一种偏于叙事的、允许虚构的、散文语体的、独立的、纯粹的文学体裁。"② 根据日本《大辞泉》的解释，日语中的小说一词有两种解释，一是指"是坪内逍遥对应 novel 的译语"，一是指"源于《汉书·艺文志》的词"。前者是指"在作者的构想下，通过作品中的人物·事件等，将现代的、理想的人类和社会作为有趣的虚构故事用散文体表现出来的作品"，后者则是"记述街头巷语的文章。稗史"。③ 小说一词本产生于中国，也称为稗史。《汉书·艺文志》中说"小说家者流盖出于稗官"，即小说一类的东西是稗官采集的民间的街头巷语、正史以外的野史。根据石昌渝的研究，中国传统小说的概念有两类：一是指实录类的东西。这个意义上的小说不是文体的概念，而是拒绝虚构的史的分流，从这里也产生了有文学价值的作品，如志怪小说和唐传奇。另一类则是和史传有区别的意味着散文体叙事文学的小说，这个意义上的小说随着宋代话本和明代小说创作的隆盛其概念在明时已经基本确立。纪昀所使用的应该属于前一类。但石昌渝也指出，这两类意义上的小说在当时并没有严格地区分使用，经常有所交叉，而纪昀所分出的小说类中也有虚构性的传奇小说在内。④ 将《山海经》视作收录各地异闻传说典籍的盐谷温理解的小说应该接近于第一种小说的意义。但是，盐谷温的论著中的"小说"一章主要论述的还是具有虚构性叙事文学意义上的小说。盐谷温似乎并没有严格区分稗史意义上的小说和创作故事意义上的小说，对于两者的关联性也没有言及。那么，在盐谷温所处的时代，古今东西的小说概念是否是相混的呢？在日本，现代语义上的小说一词被认为是坪内逍遥在《小说神髓》（1885）中所使用的对应 novel 的译语。在明治初期，小说和稗史的使用例同时存在，那么，两者是在同一意义上被使用的吗？1870 年，西周在《百学连环》中将意味着故事的

　　① ［英］福斯特著，苏炳文译：《小说面面观》，花城出版社，1984 年，第 3 页。原作名为：Espect of the Novel，1927。

　　② 钱振纲：《清末民国小说史论》，河北人民出版社，2008 年，第 1 页。

　　③ ［日］小学館編：デジタル『大辞泉』。

　　④ 石昌渝：《小说界说》，《文学遗产》，1994 年第 1 期，第 85—94 页。

fable 一词翻译为"小说"，将"Romance"翻译为"稗史"，他同时指出"fable 即拉丁文中表示 fari（故事）的字。类似历史的东西为稗史，故事一类的东西为小说"。① romance 是指 13 世纪盛行于欧洲的具有空想、冒险和历史要素的故事，骑士文学是其代表，它也常常被视为 novel 的母胎。作为东亚 romance 的实例西周举出了具有历史要素的中国的《通俗三国志》和《水浒传》，但是他又把这两者视为《汉书·艺文志》所说的稗说，"一种小说类的东西"。坪内逍遥的《小说神髓》是日本近代第一部从西方小说的角度论述小说的著作，在该书里作为一个名词的"小说稗史"经常出现，也有将"小说稗史"对应"那ベル（novel）"的使用例。② 坪内逍遥所认为的稗史是指与江户时代的通俗作家曲亭马琴所创作的作品相类的，以既往的事迹为蓝本，或以历史上的人物为主人公的往昔物语，是和现世物语并列的小说的一个种类。③ 也就是说，西周和坪内逍遥所使用的小说一词既是对应西方语言的译语，也拥有它从中国传入时本身所带有的稗史的意义。这种概念混同的情况并不奇怪，因为现代小说的概念是以既有的小说概念去理解和翻译源自西方新概念的产物，而用新产生的小说概念再回视传统概念时，自然会出现这样的结果。

　　盐谷温的论断还存在另外一个问题，即他以上的论述就算能够说明《山海经》是后世小说的源头，却不能说明他为何将"神话传说"作为"小说"一章的第一节的动机，也不能说明为何保有诸多神话传说的《山海经》是小说的源头。换言之，盐谷温没有明确说明为何神话传说是小说的源头。当然，这种认识的发生与基于进化论的文学史观的形成和日本神话学介绍的开始不无关系。在 19 世纪末到 20 世纪初，以"发展"和"变迁"的进化论目光审视文学史的论述模式在日本已经相当多见。如 1897 年出版的古城贞吉的《支那文学史》从"支那文学的起源"开始述起，④ 而在被认为在论述中国小说和戏曲史上"具有划时代的意义"⑤，给予《支那文学概论讲话》的"小说部分以很大影响"⑥ 的《支那小说戏曲小史》（1897）的第一编中，著者笹川种郎指出中国小说的起源可追溯至汉代方士们所创作的神仙谈。⑦ 不过，在 1897 年前

① ［日］西周：『百学連環』，大久保利謙编：『西周全集』，宗高書房，1981 年，第 77 页。
② ［日］坪内逍遥：『小説神髄』，松月堂，1887 年，第 14 页。初版：松月堂，1885 年。
③ ［日］坪内逍遥：『小説神髄』，第 28 页。
④ ［日］古城貞吉：『支那文学史』，経済雑誌社，1897 年，第 9 页。
⑤ ［日］井上泰山：「日本における中国文学史編纂の歴史Ⅰ～明治期」『関西大学東西学術研究所所要（46）』，2013 年第 4 期，第 26 页。
⑥ ［日］植松公彦：「魯迅『中国小説史略』素描」，『藝文研究』，2007 年第 12 期，第 57 页。
⑦ ［日］笹川種郎：『支那小説戯曲小史』，東華堂，1897 第 5 页。

后，了解神话的日本学者还极为有限，在这两本论著中还未出现小说的神话起源论。正如第二章所述，神话这一译语在日本的出现是在 1896 年前后，被视作日本神话研究开端的"素戋呜尊论争"则发生在 1899 年，而日本第一部神话学著作——高木敏雄的《比较神话学》的面世则还要再继续等待五年。不过，在盐谷温的论著出现之前，将神话与小说源头相连的言说已经出现。坪内逍遥在《小说神髓》中明确地将神话视为小说和历史的源流。当时，神话译语还未出现，逍遥将 mythology 以音译出，或用鬼神志和神代史来对应这一词汇。他指出西方的小说是奇异传即罗曼斯（romance）的变体，奇异传的滥觞则是鬼神志。而鬼神志是由于讲述上古社会一家族的族长的英雄传在传述给子孙时，"由于记忆的谬误以及附会，其事实的真髓消亡，咄咄奇怪的物语长久留存于口碑中"而发生的，因此"其性质半属于正史，半属于小说。按此考虑，正史的本源是神代史。奇异传的滥觞也是神代史。史和小说同源"①。综合前述茅盾的论述来看，将讲述英雄功绩的神话视为小说的源流这一话语应该是采纳了西方的学说。事实上，根据菅谷广美的考察，这一部分论述基本上是对《大英百科全书》第 8 版的移译或节译。② 坪内逍遥在此讨论的也是西方小说的变迁史。盐谷温之所以将神话作为小说的源流大概是源于西方学说的一种先验式的观念。据他自己的回忆，他撰写中国小说史和戏曲史受到了英国的翟理斯（Herbert Allen Giles）及德国顾路柏（Wilhelm Grube）所著中国文学史的启发。③ 有学者评价翟理斯所著《中国文学史》（*A History of Chinese Literature*，1901）是"立足于西方文化传统的背景，运用西方学术观念，对中国文学进行的建构"④。而这本书的第一卷的第一节为"LEGENDARY AGES"，可以看出翟理斯欲将传说时代作为中国文学源流的意图。不过，他也承认西方人对中国神话认识不足，并没有举出中国具体的神话。⑤ 盐谷温的小说源于神话的认识形成于留学期间西方汉学家的启发，还是受到坪内逍遥学说的影响，都没有确凿的证据可以证明。但是，进化论式文学史观的成立、日本神话学介绍的开始、小说神话起源说的出现、从欧洲汉学者的研究中得到的启发，这些应该共同构成了盐谷温认识的基石。但是，盐谷温在《支那文学概论讲话》

---

　　① ［日］坪内逍遥：『小説神髄』，第 7—9 页。

　　② ［日］菅谷広美：「『小説神髄』とその材源」『比較文学年誌（9）』，1973 年第 3 期，第 34—36 页。

　　③ ［日］塩谷温：『天馬行空』，東京加除出版社，1956 年，第 91—92 页。

　　④ 张弘：《中国文学在英国》，花城出版社，1992 年，第 88 页。

　　⑤ ［英］Herbert Allen Giles：*A History of Chinese Literature*［M］. New York and London：D. Appleton and company，1927，P4. 初版：1901 年。

中完全没有论及从神话到小说的变迁，从这一点考虑不得不说盐谷温仅是机械地将西方神话小说的变迁过程套用到了中国身上。

总而言之，《支那文学概论讲话》中存在着古今小说概念的混同，也没有充分证明《山海经》和小说、小说和神话的关联性。鲁迅大概是意识到了以上的一些问题，在《中国小说史略》中他试图将盐谷温的学说具体化。

二、鲁迅对盐谷温认识的发展和具体化

同盐谷温一样，源于西方小说的神话起源论和中国近代以前的《山海经》小说书说是鲁迅重新认识《山海经》和塑造《山海经》文学价值的基础。近代以前，胡应麟和纪昀都曾对小说予以分类。前者把小说分为志怪、传奇、杂录、丛谈、辨订、箴规六种，后者则归为类杂事、类异闻、类琐语三类，而且将《山海经》纳入类异闻类。鲁迅认为，纪氏所言的类杂事相当于胡氏所言的杂录类，其他两者则可以等同于胡氏所言的志怪类。这样，被纪氏归入类异闻的《山海经》自然就归为胡氏所言的志怪类内。而鲁迅也试图通过志怪小说在神话和中国传统的小说概念之间建立起一种联系。在《中国小说史略》的第一章，鲁迅回顾了"小说"一词的出现以及语义的变迁，指出："小说家者流，盖出于稗官，街头巷语，道听途说者所造也。"[1] 在第二章"神话与传说"的开头，他是这样陈述神话和小说源头的"街头巷语"之间关系的：

> 志怪之作，庄子谓有齐谐，列子则称夷坚，然皆寓言，不足征信。《汉志》乃云出于稗官，然稗官者，职惟采集而非创作，「街头巷语」自生于民间，固非一谁某之独造也，探其本根，则亦犹他民族然，在于神话与传说。[2]

小说源于"街头巷语"，民间产生的"街头巷语"的本源是神话与传说，自然小说的源头是神话与传说。而"志怪之作"也是稗官所采集的"街头巷语"，因此自然可以得出"志怪之作"的源流是神话与传说的结论。在这里，鲁迅试图用中国固有的概念"齐谐""夷坚""志怪"去靠近神话。但是，"街头巷语"的本根为何在"神话与传说"，鲁迅没有解释，在这一章他仅仅叙述了神话的发生与文学的关系。他说："神话大抵以一'神格'为中枢，又推演为叙说，而于所叙说之神，之事，又从而信仰敬畏之，于是歌颂其威灵，致美于坛庙……故神话不特为宗教之萌芽，美术所由起，且实为文章之渊

---

① 鲁迅：《中国小说史略》，第7页。
② 鲁迅：《中国小说史略》，第9页。

源。"① 茅盾和鲁迅都将"说部"与"叙说"视为神话和文学之间的纽带。但是，这仍不能说明小说的发生原因，就此鲁迅仅以"犹他民族然"一语带过。在两年后出版的《中国小说的历史变迁》的第一章"神话与神仙"中，鲁迅第一次论述了神话和小说的发生的关联，但是他的认识显然受到了别的学者学说的影响。他说：

> 至于现在一班研究文学史者，却多认小说起源于神话。因为原始民族，穴居野处，见天地万物，变化不常……很为惊怪，以为必有个主宰万物者在，因之拟名为神话；并想象神的生活，动作……这便成功了神话。从神话演进，故事渐进于人性，出现的大抵是"半神"……今人谓之"传说"。由此再演进，则正事归为史；逸史即变为小说了。②

有学者认为鲁迅所说的"一班研究文学史者"是指盐谷温和茅盾。③ 鲁迅的论述的确与茅盾对神话和小说的看法有相似之处，两者都认为英雄传说演化成了小说。不过与茅盾所认为的史中产生出神话，神话又生出小说不同，鲁迅认为神话中产生了史和小说，这一点认识与坪内逍遥的观点比较相似。但是鲁迅所列举的英雄传说——简狄吞玄鸟卵而生商等传说与中国小说的发生有何关联，即中国的传说至小说的演进过程，鲁迅仍然没有给出答案。正如温庆新所指出的，鲁迅的认识仅仅是"亦犹他民族亦然"的先验的观念，④ 并非实证得出的判断。但是，无论如何，在神话为小说源流认识的前提下，鲁迅提出了"街头巷语"其根在"神话与传说"的判断。

当然，鲁迅提出《山海经》为神话书的最大理由当然是其中包含了许多神话传说。但是对于在小说史的框架中认识《山海经》，并意图将《山海经》作为中国小说源流的鲁迅而言，这一理由显然还不足够，从学理上而言他必须解释《山海经》中的神话是如何成为小说的。和盐谷温一样，鲁迅也举出了《山海经》中"常引为故实者"⑤ 的"昆仑山"和"西王母"的记述。在《中国小说的历史的变迁》中，鲁迅曾经指出小说的起源是人们在劳动的休憩间

---

① 鲁迅：《中国小说史略》，第9页。

② 鲁迅：《中国小说的历史的变迁》，《朝花夕拾：鲁迅经典文集》，中国纺织出版社，2016年，第260页。本书为鲁迅于1924年7月在西北大学所作的讲座内容，被收录于1925年西北大学刊行的《国立西北大学陕西教育厅合办暑假学校公演集（二）》。

③ 马昌仪：《试论茅盾的神话观》，茅盾：《中国神话研究初探》，第18页。初出：《民间文学》，1981年第5期。

④ 温庆新：《中国小说起源于"神话传说"辨正》，《古代小说研究》，2015年第5期，第136页。

⑤ 鲁迅：《中国小说史略》，第11页。

隙所彼此谈论的故事。① 从以上两点考虑，鲁迅也许认为神话和小说的共同点大概在于其故事性。但是他所列出的《山海经》中关于昆仑山和西王母的记载，如"玉山，西王母所居也。西王母其状如人，豹尾虎齿而善啸，蓬发戴胜，是司天之厉及五残"等叙述极其简单，很难称之为具有一定情节发展的故事。当然，西王母的形象在中国后世的神仙传中不断地发生演变，逐渐变得丰满。从这个意义上而言，西王母的叙述的确为中国后世小说提供了一个长久不衰的题材。而在同一章，鲁迅又称中国的神话没有成为希腊神话那样的史诗巨著，"而于小说中常见其迹象而已"②。综合考虑，鲁迅大概是将《山海经》中的神话作为后世小说的材源从而将《山海经》定位为中国小说的源流的。当然，从前述刘勇强等学者的视角来看，这并不能充分证明神话是中国小说的源流。因为材源和起源绝不是相等的，材源是指为小说创作提供的材料，而起源则是指规定小说这一体裁的那类东西，如文体、形式、性质的源流等。但是，正如前文所述，当时盐谷温和鲁迅对小说这一体裁的认识和我们今天的认识存在着很大的差距。《支那文学概论讲话》和《中国小说史略》中都没有出现小说的定义，不过从与鲁迅同时代的学者胡怀琛的论述中我们可以窥到当时的学者对于定义小说所感到的困惑。在 1929 年出版的《中国小说研究》的第一章第一节"何谓小说"中，他是这样叙述的：

> 虽然在二千年前，已经有了小说二字；但是古代所认为是小说的，到现在并不能算是小说；现在我们所认为是小说的，古代是没有的（说他没有，也不是完全没有，只不过不名为小说，且和现在的小说形式上略有些不同）。这样下定义就很不容易了。那么拿西洋的小说做标准替中国的小说下一个定义吧，也极困难。他们所认为是小说的，不能恰和我们所认为是小说的一样。倘若拿西洋小说的定义做标准：有的地方不能包括中国的一切小说，是他的范围太狭了；有的地方又超出中国所有小说以外，他的范围又似乎太宽了。③

今天的学者们所指出的鲁迅认识的不足，前述盐谷温的论述中所出现的古今东西小说概念的混同可以说正是起因于这种定义不可能的困境。鲁迅的《山海经》认识正是在调和西方和中国前近代的认识，将古代的材料纳入新编成的框架，以进化论的文学史观构筑中国小说史的过程中成立的。这一过程换言之即是面向整理国故运动目标的具体话语实践过程。而在这一过程中，《山海经》的神话书性质被发现，《山海经》也在小说的神话起源论的先验认知下

---

① 鲁迅：《中国小说的历史的变迁》，《朝花夕拾：鲁迅经典文集》，第 260 页。
② 鲁迅：《中国小说史略》，第 16 页。
③ 胡怀琛：《中国小说研究》，商务印书馆，1929 年，第 1-2 页。

被赋予了中国小说源流的文学价值。

鲁迅和茅盾对于《山海经》性质以及价值的重释和重估，引发了当时的学人对于《山海经》神话的广泛关注和探讨，《山海经》作为神话书的价值也在各种言说中被发现和展开。

第四节　作为神话书的《山海经》价值的重估

在《山海经》的神话书性质被开发之前，已经有一些知识分子试图用西学知识来重新认识和评价《山海经》。1891 年，康有为所作《新学伪经考》一书初版，将被视为先秦之作的古文经《易传》《古文尚书》《周礼》《左传》全部视为汉儒假托而作的伪书，引起了社会的震荡。1892 年 10 月 29 日在《字林沪报》（1884 年创刊）上刊登的《论宜奏毁山海经一书》一文即采纳了康氏的观点，而且作者据此提出"郭璞所撰山海经一书是也（伪书）"，他认为由于《山海经》列于四库中，因此"夫亦谁敢訾议？实则无人知其可訾"。这里，作者犯了一个错误，即将《山海经》的作者错当成了郭璞，说明作者未必对《山海经》有较深的了解或研究。但他指出自清代海禁开后五十年来，中外往来交流频繁，却无法证实《山海经》所载内容，因而"璞岂梦中遨游醒而作此呓语？抑或（？）闻海客随声附和成书"。特别值得注意的是，作者特意以新的地理知识来批驳《山海经》的真实性："钦使皇华星轮，四出派员游历，记载成书。所有五洲地方……地球一周无不涉及。耳目之所经，探访之所悉，历数十年经数百人归来，传述从无有山海经所称之邦国之人物，所名之山川之所状之草木"。据此，作者奏请朝廷下旨"将其书毁灭，不得混列于四库之中以示天下。"

对于这样的质疑，刘光汉（刘师培）用了进化论的观点去解释《山海经》中的人兽不分，奇禽怪兽等怪异现象，作《山海经不可疑》（1905）一文。他指出："考西人地质学谓：动植庶品，递有变迁……夫地球之初，为草木禽兽之世界。观汉代武梁祠所画，其绘上古帝王，亦人首蛇身及人面龙驱者，足证《山海经》所言皆有确据，即西人动物演为人类之说也。"[1] 何观州则在《山海经在科学上之批判》（1930）中分析了《山海经》所运用的方法，指出"五藏山经无论动物植物都是用已知的东西做基础，以推测其所不知的东西"，其所

---

① 刘师培：《山海经不可疑》，《国粹学报》，1905 年第 10 期，第 7 页。

运用的"推而远之"的方法缺乏实际观察，并不是科学的方法，因而作为一部地理书和博物书，《山海经》既不具备科学价值。其地理上所要表达的"赤县神州"之思也不符合实际。①

以上的作者虽然都试图用新的地理知识和科学知识去证实《山海经》内容的"实"或"虚"（当然他们对于科学知识的运用在今天看来也有不科学的部分，如刘光汉对于进化论的理解），但这些判断无论其主张如何，仍可以看作近代前《山海经》内容真伪争论的延续，即"实"则视为有价值，"虚"则视为无价值。《山海经》神话书说成立以后，以"实"和"虚"来判定《山海经》价值的看法变成了从神话的角度去重新审视和塑造《山海经》的价值，《山海经》的文化价值论和历史价值论 20 世纪 20 年代末到 30 年代初开始浮出地表。

钟敬文在《山海经是一部什么书》（1930）中分别介绍了盐谷温、鲁迅和茅盾所提出的《山海经》乃保留中国神话最多的典籍之主张。在《中国小说史略》中鲁迅不但认定《山海经》是神话书的性质，还认为《山海经》是一部巫书。当时有一些学者如何定生认为，《山海经》中祭祀山岳的记录只是其中的一部分，不能将其看作巫书。就此，钟敬文是认同何定生的看法的。② 茅盾将《山海经》视作秦末人所编的一部杂乱的神话总集，这一点钟敬文也没有疑义，但他反对茅盾在《中国神话杂论》中所提出的《山海经》"大概都是依据了当时的九鼎图像及庙堂绘画而作说明，采用了当时民时民间流传的神话"之说，钟敬文认为"山海经是有着释图像，释绘画的经文的，但可不是全部如此"。③ 换言之，钟敬文对于《山海经》的神话书性质是没有质疑的，但是他并不认为《山海经》完全是一部神话和宗教性质的书，他并没有完全扬弃中国近代前对《山海经》的看法。在该文开篇他就对《山海经》的性质认识做了历史的叙述，他综合了中国近代前和鲁迅、茅盾等人的看法，提出《山海经》"集合着各时代不同性质作品而成"，释图说、绘画说、地理说等都有可信的一部分。他又从民俗学的角度指出："因为它陆续写于东周及秦汉，而所记的，又多是民间的传说、习俗、信仰，故保存了许多我国古代的文化史料（神话、传说，只是这些材料的一部分）。至于山川、草木、禽兽、金玉等

---

① 何观洲：《山海经在科学上之批判及作者之时代考》，《燕京学报》，1930 年第 7 期，第 1357 页。根据司马迁《史记》的记载，用已知的东西推而远之的方法为阴阳家邹衍所创，邹衍据此提出了大九州说。大九州说认为中国名为赤县神州，州内州外各有九州，而九州之外又有九州和瀛海等环之。参见司马迁：《史记》，线状书局，2006 年，第 326 页。有人据此认为《山海经》为邹衍所著。

② 钟敬文：《山海经是一部什么书》，《浙江大学文理学院自治会会刊》，1930 年第 1 期，第 142 页。

③ 钟敬文：《山海经是一部什么书》，《浙江大学文理学院自治会会刊》，第 143 页。

记载，是有一部分可以相信的。"① 从今天的角度来看，钟敬文是将《山海经》作为一部百科全书来看的，他并不认为这本书是一部纯粹的神话典籍。《山海经》的内容无疑是包罗万象的，不过，在钟敬文的心目中《山海经》中的神话和地理等似乎应该是截然不同的两个部分，这大概是出于一种学科的分科意识。但是，《山海经》中的地理叙述，关于各地草木鸟兽、物产还有形态各异的民族和国家的描述是都是充满了神话色彩的，正如袁珂所指出的，《山海经》也是"一部神话性质的地理书"②。不过钟敬文从民俗学的角度给予了《山海经》"文化史料"的地位，这其中是包含着《山海经》的神话学价值在内的。

郑德坤于 1932 年发表的《山海经及其神话》一文开篇用非常优美的文字讲述了神话的由来，指出神话源于原始人对于自然之美和自然之变化的表达冲动："他运用他非科学的思想，造出一段故事来……这段故事便流传在原人的口中。后世的文人把它移植于山海经园中——中国神话的花园。"③ 可以看出，郑德坤是把《山海经》完全作为神话典籍来看待的，他对于《山海经》性质的判断可见茅盾的影响：

> 不敢言山海经，这是儒家正统派的遗毒，当然是错。把它看作实用地理书，也不全对。把它视为小说，去其性质还远。历来学者不知这特殊东西，所谓神话者，原来是初民好奇心和求知欲，以及原始信仰的产物，其中有初民的宇宙观，宗教思想，道德标准，民族历史，并对于自然界的认识等等。西洋文学东渐以来学者才看到山海经中神话的价值，承认其为记载中国古代神话最可靠的材料而加以研究。④

郑德坤阐发了茅盾的观点，他将《山海经》中的神话价值归为三类：首先是《山海经》的历史价值。他指出："神话确能或明或晦地反映出原始人类的心理状态和生活情形，是很可贵的文明史的史料。"⑤ 其次是《山海经》的文化价值，他认为从《山海经》的神话"可以看出中华民族原始的哲学、原始的科学、原始的宗教，历史及社会的生活"⑥。在此篇文章中，郑德坤详细搜集和罗列了《山海经》中的神话语源，并将它们分为哲学的、科学的、宗

---

① 钟敬文：《山海经是一部什么书》，《浙江大学文理学院自治会会刊》，第 144-145 页。
② 袁珂：《山海经全译》，北京联合出版公司，2016 年，第 6 页。
③ 郑德坤：《山海经及其神话》，《史学年报》，1932 年第 4 期，第 127 页。
④ 郑德坤：《山海经及其神话》，《史学年报》，第 129 页。
⑤ 郑德坤：《山海经及其神话》，《史学年报》，第 151 页。
⑥ 郑德坤：《山海经及其神话》，《史学年报》，第 151 页。

教的、社会的、历史的五个范畴。其中科学的神话下主要包含了原始人解释自然现象——日月、风云雷雨、山、水、奇异的动植物以及季节和四方的神话，社会的神话下又包含了人事和衣服的起源和医药神话。郑德坤最后论及的是《山海经》的文学和艺术价值。他并不认同《山海经》是小说，但他认为："神话又是最古的文学，其艺术是永远不朽的。他们至今仍是诗歌，音乐，绘图，雕刻，建筑及一切艺术作品的感发物。山海经虽由演化而失掉其在民间的权利，但其艺术价值犹在。"①

王国维的传世之作《殷卜辞中所见先公先王考》（1917）对于《山海经》研究的最大贡献在于用考古学的方法，将《山海经》《竹书纪年》等典籍中的内容和甲骨卜辞互证，从而证实了《山海经》的《大荒东经》中所记载的王亥并非杜撰，其人乃殷商的先公先王。由此，他指出："夫《山海经》一书，其文不雅驯，其中人物，世亦以子虚乌有视之。《纪年》一书，亦非可尽信者，而王亥之名，竟于卜辞见之，其事虽未必然，而其人则确非虚构。可知古代传说存于周秦之间者，非绝无根据也。"② 王国维的发现无形中抬高了《山海经》的史学价值。在《山海经》神话典籍地位确立后，出现了从历史的角度挖掘《山海经》神话价值的各种言说。但是，20世纪20年代以后，古史辨运动已经轰轰烈烈地展开，从《山海经》寻找史实的研究并非主流。古史辨派的领军人物顾颉刚在1928年写于自己的学生何定生的信件中专门论及了《山海经》的学术价值。他说："我们看古书的价值，不必完全在史实的真实上……《山海经》是古代神话、故事、巫术、地理观念、博物观念之一大结集。"③顾颉刚看重的是《山海经》承载的包括神话在内文化价值，但否认它其中包含着史实的真实。这一时期，从历史的角度探讨《山海经》神话价值的研究多多少少受到了古史辨派的影响，他们并不看重《山海经》中是否具有真实的史实，而是力图从《山海经》中寻找古代社会的各种因素。

胡钦甫于1929年发表的《从山海经的神话研究所得到的古史观》表明了他古史辨派的观点。他研究《山海经》的目的在于通过神话来证明中国的古代史是伪造的，其前提在于他认为："神话在古代的民族里是很需要的很普遍流传的。因为一般儒者看不起他有文学上的地位与价值，所以他的内容还仍是很纯真的，没有经过后人的伪造。我们承认古史是由神话引申出来的，则古史

① 郑德坤：《山海经及其神话》，《史学年报》，第151页。

② 王国维：《殷卜辞中所见先公先王考》，方麟，清华大学国学研究院：《清华国学书系：王国维文存》，江苏人民出版社，2014年，第355页。初出：《观堂集林》卷9，乌程蒋氏刊行，1917年。

③ 顾颉刚：《致何定生》，《顾颉刚书信集·卷二》，中华书局，2011年，第314页。初出：《国立中山大学语言历史学研究所周刊》第2集第21期《学术通讯》，1928年3月20日。

与神话自然有密切的关系。"① 当时已有一些学者对《山海经》的成书年代和篇目做了考订，认为《山海经》的成书年代大概在战国时期至西汉和魏晋之间陆续完成。胡钦甫据此指出："各经中所记载的虽同为怪诞的神话，但因时代的不同，思想演进先后的差异，而传说中的神话亦跟时代思想而变迁。"② 为了证明以上观点，他对《山海经》中的十八个神话人物如黄帝、轩辕、鲧、尧、舜、帝俊、少昊、西王母等相关记述做了归纳整理，罗列了这些人物由地名和兽名直至神名的逐渐演化，从单独的神至有家谱的神的复杂化，从简单到复杂的描写的详细化，指出黄帝、尧、舜、禹等人物并非儒家典籍中所塑造的圣主贤君形象，古代史也非黄金世界。胡钦甫对于神话价值的判断建立在对中国儒家编辑的古史的批判上。他认为：

　　假使我们收集神话的材料，来编成一部中国的古代史，其事实虽异常玄妄虚诞；其演进的系统，却能适合人类进化的原理。这就是因为神话的传说是有时间性的，能随着人类的进化，而演进的。所以我认为用古代原始及演进的神话，来证明中国古代史的荒谬，在故纸堆中的材料中，总是比较可靠的。③

　　由于胡钦甫认为《山海经》中的神话的人物其实是经过了各个时代的加工，而中国儒家所造的圣贤人物又来自加工后的神话人物，所以他认为儒家所编辑的中国的古史其实都是伪造不可信的。《山海经》这样的古代的神话书由于记载了神话人物的原始面貌，又一直不为儒家所重视，所以反而能保存一些真纯的神话传说并能够反向古史的荒谬，从这个意义上而言，《山海经》的内容虽然荒谬，不能当真，但却具有史料的价值。

　　吴晗在《山海经中的古代故事及其系统》（1931）显示的观点与胡钦甫有相似之处，不过他的目的并不在于推翻古史的可靠性。吴晗主要分析了《山海经》中的一些人物的家系，他认为《山海经》所叙述的家系"一部分以女性为原始的祖先，而一部分又以男性为祖先，一部分又糅合男女二性"，由此可以了解到"史前时代至有史时代所经历的三个不同的演进阶段，和女系本位的社会组织确曾存在于中国古代社会的这一事实的证明"。④ 由此，他认为：

　　山海经所叙述的是史前时代的民间传说同故事，在事实上有被保存到较后的时代的可能……它的来源是现实的反影同初民的信仰。不过总是虚构的成分居多。所谓被保存的故事中的可靠的几分真实性，就是那某一故事或传说所形

---

① 胡钦甫：《从山海经的神话研究所得到的古史观》，《中国文学季刊》，1929 年创刊号，第 1 页。
② 胡钦甫：《从山海经的神话研究所得到的古史观》，《中国文学季刊》，1929 年创刊号，第 3 页。
③ 胡钦甫：《从山海经的神话研究所得到的古史观》，《中国文学季刊》，1929 年创刊号，第 24 页。
④ 吴晗：《山海经中的古代故事及其系统》，《史学年报》，1931 年第 3 期，第 99-100 页。

成以及产生的时代的社会背景，不过经过了若干年代以后，社会的组织由渐进或突进的演变，而发现了与前一时代的基础组织的根本差异，执笔记载这某一故事或传说的作者，就难免将自己的时代的社会背景，不知不觉的添了上去，不过那最初保留的几分真实性，到这时期至少还被保留了一些，这是可以断言的。①

也就是说，吴晗虽然承认《山海经》中的传说与故事虚构成分居多，但是并不否认其具有一定的真实性，这种真实性源于其产生和形成的时代的社会背景中，是当时"现实的反影同初民的信仰"，这些内容虽然有可能经过了后世的增饰和修改，但也有可能在记载中被保留下来一部分。这与郑德坤的意见是一致的。不过胡钦甫所偏重的是用神话为武器来疑古，而吴晗所偏重的则是用神话来释古。

这样，《山海经》在所谓科学的观照下虽然不再被视为完全真实的叙述，但当其作为神话书的言说确立后，以"实"和"虚"来判定《山海经》价值的论争不再延续。新的《山海经》认识既承认神话的荒诞，却又认同荒诞中包含着"实"。从神话的角度阐释《山海经》的价值反映了当时学人对于神话认识的加深。在此过程中，作为神话书的《山海经》所承载的文化和历史的价值——原始信仰和原始社会思想、生活、组织的反映，中国各种学科和文化艺术的源流，儒家所造古史的反照，在 20 世纪的二三十年代被一一挖掘出来，它们重新赋予了《山海经》这一国故新的价值。

本章小结

《山海经》成为神话经典的经典化过程即是对《山海经》为神话书的认知、规范过程，也是从神话的角度赋予其民族精神和文化传统价值的过程。《山海经》这一国故被塑造为神话经典是新文化思潮下整理国故运动的具体一环，其目标是通过西方的知识、价值、学科体系重新认识、评判和划分国故，从而建立起与西方文明相对抗的再造文明。《山海经》为神话书，这一话语由鲁迅经《中国小说史略》由日本输入中国，在中国又分流为两条认识路径。最早提出这一学说的盐谷温试图将《山海经》纳入中国小说史的框架，并将

---

① 吴晗：《山海经中的古代故事及其系统》，《史学年报》，1931 年第 3 期，第 99 页。

其定位为中国小说的先驱。这一定位建立在中国清代以来的《山海经》认识和源于西方的先验观念的基础之上。前者指《山海经》为小说书的认识，后者则为小说起源于神话的观念。《中国小说史略》中《山海经》的论述是对盐谷温思考路径的发展和具体化。以小说的神话起源论这一先验式的观念为前提，鲁迅将中国小说的源头"街头巷语"的本根放置于神话传说中，在采纳明代和清代《山海经》为"语怪之祖"和"小说的最古"认识以及规定《山海经》为中国传统小说类别"志怪之作"的基础上，他将神话书《山海经》树立为中国小说的源流。但是，两位学者的论述中存在着古今东西小说概念的混同，就《山海经》与小说、神话与小说的关联性也没能充分说明。这种混同和论证的不足显示了中外古今知识体系的碰撞，也显示了近代学者通过融合、对接、改造西方和中国前近代学说，构筑新的学科体系的创造性劳动过程。在这一过程中，神话书《山海经》的文学价值得以确立，其言说的影响力至今不衰。另一方面，茅盾肯定了《山海经》神话书说，否定了其小说书说。他运用人类学派神话学说定义和分类中国神话并在此基础上搜集和识别《山海经》中的神话语源，证明《山海经》为中华民族原始信仰和社会生活状况的反映。而他的这一认识得到了更多学者的阐发，作为神话书的《山海经》被赋予了各种文化、艺术、历史的价值，它被视为中国原始社会思想、生活、组织的反映以及中国各种学科和文化艺术的源流和灵感所在。正因为《山海经》是一部神话性质的多学科综合的混沌体，它的附着于神话中的文学的、哲学的、科学的、宗教的、社会的、历史的各种价值才得以被发现，而《山海经》正是在近代学者们的发现和一系列言说的改造中成了今天我们所认为的神话经典。

第七章　中国神话学在儿童教育领域的浮现

　　中国关于神话的探讨并不仅限于学者们的学术研究，在大学文教体系也有所体现，如鲁迅对神话与小说的认识、顾颉刚的古史辨思想均进入了大学课堂。[①] 但是神话的价值探讨和中国神话故事进入大众视野却是通过儿童教育领域，这一过程是中国神话学知识生产和传播链中的重要的一环。儿童通常被认为是一个历史的概念，在启蒙主义对于人性的呼唤中，儿童作为一个异于成人的群体被发现。儿童开始不再被视为缩小的成人，尊重儿童，[②] 了解儿童的个性、情感、心理、审美的呼声浮出地表。在中国，儿童被发现也是清末以来西学东渐的结果，尤其在中华民国成立之后，儿童作为构成现代民族国家基础的国民的预备军，其身心培育被提上日程。1912 年教育部公布的《小学校令》明确提出："小学教育以留心儿童身心之发育，培养国民道德基础，并授之以生活必需之知识技能为宗旨。"[③] 在 1919 年拟定的《教育宗旨研究案》则将"以养成健全人格，发展共和精神"[④] 作为教育的宗旨。教材和儿童读物作为教育实践中不可或缺的一环，对于国民精神的培育有着不容忽视的影响。正因如此，关于儿童教材和儿童文学的探讨被纳入了近代知识分子的思考和话语范畴。而神话学与儿童教育领域的交集正是在这样的背景下发生的，它具体体现为起于 20 世纪 20 年代初持续至三四十年代的有关"神话题材故事是否适合儿童教育和儿童读物"的讨论。在此期间，不少神话研究者和教育研究者都发表了自己的意见，一些国外相关的论文也被翻译过来以支持不同的观点，这次

---

　　① 如鲁迅的《中国小说变迁史》即是 1924 年 7 月于西北大学的授课讲义，其中涉及了神话与小说的关系。而顾颉刚在 20 世纪 30 年代中期之前曾先后任教厦门大学、中山大学、燕京大学等学校。但是在 1897 年至 1937 年间神话学如何走进高教体系和课堂，目前还缺乏这一方面的有力资料。

　　② 捷克教育学家扬·阿姆斯·夸美纽斯（Comenius Johann Amos）以儿童本位编写的《世界图解》（1658）等百科全书被译成多民族语言，用于欧洲学校的儿童教育。《简明大不列颠百科全书》称这本书体现了"儿童不是缩小的成人"。卢梭的（Jean-Jacques Rousseau）《爱弥尔》（1762）提出"要尊重儿童"。参见韦苇：《世界儿童文学史》，安徽教育出版社，2015 年，第 41 页。

　　③ 璩鑫圭，唐良炎：《中国近代教育资料史汇编：学制演变》，上海教育出版社，2007 年，第663 页。

　　④ 璩鑫圭，唐良炎：《中国近代教育资料史汇编：学制演变》，第 859 页。

讨论所深入人心的程度从当时一般教育者的论述中可见一斑。有人指出："教材的好坏，非但足以左右教育的成败，且能影响国家的盛衰，所以一般教育者，对于小学采用神话教材问题，引起了极大的注意。"① 这次讨论虽然是以儿童教育为着眼点进行的，但是论争的背后其实隐藏着当时中国对于神话这一全新概念的理解及对其价值的判定。从某种意义上而言，中国早期关于神话价值的讨论正是在这一过程中广泛展开的。其间，神话的认识不断得以更新，也不断得以传播，从而成为某种程度上的公共知识。而作为这次讨论的实践之一，中国神话的一部分语源也被改编成宜于儿童阅读的故事，通过被编入儿童教材及儿童读物得到了进一步的传播，它们中的一部分又成了我们今天所耳熟能详的中国神话故事的经典。本章的主要目的不是探讨儿童教育理论的建构，而是通过神话领域与儿童教育领域的关联透视神话的价值如何被认识，中国的神话又是如何通过儿童教材和读物得以传播。

第一节　神话教材与读物是否适宜于儿童的讨论

一、神话教材、读物与儿童教育议题的缘起及关注点

神话教材、读物是否适宜于儿童教育这一议题的出现和展开一方面与当时培养新时代国民的教育目标相关，一方面也与西方儿童教育理论和儿童心理学说的输入脱不开关系。方卫平指出，中国儿童文学理论的诞生"借助了近代西方儿童心理学、教育学、人类学（民俗学）、儿童学"等"助产士"②。美国心理学家斯坦利·霍尔（G. S. Hall）所提出的复演说（Recapitulation Theory）与基于进化论的人类学派学说"对'五四'时期中国儿童文学理论观念产生了深刻的影响"③。霍尔复演说的核心是将儿童心理的发展"看作是人类物种发展的重演"，在这种理论下"儿童的游戏、技艺和社会行为都被看作是对人类发展早期阶段的复演"④。霍尔的理论不乏以进化论机械解释个体心理的一面，在心理学的发展史上并未留下多大的痕迹。但是，复演论在神话教

---

① 陈荣卿：《关于神话教材的意见》，《吴江乡村师范学生会刊》，1936 年 12 月，第 19 页。
② 方卫平：《中国儿童文学理论发展史》，少年儿童出版社，2007 年，第 139 页。
③ 方卫平：《中国儿童文学理论发展史》，第 142 页。
④ ［美］戴维斯·霍瑟萨尔著，郭本禹等译：《心理学家的故事》，商务印书馆，2015 年，第 349 页。

材与读物是否适宜于儿童的讨论中却经常被引为理论依据，因为如果基于这一观点来看，人类学所主张的发生于人类原始阶段的神话是符合儿童心理的。周作人是中国最早发现儿童、提倡儿童文学的先驱之一，他在《儿童问题之初解》（1912）、《儿童研究导言》（1913）、《人的文学》（1918）等文章中都呼吁要把中国儿童从儒家宗法体系和父子纲常的束缚中解放出来，重视儿童的身心的发展，将儿童还原为独立的"人"。在前两篇文章中，周作人都引用了霍尔的复演说，他认为儿童"以二十余年中遍示人类进化之迹。比量考索，足以互相发明"，因此"儿童研究固与人类学相关，歌谣游戏之研究，亦莫不有藉于此"。① 不过，这里需要强调的是，在中国的这场讨论中出现的神话不总是严格界定的学术上的概念，而是一个比较广义的概念，它有时候是指原始社会的所产，有时候也包括了童话以及神仙故事等内容，这也从侧面反映了当时中国对于神话的一般认识（详见第二章）。

　　神话教材与读物是否适宜于儿童的讨论也是中国以欧美及日本为蓝本进行教育实践所产生的结果。西方在儿童教育上使用神话一类教材有其历史传统，从 19 世纪初格林兄弟开始对民间文学和童话进行搜集、整理以及改编起，这一类题材逐渐被纳入了儿童教育和文学的领域。正如美国学者 Gilbert L. Brown 在 20 世纪 20 年代所指出的，"神话，初民故事和神仙故事在儿童读物里面所以能占有现在的地位，一半也是因为这些材料是已经被编成故事的体裁了"②。1936 年，黄翼在《神仙故事与儿童心理》一书中回顾了中国这场讨论的发生。他说：

　　　　关于神仙故事的价值的争论，在欧美已有数十年的历史……近年来我国仿效欧美习俗，神仙故事式的文学骤然发达。现在神仙故事已经构成儿童课外读物的极大部分，并且侵入了正式课本之内。几年前周毓英君发表一篇"神话非儿童读物"，前年中华儿童教育出版社在上海开年会，尚仲衣先生演讲选择儿童读物标准，更明白攻击神仙故事。于是这个问题在中国也有人注意了。③

　　尚仲衣于 1931 年在《儿童教育》杂志发表《儿童教育与鸟言兽语的讨论：选择儿童读物的标准》，他认为读物中的"鸟言兽语神仙鬼怪等故事"是

---

　　① 周作人：《儿童研究导言》，朱自强：《现代儿童文学文论解说》，海豚出版社，2014 年，第 28 页。初出：《绍兴县教育会月刊》，1913 年第 3 号。周作人在本文中所界定的儿童包含了至 25 岁的青少年。

　　② ［美］Gilbert L. Brown 著，徐侍峰译：《反对以神话、初民故事和神仙故事作儿童基本读物的理由》，《国语月刊》，1922 年第 1 卷第 1 期，第 5 页。

　　③ 黄翼：《神仙故事与儿童心理》，商务印书馆，1936 年，第 1—2 页。

"违背自然的实际现象"的，① 而且这一类故事中也包含了迷信以及恐怖和不好的道德观，因此不应纳入儿童读物内。尚仲衣的观点是对时任湖南省府主席何健于同年上书教育部，要求改革教材，取消"鸟言兽语"咨文的正面回应。何健在咨文中说："近日课本……禽兽能作人言……鄙俚怪诞，莫可言张。尤有一种荒谬之说，如'爸爸，你天天帮人造屋，自己没有屋住'……不啻鼓吹共产，引发'暴行'。"② 在何健和尚仲衣这样的认识下，1932 年国民政府教育部公布《审查儿童文学课外读物标准》，明确规定"事实与儿童悬殊隔绝者""现象过于违背自然法则者""传说过于神秘、虐妄、怪诞不经者"要予以修订或禁止发行。③ 以上的言论和规定一方面体现了时人对包含了童话以及神话等一类故事的认识，一方面说明儿童文学的建构一开始就无法摆脱政治的影响。

不过，关于神话教材、读物是否适宜于儿童教育讨论的展开并非如黄翼所言是 20 世纪 30 年代才开始的事情。早在 20 世纪的初期，在《吉林教育官报》上就出现过《小学教授材料不宜采用寓言神话论》的文章。在该文中作者指出"我国教育萌苗方始，其所法取，恒在东邻。遂有谓教授材料利用神话童话寓言之属，亦足以唤起其律动之快感而鼓舞其想象力。"④ 但对于神话等可以鼓舞儿童的想象力之说，作者并不赞同，他认为："想象固为儿童之特质，惟其扩大过度者，亦为一种之谬误，为此种谬误实证者是之谓妄想，此虽非由于疾病而亦稍近于精神病之域矣。小学教授而取材神话或故为寓言，能不使之弊至于此乎……我国学者每每陷于渺漠之空想，忽于实物之研究，而数千年社会之心象又不外圣人神道设教之一语，故今日之教育而仍不免有寓言神话也者，其去古教也远矣。"⑤ 其实，作者通篇并没有对神话寓言的概念加以说明，他所认为的神话是指《聊斋志异》中的狐鬼之谈以及"圣人神道设教"这样的一类东西。在作者看来，这一类东西是扩大的想象，是"实物"研究即科学的对立面之"谬误"和"妄想"，它们造成了中国学术和统治的弊端。这篇文章并没有在社会上引起任何反响，但其提出的问题和观点与后来学者间的讨论有着极大的共性，反映了时人对于神话的看法。

1920 年 12 月 23 日教育研究会在南京高等师范学校召开了"讨论神话教

① 尚仲衣：《儿童教育与鸟言兽语的讨论：选择儿童读物的标准》，《儿童教育》，1931 年第 3 卷 8 期，第 1 页。

② 蒋风、韩进：《中国儿童文学史》，安徽教育出版社，1998 年，第 288 页。

③ 蒋风、韩进：《中国儿童文学史》，第 291 页。

④ 《小学教授材料不宜采用寓言神话论》，《吉林教育官报论著汇订本》，1911 年，第 217 页。

⑤ 《小学教授材料不宜采用寓言神话论》，《吉林教育官报论著汇订本》，第 218 页。

材问题"的研讨会，有百余人参加了这次会议。① 1921 年，与会的周邦道将讨论会的发言记录发表于《教育汇刊》。在此次会议上，对于神话教材是否适宜于儿童教育这一议题最为持反对意见的为邰爽秋。不过在这次辩论中，他提出的反对理由仅仅集中于两点：一为论理问题，即神话的逻辑问题；二为儿童的智识问题。他担心："神话所载离奇古怪，不合逻辑；以不合逻辑的东西，讲给儿童，对于儿童将来的知识，必大受影响。"② 针对邰爽秋的观点，一些与会者予以了反驳。如杨效春就批驳了邰氏所谓"儿童学了神话之后，对于研究科学与行为的真实便多妨碍"之主张其实是一种科学至上论，他提出人需要物质和精神两方面的满足，"所以单独有科学，绝不能满全人之欲求。宗教，美术，文学，哲学等都各具有其价值的"，而"神话教材是可以补科学之不足，所以（一）从儿童性情（二）神话本身的价值两方面看来，神话是可以做小学之一种教材的"③。杨效春肯定了神话在科学以外的精神层面上的价值，而张士一则提出"神话是相对的，不是绝对的。世界递嬗，变化多端，今日科学，未非必他日神话"④，这其实是肯定了神话在其产生时代的科学价值。此外，与会者还提出神话可以弥补和发展儿童的想象、引起儿童的兴趣，合乎儿童的心理等观点来证明神话教材的价值。这些价值说都有西方的理论源头，比如神话可以弥补儿童的想象来自 Miller 的学说，神话合乎儿童的心理与霍尔所提倡的复原说有很大的关系。从这次讨论会的记录内容来看，大家所提出的观点和理由还比较简略，但这次讨论会所提出的观点和问题已经成了今后学者间争论的基本关注点。

二、神话教材、读物与儿童教育议题的展开

在 1920 年的讨论会后，邰爽秋将自己观点加以补充、完善和整理并在次年以《对于神话教材之怀疑》为名发表于《中华教育界》。在此文中，邰爽秋首先对神话做了界定：

学者对于神话的解释，非常纷杂：冯德 Wundt（笔者注：冯特）则以为包涵科学同宗教，规定家庭习惯及公共生活。弗纳沙 Frazer（笔者注：弗雷泽）则以为神话是说明的自然界及人种起源的现象。斯宾塞 Spencer 则以为是人类远祖曲解的故事。此外又有人以为神话就是论及神同英雄的故事，带有不真实

---

① 《南京高等师范日刊》1920 年 12 月 26 日第 1 版报道。
② 周邦道记：《辩论：神话教材问题》，《教育汇刊》，1921 年第 2 卷第 1 集，第 1 页。
③ 周邦道记：《辩论：神话教材问题》，《教育汇刊》，第 3 页。
④ 周邦道记：《辩论：神话教材问题》，《教育汇刊》，第 6 页。

非理性的性质。又有人以为就是人类事实的记载，叙述不可思议的人物，含有历史的及假想历史的性质，仙人故事 Fairy tales 同神话相近，不过他们的意义稍狭，大概叙述小神的事情。可见神话的意义，无一定的解说。从狭义看只论神的关系，从广义看，实包有不可思议不合事实不合理性各种东西在内。①

　　从以上叙述来看，邰爽秋对于当时的一些西方神话学说是做过一定研究的，他将神话看作"不可思议不合事实不合理性"的东西也是基于以上的学说。但是，他并不认同神话教材的价值，对于 1920 年的会议上所提出的各种神话教材的价值说都一一予以了反驳。当时，为了声援反对方的意见，徐侍峰翻译了发表于 1921 年的美国学者 Gilbert L. Brown 所著《反对以神话、初民故事和神仙故事作儿童基本读物的理由》一文并于 1922 年刊载于《国语月刊》。Gilbert 首先批评复演说是一种牵强附会和空想，他指出人的脑组织几千年来并无变化，人在文化上之所以不同仅仅是因为教育和环境产生了变化。因此学校的课程应该按一定社会的需要而定，没有必要"再把民族的生活历程再过一遍"②。对于想象，他又将其分为科学的、文学的和虚构的。他认为科学的想象在实用上是能够产生功效，在理论上能够形成"一致符合"，即形成一个"整个的整体"，而文学的想象则要合于人类的经验。虚构的想象则不符合以上原则，而神话、初民故事和神仙故事就属于虚构的想象。因此，Gilbert 断定："在虚构的想象上所得的训练不能于组织他种想象有帮助，并且往往是组织他种想象的积极障碍。"③ 对于神话能够引起儿童的兴趣，Gilbert 也认为这一点并不能够成为神话可以成为儿童读物的充分理由，其他的教材也可以引起儿童的趣味。Gilbert 的论调从总体来看，与邰爽秋在 1920 年研讨会上的主张是比较接近的，他认为用这一类材料做儿童读物的结果是"儿童方面得一点能读、能背荒诞故事的能力；而对于关于自然，和关于我们底政治家、发明家、诗人、普通的人们和他们底真实故事反茫无所知"④。可以说，这种认识是与他们对神话性质的判定相连的，即神话是不合逻辑的、脱离现实的、荒诞的空想，是"真实"的对立面，因而不但不具有实用性，反而会使儿童陷于空想，阻碍其认知科学、自然和社会的能力。邰爽秋在《对于神话教材之怀

---

　　① 邰爽秋：《对于神话教材之怀疑》，《中华教育界》，1921 年第 10 卷第 7 期，第 3 页。
　　② ［美］Gilbert L. Brown 著，徐侍峰译：《反对以神话、初民故事和神仙故事作儿童基本读物的理由》，第 3 页。
　　③ ［美］Gilbert L. Brown 著，徐侍峰译：《反对以神话、初民故事和神仙故事作儿童基本读物的理由》，第 4-5 页。
　　④ ［美］Gilbert L. Brown 著，徐侍峰译：《反对以神话、初民故事和神仙故事作儿童基本读物的理由》，第 6 页。

疑》中所批驳的几点与 Gilbert 的论调也极为相似。此外，他还指出了"虚伪"的神话会通过教育带给社会的危害。

> 神话这样东西，所以能满足野蛮人底知识的道德的需求，就是因为对于他们是真的，不过我们以他为假罢了……若说到他们（笔者注：指儿童）不能辨别真伪，就拿伪的东西去教他，不是欺骗他们吗？伪的东西如妖魔鬼怪之类最易动听，误谬的观念，深印脑中，历久不忘……我国的教育很不普及，实际上有百分之五六十的人受不到教育。这些不受教育的人在幼时受了家庭社会里的种种神话的知识，后来又没有矫正的机会，误谬的观念根深蒂固于脑中，至老死不改，迷信鬼神，因以成为社会的风气。办教育的目的，原在改良社会，又哪能在无形中又播下许多迷信鬼神的种子呢？[1]

可以看出，在邰爽秋看来，"伪"和"误谬"是画等号的，正因为神话是"伪"的、"误谬"的，因而它就成了迷信鬼神的源头，在教育中使用神话教材其实就是撒播迷信，与改良社会的教育目的背道而驰。1936 年出版的黄翼的《神仙故事与儿童心理》是一本专门讨论这一议题的著作。黄翼的主张严格来说不能算是完全反对的声音。就神仙故事是否适合儿童心理这一点，他主要从神仙故事是否"适合儿童的嗜好、趣味"、其想象是否"和儿童自然想象相似"、其宇宙观人生观是否"和儿童的宇宙观人生观相似"[2] 这三个方面进行了探讨。黄翼列举了相当多的西方学者的论述，如维也纳大学的儿童心理学家泰斗夏洛卑勒（Charlotte Buehler）和其丈夫卡尔卑勒（Karl Buehler）对于格林童话特点的分析，瑞士心理学家乔恩批亚瑞（Joan Piaget，今译皮亚杰）关于儿童对自然及其现象变化的见解分析，其结论是一分为二式的，他指出：

> 神仙故事以儿童为中心人物；以家庭亲属及常见动物为主要陪角；用直率夸大的幻想满足原始的希望；其中人物的行为，无顾虑地一任冲动；故事的结构是特殊的重复体裁；情节注重惊诧的转变；词语材料浅近而易于了解；——这些特色，可以说是适合儿童心理的。神怪事情的效用，大概是引起惊诧及幻想的欲望满足。至于所描写的社会背景，是日耳曼诸邦封建时代的社会背景，神怪人物事迹，是古来迷信的传说；对于森林山洞的畏怯，是荒原时代的心理；义外的道德思想和报应的观念，是传统的教育制度的产品：——这些是已成为过去或将成为过去的文化的遗迹，与儿童的心理并无直接关系……在影响儿童方面，儿童中心，家庭背景，重复结构，惊诧情节，浅近易解诸端，是有

---

① 邰爽秋：《对于神话教材之怀疑》，《中华教育界》，1921 年第 10 卷第 7 期，第 7-8 页。
② 黄翼：《神仙故事与儿童心理》，商务印书馆，1936 年，第 7 页。

利无弊的。凶恶残暴的描写，可以引起惧怕的苦痛，养成怯弱的性情；原始的道德教训，养成错误的道德观念，皆深可訾议。至于愿望之幻想的满足；神怪人物事迹之偏重；人物行事之任性；社会背景之不合现状：我们认为是有多少恶影响之可能，需有相当的指导修改，方可避了害处而得到益处。①

黄翼虽然承认神仙故事在人物、结构和情节以及语言方面是合乎儿童心理的，但是就神仙故事的性质而言，他认为神仙故事是迷信的传说、是原始心理和道德的体现，是过去的文化的遗迹。这事实上是否认了神仙故事的现实意义。这一类的反对声音直至 20 世纪 40 年代也有出现，如程颂文在其 1942 年发表的一文中，虽然承认了幻想是神话的优点，也承认了神话的文学和民族学价值，但仍然否认了神话在教育上的现实意义。他说："神话是千百年前人类意识的反映，有些简直是原始人类的意识的表现。封建的宗法的观念灌输入儿童的脑海固然是有毒素，神怪的迷信的思想涂上孩子的心灵会长成恶的花果。时代是不绝地进步的，我们要建设三民主义的新中国，当然要培养三民主义的新公民。"② 纵观以上反对的声音，可以说，在追求科学与民主的时代风潮中，神话被视为阻碍儿童认识科学和接受民主思想的伪谬和封建迷信受到了质疑。

对于否定神话价值，否定其在儿童教育上的积极意义的主张，中外不少学者都持反对意见。比如，1922 年 3 月美国蒙太拿大学教授 W. P. Glark 就发文驳斥了 Gilbert 的观点。严既澄在看到 Glark 的文章后也于同年 11 月发表了《神仙在儿童读物上的位置》一文，对神话教材予以了辩护。严既澄是支持复演说的，他批判了仅从科学和实用价值上去评判神话，忽略其精神层面价值的偏见，也肯定了儿童的独立人格，指出不能将儿童看成缩小的成人，不能过于看重物质生活，以"科学所知的律令法则去束缚儿童的想象力"。他引用了 Glark 对 Gilbert L. Brown 的批判："白郎君显然假定一辆摩托车和一架飞机的构造，较之种种的创作更为重要。他这个假定是很有疑问的。我们估量神话的价值，须从他对于精神上的内省的贡献而决定；谁能不相信神话所贡献于人心的，比摩托车和飞机大得多呢？"③

对于神话养成迷信一说，周作人也在 1924 年的 1 月和 4 月相继发表了《神话的辩护》《续神话的辩护》予以了反驳。在《神话的辩护》中，他强调了神话的科学以外的价值，尤其是文学的价值。他承认神话不是事实与知识，

---

① 黄翼：《神仙故事与儿童心理》，商务印书馆，1936 年，第 35-36 页。
② 程颂文：《神话在儿童教育上的价值问题》，《广西教育研究》，1942 年第 3 卷第 2 期，第 74 页。
③ 严既澄：《神仙在儿童读物上的位置》，《教育杂志》，1922 年第 11 卷第 7 号，第 704-705 页。

但认为虽然满足知识的要求，但是不能抹杀神话滋养儿童空想和趣味的功能。他也承认神话在最初的产生中不乏神道设教和蛊惑人心的部分，但又指出神话在今日已经失去了这一部分的功能而归为文艺的范畴。① 在《续神话的辩护》中，周作人肯定了郑振铎对于希腊神话故事的介绍（详见第二章）。他指出："神话是原始人的文学，原始人的哲学——原始人的科学，原始人的宗教传说，但这是人民信仰的表现，并不是造成信仰的原因，说神话会养成迷信，那是倒果为因。"他再一次强调了神话的文学价值："因为文学美术多以神话为材料，实在还因为它自身正是极好的文学。"② 这种认识事实上是反驳了完全将神话视为虚构的想象和神道设教政治产物的观点，承认了神话产生于真实的社会生活中并在那个社会发挥着不同的功能。在同年发表的《神话的趣味》中，周作人介绍了历史学派、譬喻派、神学派、言语学派、人类学派等西方神话学派的学说，重申："野蛮人认神话是包含哲学，历史，总之宗教等等……我们所以要研究神话就是要懂得我们的祖先的思想和故事。"他最后总结道："在表面上看来神话似乎莫有多大用处，中国人很反对对小孩子谈鬼说怪，怕引入迷信，这话是错了。我们对于神话拿研究文学的眼光来看，是有价值的，有趣味的；又从心理学上来看，那更是不可漠视了。"③

黄石在其1926年出版的神话学著作《神话研究》（开明书店）的第四章中专门论述了神话的价值。他首先肯定了神话的某种意义上的"真"，指出神话是"原人及野蛮人对于宇宙人生的思想的结晶……在神话中去寻求真理固然是徒劳无功，但凭借神话去推寻真理，却不见得是无益之举吧"。由此，他对于中国传统对待神话的态度予以了批评："不能像我国的缙绅士大夫一样，只因其言'不雅驯'便把它们一笔抹杀。"④ 黄石所认为的"真"还包括神话的历史价值，他指出神话包含着"史前时代的文物礼制和政教风俗……我们一方面固然不能把神话现为'信史'，但他方面却不能不承认一部分神话有历史的事实来做基础。"⑤ 对于神话会导致迷信的观点，黄石同周作人一样也以"倒果为因"为由进行了反驳。他在书中引述了耶芳士（Frank B. Jevons）在《宗教史概论》中的观点，即"神话是原人的科学，是原人的哲学，是原人的历史的一个重要成分，是原人诗歌的源泉，但不是原人的宗教，也不一定是宗

---

① 周作人：《神话的辩护》，《晨报副刊》第4版，1924年1月29日。
② 周作人：《续神话的辩护》，《晨报副刊》第4版，1924年4月10日。
③ 周作人：《神话的趣味》，《文学旬刊》第1版，1924年12月5日。
④ 黄石：《神话研究》，开明书店，1927年，第63页。
⑤ 黄石：《神话研究》，第65-66页。

教的"①。从他的引述中我们可以看出周作人的观点渊源。黄石根据耶芳士的学说指出，宗教思想并非先于神话而产生，神话的目的不是为了宣传宗教，而是宗教现象的表象，因此神话并非宣传迷信迷惑民众的工具。此外，黄石还认为神话具有认识古今道德差异的道德价值以及作为"原人的文学，也是最有趣的文学"的艺术价值。最后，他得出结论，神话不但可以慰藉和丰富成人的心灵，"就是对于儿童，也是一种很好的恩物，可与近代人所作的童话有同等的价值。其价值之所在，并不是给他们以知识，却在于适于儿童的心理，和培养儿童的想象力"②。

1931 年，由葛理格斯 Griggs 所著《神话与民间故事的伦理价值》也由林汉达节译并发表于《世界杂志》，为这场讨论增添了一种新的见解。Griggs 主要从伦理道德方面论述了神话的价值。他客观地评价了复演说所带来的影响——一方面复演说在教育上引起了极端滥用，一方面作为这种滥用的反响迫使许多教师舍弃了神话题材的材料。他尤其强调了神话的"诗的"真实性，指出：

（神话）是历代来民族生活的精炼的结晶……神话不特是艺术，不特是宗教，而且是科学，是哲学……神话是初民生活在理智与艺术上的唯一表现……那时的初民比起我们来是更接近自然，更接近人生的单纯的真实……因此在艺术简单的神话中，初民生活的表现和解释，在内容和形式上都是自然的，真实的，有生命的。他们的感觉又锐利又真切。人性的基本要素是健全的。他们的思想，和诗人一样，是用具体的表像，而不用武断的符号；所以在他们叙述所见所闻的字句中，活跃着物质的隐喻。③

Griggs 所认为的神话的真实性并不是历史的，而是诗的："历史的真实是偶然的，诗的真实是人格的。历史单单述说偶然发生的事件，艺术以为某种人格于某种情景下，理应如何结果。"这种表述很容易让我们联想到亚里士多德在《诗学》中对于历史和诗的评价，正因为神话是诗的具有普遍性的，所以初民的神话随处都充满着"人格的伦理的真理"，这是因为初民的生活表现是由诗人"凭着智慧与情感"整理而成并流传至今，诗人们"直觉地认识了人生的简单法则，忠实地将他们所歌唱的典型的人格描出"。④ Griggs 认为正因为

---

① 黄石：《神话研究》，第 69 页。

② 黄石：《神话研究》，第 71 页。

③ Griggs 著，林汉达译：《神话与民间故事的伦理价值》，《世界杂志》，1931 年第 2 卷第 2 期，第 14 页。林汉达没有介绍 Griggs 其人，其国籍不详。

④ Griggs 著，林汉达译：《神话与民间故事的伦理价值》，第 15 页。

神话具有伦理方面的真实性，而神话中的善恶对立及伦理标准又简单分明，利于儿童理解，因此"初民神话如能利用得法，是有益于初期的道德教育的"①。

这样，支持神话教材和读物进入儿童教育领域的各种声音挖掘了神话在精神、文学艺术、宗教哲学、伦理道德以及真实性等各方面的价值，对反对者的观点全面予以了反击。20世纪的30年代以后，虽然也有反对神话教材的声音，但支持的声音还是占据了大多数，如王琼珏所著《神话适合于儿童教育否》（1930），陈伯吹所著《神话的研究（儿童文学研究之一）》（1934），左绍儒所著《神话可否作为儿童读物》（1936），陈荣卿所著《关于神话教材的意见》（1936）② 都对于神话在艺术、文学、伦理道德、科学等方面的价值予以了肯定。不过这些文章的观点多是对20年代前述讨论会内容以及周作人等人观点的重复，此处不再赘述。

综合来看，荒诞和不合逻辑的特性造成了以上讨论中对于神话的一系列负面的评价，伪谈、虚构、空想、谬误等成为神话的修饰语，神话被看作事实和科学的对立面、迷信的源头、歪曲的道德，是与新时代科学与民主观念格格不入的、理应被排斥于新时代国民精神培养领域之外的那一类材料。这种看法当然不能说完全没有合理性，但它完全建立在唯科学论之上，是一种机械的物质论和实用论。这种认识的产生源于盲目的科学理性和对宗教神权的打破。事实上，英语中的myth这个词产生于19世纪宗教崩溃的时代，它自进入英语那一天开始就被视为"事实、历史与科学的对比"③。德国社会学家马克斯·韦伯在1919年所提出的"祛魅（disenchantment）"④ 一词可谓这一认识的高度浓缩。正如本书在第二章所提到的，西方对于神话价值的重新审视，对于神话的审美性、文学性、艺术性、科学性和伦理性的挖掘是与19世纪前后现代神话学的兴起互为两面的，西方社会对于神话态度的正反交织在中国的上述讨论中也得到了回馈和反应。邰爽秋和程颂文等人以科学、迷信为由否认神话的价值未尝不是新文化运动以来用"德先生"和"赛先生"评判旧文化的一种极端

---

① Griggs著，林汉达译：《神话与民间故事的伦理价值》，第19页。

② 王琼珏：《神话适合于儿童教育否》，《集美初等教育界》，1930年第1期；陈伯吹：《神话的研究（儿童文学研究之一）》，《儿童教育》，1934年第6卷第1期；左绍儒：《神话可否作为儿童读物》，《小学问题》，1936年第3卷第20期；陈荣卿：《关于神话教材的意见》，《吴江乡村师范学生会刊》，1936年12月。

③ ［英］雷蒙·威廉斯著，刘建基译：《关键词：文化与社会的词汇》，生活·读书·新知三联书店，2016年，第361页。

④ 马克斯·韦伯于1919年发表的演讲《以学术为业的意义》指出："从原则上说，再也没有什么神秘莫测、无法计算的力量在起作用，人们可以通过计算掌握一切。而这就意味着为世界除魅。"参见［德］马克斯·韦伯，冯克利译：《学术与政治：韦伯的两篇演说》，外文出版社，1997年，第15页。

态度的反射。另一方面，中华民国建立伊始，为强兵富国，时任教育总长的蔡元培提出"实利主义"之教育方针并将其纳入 1912 年教育部颁布的《教育宗旨令》中规定的四种教育宗旨——道德教育、军国民教育、实利教育、美感教育之一。[①] 实利主义教育是蔡元培对清末"尚实"教育方针的发展，按照他的解释，实利主义为智育，其中囊括了历史、地理、算学、物理、化学、博物学等现代科学。对于国语国文教育，蔡元培将其分为实利和美感两个方面——"依准文法者属于实利，依准美词学者属于美感"，但综合来看，他所关注的仍是文法和美词等较为实际的方面。蔡元培非常看重实利教育，指出"实利教育当占百分之四十"[②]。实利教育重视科学技术人才的培养，对于推动贫弱中国的发展是有着不可忽视的现实意义的。但是，在尚实以及实利主义的教育方针的关照下，神话这一类被人类学派视为古代文化遗留物的东西的确很容易被看成于现实世界无意义的虚妄。从这个意义上而言，神话教材和读物的支持者们对于神话在历史和哲学层面的"真"的挖掘、对于神话在宗教、民族、文学、科学、伦理道德等层面价值的肯定，对于神话在激发儿童想象力，培养儿童趣味、性情，丰富儿童心灵等精神层面功能的肯定无疑是对以科学至上主义和实用主义评判神话观点的一种有益的修正和补充。如今，距离这场讨论已经过去了将近 100 年，无数事实说明，神话题材的故事不但没有从儿童的世界中消失，它还从不同的方面滋养着成人的世界。这一点，民国的知识分子早已意识到，诚如谢六逸在《神话学 ABC》（1928）的序中所言，现代科学家和哲学家之所以能不断地发现宇宙的秘密"实间接地有赖于先民对于自然现象与人间生活的惊异与怀疑……那些说明自然现象与社会现象的先民的传说或神话，是宇宙之谜的一管钥匙；也是各种知识的源泉"[③]。2001 年和 2011 年，教育部制定的《全日制义务教育语文课程标准（实验稿）》及《义务教育语文课程标准》相继出台，在其中"关于课外读物的建议"部分，教育部均明确

---

① 1912 年颁布《教育部公布教育宗旨令》，璩鑫圭，唐良炎：《中国近代教育资料史汇编：学制演变》，第 661 页。《宗旨令》规定："注重道德教育，以实利教育、军国民教育辅之，更以美感教育完成其道德。"

② 璩鑫圭，唐良炎：《中国近代教育资料史汇编：学制演变》，第 622 页。蔡元培并非不注重"虚"，他认为世界有两层面，实体世界和现象世界，前者是指"道""太极"或"神"之类的哲学层面的人类的最高追求，但蔡氏认为达到实体观念即他所名之的"世界观教育"不能结合实体世界之事，即宗教，因为现象世界中人及人的欲求是千差万别的，与实体世界的幸福并不完全吻合。只有人先满足了现象世界的幸福，才能进一步渴慕和领悟实体观念。他认为图画、唱歌、手工、游戏等美感教育是由现象世界通向实体世界的桥梁。综合来看，他所注重的仍是比较实际的方面。参见第 619—623 页。

③ 谢六逸：《神话学 ABC》，ABC 丛书社，1928 年。

将"神话故事"作为推荐读物提出，① 这说明民国时期知识分子对于神话在儿童教育中所起的积极作用的评价在我们的时代已经得到了认可。

第二节　中国神话故事的早期出现和传播

一、中国神话故事书的出现及特色

　　神话题材的教材和读物是否适宜于儿童的讨论的广泛展开恰恰说明神话题材的教材和读物已经在儿童教育领域展开，也说明神话故事作为宜于儿童身心发展的那一部分材料已经得到了一部分人的认可。正因为神话与儿童教育有着如此深切的关系，中国最初的神话介绍以及中国神话故事的编辑、出版有很大一部分都是面向儿童而进行的，而近代新闻业和出版业的迅速发展也使中国神话故事的广泛传播成为可能。20 世纪 20 年代中期以后，外国和中国的神话介绍开始出现（详见第二章），其中有相当一部分的介绍都是以儿童杂志为中心展开的。如以《儿童世界》为据点，茅盾在 1924 年到 1925 年介绍了多则北欧和希腊神话故事。1926 年，《儿童世界》杂志上还刊载了胡怀琛编写的中国神话故事 26 则。1930 年到 1932 年之间，《小朋友》杂志刊发了吴克勤、兆熊、伯攸等人编写的 30 多篇冠以中国神话之名的故事。进入 30 年代之后，这些早期编写的故事一方面结集出版，一方面各种新的中国神话故事书也应运而生。下表 7-1 为笔者收集整理的民国期间的中国神话故事书，这些故事书反映了中国早期对中国神话语源的改编及传播。

表 7-1：民国时期的中国神话故事书

书名	编写者/撰写者	出版年份	出版社	所属文库
中国神话集	陈云清 陈寿朋	1931 年	儿童书局	—
小朋友神话	周阆风	1931 年	上海北新书局	小学生丛书
中国神话	胡怀琛	1933 年	上海商务印书馆	小学生文库
中国神话读本	曹鹄雏	1933 年	世界书局	—

---

　　① 张承明，匡锦：《语文教材与教学案例研究》，云南科学技术出版社，2002 年，第 255 页；杨再隋：《语文课程的目标·理念·策略——〈义务教育语文课程标准（2011 年版）〉导读》，湖南教育出版社，2012 年，附录第 31 页。

续表

书名	编写者/撰写者	出版年份	出版社	所属文库
上古神话	吕伯攸	1934 年	上海中华书局	儿童古今通
搜神记神话	吴伯勤	1934 年	上海中华书局	儿童古今通
上古神话演义	钟毓龙	1935 年	上海中华书局	—
中国神话	缘荷	1948 年	大众书局	—
民间神话	严大椿	1949 年	国光书店	—

　　以上的中国神话故事集均面向青少年读者编写而成。胡怀琛编写的《中国神话》由其在《儿童世界》上发表的神话故事结集而成（共 25 则，去掉了《猫和女巫》），这本书收录于王云五、徐应昶编辑的《小学生文库》的第一集"神话类"下。这一类下还包括了茅盾编译的《希腊神话》、王焕章翻译的《埃及神话》和《印度神话》。王云五、徐应昶编辑的《小学生文库》是一套由上海商务印书馆于 1933—1935 年出版的百科全书，总共五百册，影响力非常大。据李长之的记述，在 1933 年的双十节，上海各大报刊均出了《〈小学生文库〉专刊》，而各省市教育机关通令采用《小学生文库》。① 周阆风编写的《小朋友神话》则收录于《小朋友丛书》，这套丛书下还包括赵景深编写的《小朋友童话》和周群玉编写的《小朋友寓言》等书。吕伯攸编写的《上古神话》两册，吴伯勤编写的《搜神记神话》两册均收录于《儿童古今通》系列丛书。这一现象无疑反映了神话题材故事是否适合儿童教育和儿童读物讨论背后所关注的核心问题，与培养新社会下新国民的时代需求息息相关。如曹鹄雏在《中国神话读本》的前言中就指出，编辑该书的目的在于："（1）帮助儿童思想的发展；品性的修养。（2）使儿童能约略明了中国古代的政治、社会风俗情形。（3）培养儿童日后研究国学的兴趣。"② 钟毓龙也提到自己撰写《上古神话演义》的动机之一在于"近来中小学生，苦无良好之课外读物"，因此他在撰写时注意"事必有据，辞必求达"，以期"青年读此，于史地方面可以资印证，于国文方面可以资启发"③。

　　从内容来看，这些冠以神话之名的故事书的内容反映了一种广义上的神话理解。如曹鹄雏编写的《中国神话读本》取材于十一部古籍，其中清代的就

---

　　① 李长之：《答王云五——关于〈小学生文库〉》，李长之：《李长之文集》第 4 卷，河北教育出版社，2006 年，第 53 页。

　　② 曹鹄雏：《中国神话读本》，世界书局，1933 年，第 1 页。

　　③ 钟毓龙：《上古神话演义》，上海中华书局，1935 年，第 2 页。

占了七部，包括纪昀的《阅微草堂笔记》和蒲松龄的《聊斋志异》，其他四部则为南朝宋时的《幽明录》、唐代的《潇湘录》《十二真君传》以及五代时的《玉堂闲话》。换言之，这部书所认为的神话多为古代志怪小说里的神仙鬼怪故事。此外，陈云清和陈寿朋的《中国神话集》、缘荷的《中国神话》、严大椿的《民间神话》、吴伯勤的《搜神记神话》也基本上取材于民间故事或古代文献中的神怪妖魔故事。如缘荷的《中国神话》源于三个部分——（1）从现代刊物选录者；（2）从古代刊物中改编者；（3）从民间传说中记录者。严大椿的《民间神话》中的神话所指也比较含糊，他在前言中指出流传于民间的神话"或是传说，或是寓言，可以显出一般民众的思想"[①]。这些都反映了中国在接受和理解"神话"以及建构本土"神话"语义过程中的复杂性。但是，另一方面，不少我们如今耳熟能详的神话故事在胡怀琛的《中国神话》、周阆风的《小朋友神话》、吕伯攸的《上古神话》中开始出现。如《中国神话》中介绍了《黄帝游华胥国》《龙伯大人钓鳌》《穆天子见西王母》《后羿射日与嫦娥奔月》《女娲补天》《斑竹的来历》《蚕的来历》《牵牛织女的故事》《吴刚砍桂树》《月下老人》。《上古神话》采录编辑了《创造世界的经过》（即盘古神话）和《女娲怎样造人》、《羲和所驾的车子》、《七夕的故事》、《黄帝怎样征伐蚩尤》、《不周山的坍倒》、《高辛氏的狗女婿》（即盘瓠神话）、《后羿射下了九个太阳》、《嫦娥逃到月亮里去了》、《斑竹的来历》、《洪水时代的奇迹》等故事。吕伯攸将神话分为六类：（一）天地开辟的神话；（二）自然现象的神话；（三）物类种源的神话；（四）部落英雄的武功的神话；（五）幽冥世界的神话；（六）人兽结婚的神话。除去类别六外，他所划分的神话类别与茅盾所做分类几无差别。周阆风在《小朋友神话》中比较明确地区分了神仙故事和神话的不同。在《小朋友神话》的前言中他指出："神话是古来的传说，不是神仙故事，所以类似神仙故事的一概不编。"[②] 他还将所编神话分为下表 7-2 所列类别：

表 7-2：《小朋友神话》故事分类

神话类别	神话故事
宇宙开辟神话	《盘古氏》
天地开辟神话	《补天的女娲》《共工氏头触不周山》
关于太阳的神话	《羿射太阳》

① 严大春：《民间神话》，国光书店，1948 年，第 1 页。
② 周阆风：《小朋友神话》，上海北新书局，1931 年，第 1 页。

续表

神话类别	神话故事
关于月亮的神话	《逃到月中去的嫦娥》《唐玄宗游广寒宫》
仙神居处神话	《西王母》《蓬莱山》
关于漫游的神话	《周穆王》
惩戒懒惰的神话	《吴刚斫桂》《牛郎织女》
关于婚姻的神话	《月下老人》
关于雷的神话	《阿香》
关于风俗的神话	《铁树开花》

　　周阆风的分类不能说完全合适和贴切，比如将《牛郎织女》归为惩戒懒惰的神话，让人比较难以理解。再如《阿香》初出于五代时期前蜀杜光庭所著道教典籍《太上黄箓斋仪》，这究竟算作他自己定义的"古来传说"还是"神仙故事"，很难界定。周阆风是从开辟神话、太阳月亮神话以及风俗神话等角度去收录和介绍中国神话的，从他和吕伯攸对中国神话的分类、他们两者和胡怀琛对中国神话语源的整理来看，可以说这些早期出版的中国神话故事书已经部分地反映了茅盾等学者在中国神话学所开辟的成果。值得注意的是，这些书中出现的神话故事并不仅仅是对古籍中记载的简单移植，它们经过了筛选以及艺术的加工才得以呈现。如吕伯攸在《上古神话》的"序说"部分介绍了编辑神话故事所采用的三种演绎法：（一）照古书中的一节直译的；（二）从几种古书上，互相参照，截长补短而成；（三）取古书上的大意，加进一部分民间传说而成的。可以说，中国神话的语源正是通过了这样的一个筛选、加工过程以及流通环节才成了我们今天所认为的"神话故事"。

二、钟毓龙的《上古神话演义》及其影响

　　在民国时期出现的神话故事书中，曾历任中学教师和校长的钟毓龙所著《上古神话演义》是最值得关注的一部书。这部书出版于1935年，但根据作者自述，该书前后撰写修改了十年才得脱稿。作者本意是稽考夏禹治水的历史，但由于"追述四千年前之事迹，佐证既少，戛戛其难"，而且治水事迹过于夸大神奇，作者认为"此等不雅驯之说，岂足据为信史？"因此他提出只能托诸小说。而在撰写过程中，"所摭拾新奇可喜之资料未忍舍弃，则益旁搜博

采，以期综集上古神话之大成"①。作者所言不虚，他所列出的引用书目达到了502本，正如他在编者例言中所言："人名地名及事迹，皆有所本。"《上古神话演义》共有一百六十回，以章回体演义的形式，从天地开辟、伏羲及黄帝的诞生为开端，将帝喾、唐尧、虞舜、夏禹四朝作为主要框架，以四帝的生平、围绕其周边的人物和各自的出巡串联了中国古籍中众多神话和历史传说，编入了黄帝、蚩尤、少昊、颛顼、伏羲、女娲、共工、后羿、姮娥、盘瓠、西王母、鲧、河伯、夸父、刑天、精卫等神话传说中的人物及事迹，同时在四帝的巡游中编入了古籍中记载的神鬼怪兽、远国异人的状貌和风俗等。作者对这些散落于各古籍中的片段材料进行了艺术的加工，不但使之串联成了情节和细节完备的完整故事，也构筑了一个系统性的中国神话世界。

但是，需要注意的是，尽管书名为上古神话，作者在例言中也提出"本书纪事纪言，大都代表古人，以四千年以前之人着想。其举动见解，作如是观。读者当以历史的眼光衡量"，但该书中所描绘的社会状况和显现的思想其实并非如此。书中不时穿插作者针砭时弊的议论。如第四十八回描写帝尧携后羿巡游至三苗地界，见到男女自由恋爱的情形，帝尧感叹廉耻道丧，失之礼教。作者借一老人之口对自由恋爱加以批驳："嘴里高唱尊重女权，男女平等，而实际上女子之穷而无告者越多，真是可恶！"② 再如在第三十三回，作者假借帝尧办教育对当下的教育现状和政治界进行了议论和批判，指出学校教育之外还有家庭、社会和官厅，学校教育再完美，学生如果看到社会上和政治界的种种丑态，不免生疑，"学校中千日之陶熔，敌不了社会上一朝之观感；教师们万言的启迪，敌不了环境中一端的暗示"。③ 此外，《上古神话演义》中讲述得道成仙的故事也比比皆是。如第十一回和十二回均讲述了黄帝得道成仙的经过，第二十二回讲述了帝喾至青城山访道的事情。以上可以看出，钟毓龙仅仅是根据古籍所记载的年代和事迹来构筑所谓的"上古"神话世界，其描绘的社会状况和思想非但不是"上古"的，"神话"的，有时甚至是"现代"的。换言之，他理解的上古神话世界与茅盾所提倡的能够反映中国的原始信仰和生活状况的中国蒙昧期的神话世界是有着一定的差距的。

钟毓龙所著《上古神话演义》尽管存在着一些时代的局限性，但这本书在中国神话语种语源的全面搜集整理，尤其在将散碎的神话片段系统化、构筑中国神话系统方面起到了抛砖引玉的作用。新中国成立以后在这一方面倾注了

① 钟毓龙：《上古神话演义》，浙江文艺出版社，1985年，第1-2页。初版：上海中华书局，1935年。

② 钟毓龙：《上古神话演义》，第469页。

③ 钟毓龙：《上古神话演义》，第325页。

最大心血的神话学者当为袁珂。他的儿子袁思成在《缅怀父亲袁珂》一文中评价父亲说:"他的最大贡献是对异常丰富而又极端零碎的中国神话资料作了详尽而严谨的整理、汇编,以及对《山海经》等含有丰富神话材料的古籍进行了缜密校注、校译,从而构筑了中国神话资料的庞大体系。"① 笔者认为,袁珂所做的工作不乏来自钟毓龙的《上古神话演义》的启发,在思路和方法上也不乏对这部书的一些参考。袁珂整理的第一部神话故事集为 1950 年由商务印书馆出版的《中国古代神话》,之后,他又对这一版本做了增补,于 1957年再次出版。据袁珂的回忆,这本书写作的动机起于 1946 年左右,当时他受时任台湾编译馆馆长的大学恩师许寿裳所召赴台工作,决定"作一些对中国文化有益的事情"②,遂决定撰写《中国古代神话》。"试把这些散碎的神话片段收集起来,放到历史的肩架上,大略恢复它的本来面目。"③ 在准备撰写的过程中,他阅读了茅盾的《中国神话研究初探》《神话杂论》以及钟毓龙的《上古神话演义》。袁珂对于前者的评价较高,认为"给了我很多启发",对于后者,则持批评意见,表示"不敢赞同",认为其"东拉西扯,胡编乱造,有些地方还带庸俗色情的写法",④ 而且"把神话和历史搅在一起,驳杂不伦,不是整理神话的路径"⑤。的确,袁珂的《中国古代神话》是建立在科学认识神话的基础之上的,从第一章"神话和中国神话"的内容可以看出,在定义神话、解释中国神话不发达的原因及神话的演化和历史化方面他采纳了茅盾以及鲁迅在《中国小说史略》中的学说。对于神话与传说、神话与仙话他也做了区分。他指出"古代的传说,我们叫它做神话;后世的神话,我们叫它做传说……传说与神话的不同,是传说已随着文明的进步,渐排斥去神话中过于野蛮的成分,而代以较合理的人情味的构想与安排。"袁珂认为除了要分辨神话与历史,还要注意分辨神话与仙话,"不要让神话坠进仙话的泥潭里",他认为仙话的主要特色"正像道教的教义一样,是以个人享受,利己主义为前提的",所以仙话里产生不了"女娲、鲧、禹一类牺牲奋斗的英雄"⑥。可以看出,这时候袁珂的神话观是与钟毓龙截然不同的,《中国古代神话》中袁珂对于中国神话系统的建构和整理也是建立在以上认识的基础上的。

---

① 袁思成:《缅怀父亲袁珂》,袁珂:《中国古代神话》,2006 年,华夏出版社,第 400 页。

② 袁珂:《中国古代神话》,商务印书馆,1950 年,第 2 页。

③ 袁珂:《袁珂自述》,高增德,丁东编:《世纪学人自述》,北京十月文艺出版社,2000 年,第236 页。

④ 袁珂:《袁珂自述》,高增德,丁东编:《世纪学人自述》,第 236 页。

⑤ 袁珂:《悼忆许寿裳师》,倪墨炎,陈九英编《许寿裳文集 下卷》,百家出版社,2003 年,第1000 页。

⑥ 袁珂:《中国古代神话》,商务印书馆,1950 年,第 9-12 页。

但是，值得注意的是，袁珂在《袁珂自述》以及《悼忆许寿裳师》中两次均提及了自己在编写《中国古代神话》前曾经阅读过茅盾和钟毓龙的著作的事实。尽管他对钟毓龙的《上古神话演义》评价不高，但如果将这部作品与《中国古代神话》1950年及1957年版本加以对比，可以发现在框架上，语种语源的挖掘和串联排布上袁珂均受到了钟毓龙的影响。茅盾所设想的中国神话体系的建立是以《山海经》中的帝俊这一人物为中心的（详见第五章），但是在建构中国神话体系时，袁珂并没有采纳给予自己很多启发的茅盾的设想。钟毓龙的《上古神话演义》是以《史记》开端中的五帝为全书的主要框架的，从天地开辟以及黄帝诞生开始讲起，其后讲述了帝喾、唐尧、虞舜、夏禹四朝的故事。1950年版的《中国古代神话》也基本上采纳了这种结构具体介绍中国神话，从第二章开始到第五章的章节标题分别为"世界舞台的开幕""黄帝和帝俊的神话""羿的神话""鲧和禹治水的神话"。增补后的1957版本中的章节则变为"世界是怎样开始的？""黄帝和蚩尤的战争""帝俊、帝喾和舜""羿和嫦娥的故事""鲧和禹治理洪水""远国异人"以及"夏以后的传说"。除了"夏以后的传说"之外，前面的几个章节基本上和《上古神话演义》的大框架可以对应。"帝俊、帝喾和舜"一章事实上也包括尧的故事，而"帝俊"经袁珂考证"就是帝喾"①。而《上古神话演义》中也有类似于"远国异人"的章节设置，钟毓龙将它放入禹的巡游中，串联了出现于《山海经》等文献中的奇奇怪怪的国家、异人和风俗。两部书框架不但有所对应，各个对应部分所出现的神话故事也有一部分相同。以1950年的最早版本为例来看，两部作品中在天地开辟的部分均描写了盘古、阳神和阴神的对立、伏羲和女娲、女娲抟土造人、女娲制定婚姻制度、共工和颛顼的故事；在帝喾部分，均编入了后稷生而被弃、简狄吞燕卵生契、黄帝大战蚩尤。关于羿的故事，双方都整理出了羿杀猰貐、九婴、凿齿、大风、洞庭巴蛇、桑林封豕等凶兽和羿射十日、羿与姮娥（嫦娥）、羿见西王母、羿射河伯左目、逢蒙杀羿、羿死后被祭作"宗布"等典故。不过，如前所述，与钟毓龙不同，袁珂是以科学的态度整理中国神话语种并将其故事化的，他对于每一则神话典故都注释了其出处，对于同一神话的不同记载以及分歧也有介绍、考证和议论。仅以"羿的神话"为例来看，根据他的注释，羿的故事主要取材于《楚辞·天问篇》《淮南子·本经篇》《淮南子·览冥篇》《淮南子·泛论篇》《山海经》《孟子·离娄下篇》《荀子·正论》等多部典籍。② 这也说明从繁多的典籍中将羿的片段记载

---

① 袁珂：《中国古代神话》，商务印书馆，1950年，第39页。
② 袁珂：《中国古代神话》，华夏出版社，2006年，第215、223、234、244、245、250页。

全部搜寻出来并将其构筑为记述其生平事迹的故事并非易事。可以说，袁珂的工作应该有受钟毓龙思路的启发并得益于其构筑的神话体系和搜集的神话语种的一部分。从这个角度而言，耗费十年的时间、本着"人名地名及事迹，皆有所本"的原则致力于构筑中国神话系统的钟毓龙的工作虽然并没有在神话理论建构上有所贡献，但对于中国的神话语源的搜集整理、于中国神话的传播而言是一件有意义的事情。

三、早期中国神话故事书的开拓作用

从中国早期出现的神话故事书的内容来看，在这一时期，大家对于何为中国神话故事的认识并不统一。这从侧面说明，我们今天认定为神话故事的，相当一部分在当时未必具有比较广泛的认知度和流传度。换言之，中国神话的语种语源是通过了一个筛选、加工过程以及流通环节才成了我们今天所认为的"神话故事"，中国神话故事的经典是创造出来的。这一部分的功劳不少要归功于民国时期的知识分子的搜集整理和艺术加工。如果将民国时期搜集整理的中国神话故事书与新中国成立之初的神话故事书的内容加以对比就会发现，今天我们耳熟能详的神话故事大部分在民国时期已经得到了搜集和整理，并主要通过儿童读物的方式得到了一定的传播。如新中国成立之初，除了袁珂的《中国古代神话》之外，中国还出版了褚斌杰所编的《中国古代神话》（1955年，上海少年儿童出版社）、徐君慧所编《中国古代神话故事》（1957年，上海文化出版社）。褚斌杰所编《中国古代神话》包含了以下故事："盘古氏开天辟地""女娲造人补天""神农氏尝百草""燧人氏钻木取火""农师后稷的故事""黄帝擒杀蚩尤""后羿射日""嫦娥奔月""太阳神炎帝的故事""精卫填海""夸父追日""英雄刑天的故事""大禹治水""伏羲的故事""远方异国的故事""海外仙山的故事""愚公移山""蚕神姑娘""牛郎织女的故事"。《中国古代神话故事》受袁珂的《中国古代神话》启发而成，对"补天""填海""取土""治水"四个神话进行了艺术的加工。可以说，正是通过20世纪20年代以来对中国神话语种、语源的搜集整理与定性，对神话语种、语源的艺术加工和故事化，才使古籍中记载的神话得到了新的认识、普及并成了今天我们所认为的经典。不过，20世纪二三十年代出现的神话故事书的编写目的主要是为儿童提供有益的读物。新中国成立以后，时代语境发生变化，在袁珂等学者的表述下，神话开始被赋予为劳动人民精神和民族精神的象征。如袁珂在1950年版的《中国古代神话》前言中指出："神话是文学的源

泉，是民族性的反映……古英雄博大坚忍和牺牲奋斗的精神是值得我们学习的。"① 袁珂自述，该书的编著是"站在人民的立场和采取了进步的观点"之上的，他指出"心理、梦魇、语言虽足以产生神话，但推其根源，还在于创造人类智慧的劳动"，他也因此把女娲、后羿、鲧和禹等看作代表劳动人民精神的"古代劳动的英雄"。② 这种话语表述在徐君慧的《中国古代神话故事》和褚斌杰的《中国古代神话》中皆有所重复。褚斌杰也指出神话是古代劳动人民在劳动过程中"企图征服自然，改造自然的一种伟大斗争精神的反映"③。这样，神话从有益于儿童的读物进一步被建构为民族伟大精神的象征。

胡怀琛的《中国神话》在 2013 年由知识产权出版社再版；吕伯攸的《上古神话》于 2002 年由中华书局再版，2018 年由人民文学出版社更名为《中华典籍故事：上古神话与史话》再版；而钟毓龙的《上古神话演义》则分别于1980 年、1985 年、1992 年由浙江文艺出版社，1998 年、2005 年由吉林人民出版社共 5 次再版，而台湾庄严出版社也于 1982 年对其进行了再版。以上都说明，这些民国时期的神话故事集在今天仍然没有失去价值和意义。

本章小结

民国以来尤其是五四运动之后，儿童作为一个异于成人的群体被发现。儿童被视为新时代国民的预备军，其心理和人格的发展、精神的培育成为时代的主题之一。中国神话学与儿童教育领域的交叉点在于神话是否适宜于儿童教材和儿童读物的讨论，这一讨论是与在西方尤其是美国展开的同一讨论同步进行的。在进化论的视野下将儿童心理对应于人类早期发展阶段的复演说等心理学理论，将神话运用于儿童教材和儿童读物的西方的教育实践构成了以上讨论发生的基础。在尚实和实利主义教育方针的指导以及五四运动以来重视科学、民主的新文化思潮影响下，神话被视为虚构的想象、科学的对立面以及神道设教迷信的来源，是阻碍儿童认识科学和接受新时代思想的障碍，而正是在对以上观点的反驳中，神话的宗教的、民族的、文学艺术的、科学的、伦理道德的种种价值被一一挖掘，神话对儿童想象力的激发、对儿童心灵以及道德的滋养得

---

① 袁珂：《中国古代神话》，商务印书馆，1950 年，第 4 页。
② 袁珂：《中国古代神话》，商务印书馆，1950 年，第 3 页。
③ 褚斌杰：《中国古代神话》，少年儿童出版社，1955 年，第 1 页。

到了肯定。作为这一讨论的实践，中国神话的语源和语种被搜集、整理、筛选、整合，再通过艺术的串联和加工化身为中国的神话故事，汇总为中国的神话体系，它们的一部分成为我们今天所认识的中国神话的一部分经典。神话学在儿童教育、儿童文学的理论建构以及实践的参与中建构及传播了它自身，神话知识和神话的价值得以认识、理解、更新，中国神话的故事经典得以塑造，它们在这一过程中进入了一般大众的视野，成了一般大众的公众知识。可以说，中国神话学在儿童教育领域的浮现构成了发生期的中国神话学知识生产的重要一环。

结　语

19世纪中叶以后，西方列强的侵略、鸦片战争和甲午战争的惨败迫使中国打开国门，传统的华夷之辨的空间秩序坍塌，中国被迫纳入世界竞争秩序中。种种因素使得中国不得不重新审视自身的知识体系和价值体系并向外求变，西学东渐的深入促生了中国史上前所未有的中外古今知识和价值体系的大碰撞、大改造、大融合和大创新。中国神话学的发生正是这样一个过程的一个具体的侧面和反映。

本书首先是对中国神话学起根发苗的探讨。本书简要地回顾了中国神话在历史长河中的产生、发展和积淀，在此基础上对清末民初中国神话认识的出现和演变、中国神话概念和范畴的界定、中国神话理论的最初建构做了一个基本的勾勒。从1897年到1937年的40年是从"神话"译语的传入到中国神话研究初步展开的40年。其间，西方神话学、人类学、宗教学、史学、考古学、文学、心理学、教育学等知识体系通过西方的直接途径或日本中转的间接途径进入了中国，在这些知识体系的关照下，中国的神话从不同方面被认识、被挖掘、被论述、被界定、被评价、被重构、被加工、被传播，它们由"自在"走向了"自觉"。发生期的中国神话学一方面建构了其自身的基本体系，挖掘和传播了中国的神话，一方面也为中国抵抗外来侵略、推翻清王朝的统治及建立现代民族国家的民族主义运动提供了诸多的话语资源。本书的着重点即在于探讨了以上两个环节如何在历史的语境中具体展开。回顾中国神话学发生的这40年，其历史又可以以五四运动为界大分为两个阶段。在五四运动之前，神话的有关论述主要被运用于解构通过经学构筑的王统和道统以及新史学意识指导下的民族源流话语建设，其政治性大于学术性。五四运动之后，推翻帝制任务基本完成，新文化运动和整理国故运动蓬勃展开，用西学重审、评判、分科国故以及用国故对接和填充西方学科体系从而再造与西方相抗衡的新文明成为时代的呼声，在这一浪潮中关于中国神话的探讨不再主要集中于政治话语领域，神话学同时开始了自觉的学术建构。中国神话的概念与范畴的界定、价值的评判，语种语源的搜集、整理、加工、传播，神话经典与神话故事经典的规范和创造在此时全面铺开。在神话与历史关系的种种讨论中，中国的古史被分化为神话学和史学两个体系，它们的关系在疑古和释古中分离交织。在神话学与文学、儿童心理、儿童文学和教育的勾连中，中国神话的文学价值得以确立，神话的宗教的、民族的、文学艺术的等各种价值得到了认识和开发。这些界定、规范、评判、传播至今影响着中国对于中国神话的认识和研究。

其次，本书也是对中国神话学发端阶段（1897—1937）各位先贤的精神和思想的一次钻仰。中国神话学体系的发生和建构正是在许多学者的共同努力和关注下，才由星星之火变成了可以燎原之势。本书没有孤立地去探讨各位学者的研究和言说，而是关注学者们在中国神话发生期共同关心的问题和聚焦的焦点，从学者们多声部的差异或共鸣中探寻这些问题和焦点的出现以及发展脉络。纵览中国神话学发生期的40年，对于经学的反叛、古史的改造和重构始终贯穿其中。梁启超通过神话勾勒的西方文明源流及其本质论尽管只是一种东方人建构的西方主义，但呼应了其时他对新国体和新民理想的探求，为国人反观中国的古史及王统和道统提供了参照，他对于新史学观念的引入和开启则引发了国人不为一朝一姓作史而为民族和国民作史的意识的萌生。章炳麟视六经为宗教性质和神话性质的历史，在解构了古史作为信史的神圣性的同时又树立起古史作为重要的民族史料的地位。蒋观云等人依托"汉族西来说"重构的黄帝蚩尤神话既包含着清末知识分子对于中国文明和国民性质的批判，也寄托着他们通过神话构筑民族精神源流以鼓舞民族士气的期盼。夏曾佑将古史完全视为神话，并通过进化论这一话语转换装置将以帝王世系为中心的古史塑造为中国的文明史。顾颉刚等古史辨派在疑古中将历史与神话分离，彻底摧毁王统与道统。傅斯年、郑振铎、陈梦家等学者则通过释古在神话中寻找史实重建古史，王国维和傅斯年还提出了二重证据法和多重证据法的方法论。这些学者们的见解和讨论不乏偏激、狭隘、漏洞甚至错误之处，但整体来看，这些见解和观点既奠定了中国神话学和史学的基础，也在不同的历史语境下激扬了民族主义，凝聚了民族认同，是中国推翻帝制、反抗侵略、建立独立自主的现代民族国家过程中不可或缺的精神资源。在中国神话学的自觉学术建构方面，茅盾、鲁迅等学者都是当之无愧的开拓者。茅盾率先以人类学派神话学说为基础定义了中国神话的概念，界定了中国神话的范畴，建立了中国神话的类别，对中国神话的语种语源进行了广泛的搜集整理。鲁迅对于中国神话性质的认识以及分类并不完全拘泥于人类学派神话学说，他从巫性以及人鬼等方面解读和发现了中国神话的特性，拓展了被人类学派神话学说所框定的中国神话的范畴。两位学者还分别根据人类学派神话学说和小说的神话起源论赋予了《山海经》神话书的地位，挖掘了《山海经》作为神话书的文学价值和宗教的、社会的、历史的价值。他们的认识引发了钟敬文、郑德坤等一批学者对于神话书《山海经》所蕴含的民族精神和文化价值的全方面挖掘，《山海经》在众位学者的共同塑造下成了中国神话的经典。周作人、黄石等学者则在儿童教育的视野下在时代的大讨论中肯定和宣扬了神话的价值，尤其是神话作为儿童教材和读物的价值，作为这种认识的实践，胡怀琛、钟毓龙等学者和教育者广泛搜集中国神话的语源并将之艺术地加工为神话故事，在这些学者的广泛探讨、改造和传播中，神话的价值被广泛认知和肯定，中国神话故事进入了大众的视野并成了我们今天所认为的经典。以上所有学者们的研究表明中国神话对于中国新社会、新时代、新知识和新文明的产生都是得天独厚的精神资源。换言之，这些学者们挖掘了神话之于他们时代的意义，也塑造了我们今天对于神话的种种认识和理解。从这个意义上而言，他们是他们那个时代的荷马和游吟诗人，而我们的时代也需要我们自己的游吟诗人。

再次，本书也是以中国神话学的发生为切入点对处于中国历史大变局时代的中国文化所做的一次巡礼。正如前文反复展示和强调的，中国神话学是发生于史所未有的社会大变革、中外文化思想大激荡时期的一场跨语际的话语实践，其中涉及的许多问题都与中华民族的生死存亡密切相关。因此，我们的研究在这里无可避免地要来到西方、日本和中国，外来和本土文化关系的话题讨论中。西方和非西方并不仅仅指代空间地理位置，它们也是不同意识形态和文化体系的代名词，而且其中还涉及西方中心论以及等诸多问题。酒井直树在《现代性与其批判：普遍主义与特殊主义的问题》中犀利地揭露，西方既是 19 世纪到 20 世纪以来在话语中形成的主体的一个名称，也是在话语中构成的一个对象，而东方正如赛义德所言是出于西方的需要被表述出来的。它们构成了这样一个图式：西方/非西方=现代（普遍性）/非现代（特殊性），尽管西方本身就是一个特殊性，它的背后却隐藏着这样一个假想的统一性，即现代化也意味着西方化。① 酒井之所以从普遍主义和特殊主义的角度去批判现代性，是因为作为一个日裔美国学者，他深切地感受到在西方学术圈中东亚思想"除了在特定民族与其传统的历史之外，鲜有意义"②，在与孙歌的对谈中，他将这种倾向称为"西方生产理论，他方生产经验，他方的学者被视为'本地经验的报道人'"③。应该说，酒井的批判和认识也是世界格局不断变化中许多中国学者正在思考和意图改变的问题。尽管酒井是站在东方的立场批判西方，

---

① ［美］酒井直树：《现代性与其批判：普遍主义与特殊主义的问题》，贺照田主编：《学术思想评论·第 5 辑》，辽宁大学出版社，1999 年，第 76 页。

② ［美］酒井直树：《现代性与其批判：普遍主义与特殊主义的问题》，第 74 页。

③ ［美］酒井直树，孙歌：《欧洲负责生产理论，亚洲负责生产经验？》，《澎湃新闻》，2018 年 2 月 6 日。

但是他的视角却仍是西方的，他没有换一个角度来思考这样一个现实，即东方借鉴西方理论生产知识从来都不是为了西方的理论提供经验，他们对于西方理论的接受也不是无选择的和均质的接受。无疑，清末以来的西学东渐以及中国知识体系和价值体系的更新改造是在强势的西方以及转投西方的日本的威胁下，在三者之间的政治力学关系中被迫产生的。但是，正如孙歌所言，至少在东亚近代史中，一个类似于"西方主义"的"暧昧的单数存在的'西方'"确实"起到过重要的作用。它作为东方民族自我认识的媒介，激发过重要问题"。① 从中国神话学的发生历程来看，从梁启超和章炳麟所力倡的文学复古到国故整理运动，从"汉族西来说"的重构到中国古史的推翻、改造和重建，从中国神话语义的本土化到中国神话经典的塑造以及中国神话价值的树立，中国学者们一方面确实不得不用西学来界定、规范学科，其中当然不乏生搬硬套和削足适履，但另一方面中国学者们也在对西学的选择、接受、改造和挪用中重新诠释和建构了自身的文化，不能否认这也是一个能动、开放以及不断变化和不断修正的过程。借用刘禾的话来说即"用谁的术语，为了哪一种语言的使用者，而且以什么样的知识权威或思想权威的名义，一个民族志的学者才在形形色色的文化差异之间从事翻译活动？"②。那么，我们该如何看待处于与西方、日本以及其他各种他者关系中的自身的文化？换言之，我们要不要以及该如何坚持和强调自己的特殊性或者说是民族性？首先，对于这一问题的回答毫无疑问应该是肯定的，一个不坚守自身文化没有自己民族特性的民族如何自立于世界民族之林？但是，这种需要坚守的文化和民族性必须是一种开放的、发展的，也必须是一种能够包容差异的文化和民族性，是一种敢于立足于"我非我"意识上的谦和文化③。以中国神话学的发生为例来看，这其中被诠释和建构了的中国文化是在借鉴了他者的基础上经历了自我否定、观念与现实的调和以及内部变革的文化，用竹内好的话而言，这是一种发展的文化。当然，也应看到中国在历史中也曾品尝到极端否定自身文化的苦果，这即是十年"文化大革命"浩劫。而另一方面，日本是一个值得深思的例子。它一方面在"脱亚入欧"论的主导下全盘接受西方，一方面却又固守皇国思想和明治国体。二战前后，京都学派的学者高山岩男等人试图打破西方主导的一元历史论

---

① 孙歌：《亚洲意味着什么》，贺照田主编：《学术思想评论·第 5 辑》，第 21 页。

② ［美］刘禾著，宋伟杰等译：《跨语际实践：文学，民族文化与被译介的现代性（中国：1900—1937）》修订译本第 3 版，生活·读书·新知三联书店，2014 年，第 3 页。这里所言的"翻译"是指"文化翻译"，为刘禾借用英国社会人类学家的概念，"他们的理想是能够解释他们自身的文化和他们所研究的非欧洲社会之间的差异"。参见第 2 页。

③ 栾栋：《文学通化论》，商务印书馆，2017 年，第 288 页。

主张多元"世界历史"说，这似乎显示了对于西方普遍主义的一种反抗，但是正如酒井直树所指出的，这些学者所强调的日本的特殊主义不过是为"大东亚共荣圈"所准备的另外一种一元历史和普遍主义，[①] 特殊主义和普遍主义的确有可能狼狈为奸，这也是我们在今天的文化研究中需要注意和警惕的。一个民族的文化对于这个民族甚至全人类而言有可能是极其宝贵的精神财富，但是文化也是一把双刃剑，根据使用者的不同，它有可能是糖果，也有可能是毒药。文化需要甄别，需要判断地吸收、采纳外来的元素，文化也需要善加维护、发展、利用以及传播。

当笔者给这个研究画上一个阶段性的句号时，也深深地感受到了这个文本的不足。举其大者，其一，对中国神话学发端期的各位学者尊敬有余批判不足。其二，尽管笔者对于资料的收集下了不少功夫，但仍有不少资料付之阙如。在借鉴德语、法语、意大利语等语言的资料方面受语言能力和知识结构所限，只能望"洋"兴叹。其三，对于中国神话学发轫期出现的一些问题，如中国的巫史传统等未能予以深究。其四，对于中国神话学的未来走向问题未能做出自己的判断和预测。究其原因，一是由于笔者功力所限，对于中外神话以及神话学相关的知识储备还不够充足，既不敢做大胆的假设，也无法做出小心的求证。二是对于中国百年神话研究整体把握不够，对于新中国成立后借鉴苏联进行的高校学科设置和调整以及之后的动向发展了解不深，不敢贸然判定。但是，正如本书所展示的，中国的神话研究和探讨从其发轫期就与人类学、宗教学、史学、考古学、文学、语言学、心理学、教育学有着无法切割的密切关联。而无论是民国时期的学者们提出的"二重证据法（王国维）"、多重"史料比较法（傅斯年）"，还是当今学者提出的"四重证据法（叶舒宪）"都表明在与其他学科关联中的神话研究于中华文明的探源举足轻重。因此，有一点笔者是深信不疑的，即今后无论神话学出于何种权宜之计被放置于何种学科之下，关于神话的研究和探讨必将在不同的学科领域以及跨学科的广阔视野中进行，而不同的学科视角和科学技术的进步也必将推动神话学的进一步发展。今后，对于以上所列不足，笔者将在研究中努力进取，争取有所完善和突破。

---

① ［美］酒井直树：《现代性与其批判：普遍主义与特殊主义的问题》，贺照田主编：《学术思想评论·第5辑》，第91页。

参考文献

一、国内文献

著作类:

1. [东汉] 班固 . 马玉山、胡恤琳选注 . 汉书 [M]. 太原：山西古籍出版社，2004.

2. [清] 毕沅校 . 墨子 [M]. 上海：上海古籍出版社，2014.

3. [清] 毕沅校 . 山海经 [M]. 上海：上海古籍出版社，1989.

4. 曹楚基 . 先秦文学集疑 [M]. 广州：广东高等教育出版社，1988.

5. 曹鹄雏 . 中国神话读本 [M]. 上海：世界书局，1933.

6. 陈独秀 . 乔继堂选编 . 陈独秀散文 [M]. 上海：科学技术文献出版社，2013.

7. 陈建宪，林继富 . 中国民俗通志·民间文学志（上）[M]. 济南：山东教育出版社，2005.

8. 陈卫星，邹壮云，璩龙林 . 中学与西学：清末民初国学思潮的历史考察 [M]. 北京：世界图书出版公司，2013.

9. 程国政编注 . 中国古代建筑文献集要·先秦·五代 [M]. 上海：同济大学出版社，2013.

10. 丁保书 . 蒙学中国历史教科书 [M]. 上海：文明书局，1903.

11. 段超，李吉和编 . 民族理论与政策研究第 2 辑 [M]. 武汉：华中科技大学出版社，2015.

12. 方卫平 . 中国儿童文学理论发展史 [M]. 上海：少年儿童出版社，2007.

13. 冯友兰．赵复三译．中国哲学简史［M］．武汉：长江文艺出版社，2015.

14. 傅斯年．战国子家序论·史学方法导论·史记研究［M］．上海：上海三联书店，2017.

15. 傅斯年．东北史纲［M］．上海：上海三联书店，2017.

16. 高增德，丁东编．世纪学人自述［M］．北京：北京十月文艺出版社，2000.

17. 葛兆光．余音：学术史随笔选（1992—2015）［M］．桂林：广西师范大学出版社，2017.

18. 顾颉刚．顾颉刚古史论文集·卷一［M］．北京：中华书局，2011.

19. 顾颉刚．顾颉刚书信集·卷二［M］．北京：中华书局，2011.

20. 顾颉刚编订．崔东壁遗书［M］．上海：上海古籍出版社，2013.

21. ［清］纪昀总纂．四库全书总目提要［M］．石家庄：河北人民出版社，2000.

22. 蒋风，韩进．中国儿童文学史［M］．合肥：安徽教育出版社，1998.

23. 靳凤林．窥视生死线：中国死亡文化研究［M］．北京：中央民族大学出版社，1999.

24. 金观涛，刘青峰．观念史研究：中国现代重要政治术语的形成［M］．北京：法律出版社，2016.

25. ［战国］韩非．韩非子［M］．济南：山东画报出版社，2013.

26. 韩秋白，顾青．中国小说史［M］．北京：文津出版社，1995.

27. 贺学君，蔡大成，樱井龙彦编．中日学者中国神话研究论著目录总汇［M］．北京：中国社会科学出版社，2012.

28. 贺照田主编．学术思想评论·第 5 辑［M］．沈阳：辽宁大学出版社，1999.

29. 康有为．孔子改制考［M］．北京：中华书局，1958.

30. 黑风译．中国文明发达史［M］．上海：东新译社，1903.

31. 胡怀琛．中国小说研究［M］．上海：商务印书馆，1929.

32. 胡适．白话文学史［M］．北京：和平出版社，2014.

33. ［明］胡应麟．少室山房笔丛［M］．北京：中华书局，1959.

34. ［晋］皇甫谧．帝王世纪［M］．北京：中华书局，1985.

35. 黄人．中国文学史［M］．苏州：苏州大学出版社，2015.

36. 黄石．神话研究［M］．上海：开明书店，1927.

37. 黄翼．神仙故事与儿童心理［M］．上海：商务印书馆，1936.

38. 李长之．李长之文集·第4卷［M］．石家庄：河北教育出版社，2006.

39. 李庆．日本汉学史第1部，起源和确立：1868—1918［M］．上海：上海人民出版社，2010.

40. 李泽厚．美的历程［M］．北京：生活·读书·新知三联书店，2009.

41. 梁启超．梁任公近著第1辑下．上海：商务印书馆，1922.

42. 梁启超．饮冰室文集全编（第2版）［M］．上海：新民书局，1932.

43. 梁启超．饮冰室合集专集之1［M］．北京：中华书局，1986.

44. 梁启超．夏晓虹，陆胤校．新史学［M］．北京：商务印书馆，2014.

45. 梁涛．《訄书》评注［M］．西安：陕西人民出版社，2003.

46. 李新吾，李志勇，李新民．梅山蚩尤——南楚根脉 湖湘精魂［M］．长沙：湖南文艺出版社，2012.

47. 刘超．历史书写与认同建构：清末民国时期中国历史教科书研究［M］．北京：社会科学文献出版社，2016.

48. 刘俊文主编，黄约瑟译．日本学者研究中国史论著选译·第1卷通论［M］．北京：中华书局，1992.

49. 刘禾．语际书写：现代思想史写作批判纲要［M］．上海：上海三联书店，1999.

50. 刘师培．刘师培全集第1册［M］．北京：中共中央党校出版社，1997.

51. 刘锡诚．二十世纪中国民间文学学术史［M］．北京：中国文联出版社，2014.

52. 刘勇强．中国古代小说史叙论［M］．北京：北京大学出版社，2007.

53. 刘源．商周祭祖礼研究［M］．北京：商务印书馆，2004.

54. 刘贞晦，茅盾．中国文学变迁史［M］．上海：新文化书社，1921.

55. 林惠祥．神话论［M］．上海：商务印书馆，1933.

56. 林玮生．中西文化范式发生学的神话学研究［M］．广州：中山大学出版社，2017.

57. 陆思贤．神话考古［M］．北京：文物出版社，1995.

58. 罗根泽编．古史辨第六册［M］．上海：开明书店，1938.

59. 吕思勉．白话本国史［M］．北京：中国友谊出版社，2009.

60. 鲁迅．中国小说史略［M］．北京：北新书局，1927.

61. 鲁迅．鲁迅杂文全集上［M］．北京：群言出版社，2016.

62. 鲁迅．朝花夕拾：鲁迅经典文集［M］．北京：中国纺织出版社，2016.

63. 栾栋．文学通化论［M］．北京：商务印书馆，2017.

64. 吕大吉．西方宗教学说史［M］．北京：中国社会科学院出版社，1994.

65. 吕微．神话何为：神圣叙事的传承与阐释［M］．北京：中国社会科学出版社，2001.

66. 马勇编．章太炎讲演集［M］．石家庄：河北人民出版社，2004.

67. 马昌仪编．中国神话学文论选萃［M］．北京：中国广播电视出版社，1994.

68. 马昌仪编．中国神话学百年文论选（上册）［M］．西安：陕西师范大学出版总社有限公司，2013.

69. 茅盾．中国神话研究初探［M］．上海：上海古籍出版社，2005.

70. 茅盾．唐金海，孔海珠编．茅盾专集·第一卷·上册［M］．福州：福建人民出版社，1983.

71. 孟慧英．西方民俗学史［M］．北京：中国社会科学出版社，2006.

72. 倪墨炎，陈九英编．许寿裳文集·下卷［M］．上海：百家出版社，2003.

73. 倪泰一，钱发平，翟飚编译.《山海经》［M］．重庆：重庆出版社，2006.

74. 彭美玉．中国古代神话精华［M］．南京：南京大学出版社，2012.

75. 齐裕焜．中国古代小说演变史［M］．北京：人民文学出版社，2015.

76. 潜明兹．中国神话学［M］．上海：上海人民出版社，2008.

77. 钱振纲．清末民国小说史论［M］．石家庄：河北人民出版社，2008.

78. 璩鑫圭，唐良炎主编．中国近代教育史资料汇编：学制演变［M］．上海：上海教育出版社，2007.

79. 任继愈．中国哲学发展史·秦汉［M］．北京：人民出版社，1985.

80. 日本评论社主编．日本考古学之过去与现在［M］．南京：正中书局，1934.

81. 司马迁．史记［M］．北京：线装书局，2006.

82. 宋兆麟．中国生育信仰［M］．上海：上海文艺出版社，1999.

83. 苏秉琦．中华文明起源新探［M］．沈阳：辽宁人民出版社，2009.

84. 谭佳．神话与古史：中国现代学术的建构与认同［M］．北京：社会科学文献出版社，2016.

85. 田广林．中国东北西辽河地区的文明起源［M］．北京：中华书局，2004.

86. 佟君编．华南日本研究·第2辑［M］．广州：中山大学出版社，2009.

87. 王充．论衡［M］．呼和浩特：远方出版社，2007.

88. 王国维，方麟编．清华国学书系：王国维文存［M］．南京：江苏人民出版社，2014.

89. 王进锋．殷商史［M］．上海：上海人民出版社，2015.

90. 韦苇．世界儿童文学史［M］．合肥：安徽教育出版社，2015.

91. 乌丙安．民俗学丛话［M］．长春：长春出版社，2014.

92. ［清］吴承权．管成学等译．文白对照《纲鉴易知录》上［M］．北京：红旗出版社，1998.

93. 夏曾佑．最新中国教科书·中国历史［M］．上海：商务印书馆，1914.

94. 夏曾佑，杨琥编．夏曾佑集［M］．上海：上海古籍出版社，2011.

95. 萧兵．中国上古图饰的文化判读：建构饕餮的多面相［M］．武汉：湖北人民出版社，2011.

96. 谢六逸．神话学 ABC［M］．上海：ABC 丛书社，1928.

97. 新缘文学社编．名家传记［M］．上海：文艺书局，1934.

98. 徐奇堂译注．尚书［M］．广州：广州出版社，2001.

99. 徐兴无．谶纬文献与汉代文化建构［M］．北京：中华书局，2003.

100. 徐映川编，王云五校．复兴高小历史教科书（高小用）［M］．上海：商务印书馆，1933.

101. 徐真华．徐真华自选集［M］．广州：中山大学出版社，2017.

102. 姚奠中，董国炎编．章太炎学术年谱［M］．太原：山西古籍出版社，1996.

103. 姚祖义．最新初等小学中国历史教科书［M］．上海：商务印书馆，1904.

104. 严大春．民间神话［M］．上海：国光书店，1948.

105. 杨宽．历史激流中的动荡与曲折：杨宽自传［M］．台北：时报文化出版企业有限公司，1993.

106. 杨宽．中国上古史导论［M］．上海：上海人民出版社，2016.

107. 杨再隋．语文课程的目标·理念·策略——《义务教育语文课程标准（2011 年版）》导读［M］．长沙：湖南教育出版社，2012.

108. 叶舒宪．中华文明探源的神话学研究［M］．北京：社会科学文献出版社，2015.

109. 叶舒宪，谭佳．比较神话学在中国：反思与开拓［M］．北京：社会科学文献出版社，2016.

110. 于沛主编．20 世纪中华学术经典文库·历史学［M］．兰州：兰州大学出版社，2000.

111. 袁珂. 中国古代神话［M］. 上海：商务印书馆，1950.

112. 袁珂. 中国神话史［M］. 上海：上海文艺出版社，1988.

113. 袁珂. 中国古代神话［M］. 北京：华夏出版社，2006.

114. 袁珂. 山海经全译［M］. 北京：北京联合出版公司，2016.

115. 游红霞. 蒋观云学术思想研究［M］. 北京：中国文联出版社，2016.

116. 臧振. 古史考论 西雍集［M］. 北京：商务印书馆，2016.

117. 张春田编. "晚清文学"研究读本［M］. 桂林：广西师范大学出版社，2016.

118. 张静庐. 中国小说史大纲［M］. 上海：泰东书局，1921.

119. 张弘. 中国文学在英国［M］. 广州：花城出版社，1992.

120. 张之恒，黄建秋，吴建民. 中国旧石器时代考古［M］. 南京：南京大学出版社，2003.

121. 张仲民，章可编. 近代中国知识的生产与文化政治：以教科书为中心［M］. 上海：复旦大学出版社，2014.

122. 张错. 西洋文学术语手册·文学诠释举隅［M］. 上海：译文出版社，2012.

123. 章炳麟. 刘治立评注. 訄书［M］. 北京：华夏出版社，2002.

124. 章炳麟. 朱维铮校. 訄书（初刻本、重订本）［M］. 上海：中西书局，2012.

125. 章炳麟. 国学概论·国学略说［M］. 南昌：江西教育出版社，2011.

126. 章炳麟. 章太炎全集·译文集［M］. 上海：上海人民出版社，2015.

127. 张承明，匡锦. 语文教材与教学案例研究［M］. 昆明：云南科学技术出版社，2002.

128. 钟毓龙. 上古神话演义［M］. 上海：中华书局，1935.

129. 周阆风. 小朋友神话［M］. 上海：北新书局，1931.

130. 周明初校注.《山海经》［M］. 浙江文艺出版社，2016.

131. 周予同编. 中国历史文选（下）［M］. 北京：中华书局，1962.

132. 周予同. 经学与经学史［M］. 上海：上海人民出版社，2012.

133. 周作人. 欧洲文学史［M］. 北京：北京十月文艺出版社，2013.

134. 褚斌杰. 中国古代神话［M］. 上海：少年儿童出版社，1955.

135. 朱有瓛，戚名琇，钱曼. 中国近代教育史资料汇编·教育行政机构及教育团体［M］. 上海：上海教育出版社，2007.

136. 朱自强. 现代儿童文学文论解说［M］. 北京：海豚出版社，2014.

137. ［战国］左丘明.［三国吴］韦昭注. 胡文波校. 国语［M］. 上海：

上海古籍出版社，2015.

论文类：

1. 皕海．老学宪语：中国古代之哲学；附录：古帝感生之神话［J］．进步，1913，3（6）.

2. 陈连山．走出西方神话的阴影——论中国神话学界使用西方现代神话概念的成就和局限［J］．长江大学学报，2006（6）.

3. 陈荣卿．关于神话教材的意见［J］．吴江乡村师范学生会刊，1936（12）.

4. 陈钟凡．二十年来我国之国故整理［J］．学艺，1937，16（1）.

5. 程颂文．神话在儿童教育上的价值问题［J］．广西教育研究，1942，3（2）.

6. 董秀石．古代东方诸国的神话史和中国神话的考较［J］．史地丛刊，1922，2（1）.

7. 费怒春．整理国故意见［J］．江汉思潮，1936，4（4/5）.

8. 葛志毅．谶纬思潮与三皇五帝史统的构拟［J］．管子学刊，2007（4）.

9. 宫廷璋．以科学方法整理国故其步骤若何［J］．民铎，1923，4（3）.

10. 蒋观云．中国上古旧民族之史影［J］．癸卯新民丛报汇编，1903.

11. 蒋观云．中国人种考［J］．新民丛报，1903（35）.

12. 蒋观云．中国人种考［J］．新民丛报，1903（37）.

13. 蒋观云．中国人种考［J］．新民丛报，1904（12）.

14. 蒋观云．华年阁杂谈：几多古人之复活［J］．新民丛报，1903（37）.

15. 蒋观云．论中国人崇拜岳飞之心理［J］．新民丛报，1904（24）.

16. 姜义华．《訄书》简论［J］．复旦学报，1982（2）.

17. 劲帆．法国人种学教授谈欧美人类学起源与方法［J］．云南社会科学，1992（4）.

18. 景凯旋．汉语"种族"词义的变迁［J］．西域研究，2017（1）.

19. 何炳松．中国民族起源之新神话［J］．东方杂志，1929（2）.

20. 贺昌群．日本学术界之"支那学"研究［J］．图书季刊，1934，1（1）.

21. 何观洲．山海经在科学上之批判及作者之时代考［J］．燕京学报，1930（7）.

22. 胡钦甫．从山海经的神话研究所得到的古史观［J］．中国文学季刊，

1929，创刊号．

23. 胡适．新思潮的意义［J］．新青年，1919，7（1）．

24. 胡炳熊．论中国种族［J］．东方杂志，1907（8）．

25. 胡怀琛．何谓神话［J］．最小，1923，3（84）．

26. 黄晖．福柯的知识考古学理论剖析［J］．法国研究，2016（2）．

27. 李长银．日本"疑古"思潮与"古史辨"运动［J］．史学理论研究，2016（1）．

28. 李衡眉．三皇五帝传说及其在中国史前史中的定位［J］．中国社会科学，1997（2）．

29. 李学勤．走出"疑古"时代［J］．中国文化，1992（2）．

30. 郎．名词浅释［J］．少年，1931，2（8）．

31. 梁启超．雅典小志［J］．新民丛报，1902（19）．

32. 梁启超．新民说［J］．新民丛报，1902（1）．

33. 梁启超．政治学大家伯伦知理之学说［J］．癸卯新民丛报汇编，1903．

34. 刘师培．山海经不可疑［J］．国粹学报，1905（10）．

35. 鲁迅．论中国神话书［J］．再建旬刊，1940，1（2/3）．

36. 吕微．"神话"概念的内容规定性与形式规定性［J］．长江大学学报，2015（11）．

37. 缪凤林．述学：中国民族西来辨［J］．学衡，1925（37）．

38. 钱婉约．"层累地造成说"与"加上原则"［J］．人文论丛，1999．

39. 彭春凌．章太炎对姉崎正治宗教学思想的扬弃［J］．历史研究，2012（4）．

40. 沈侨松．我以我血荐轩辕：黄帝神话与晚清的国族建构［J］．台湾社会研究季刊，1997（28）．

41. 石昌渝．小说界说［J］．文学遗产，1994（1）．

42. 尚仲衣．儿童教育与鸟言兽语的讨论：选择儿童读物的标准［J］．儿童教育，1931，3（8）．

43. 盛邦和．上世纪初叶日本疑古史学叙论［J/OL］．二十一世纪，2005（3）．

44. 孙福保．非尼西亚国史［J］．实学报，1897（13）．

45. 孙江．拉克伯里"中国文明西来说"在东亚的传布与文本之比较［J］．历史研究，2010（2）．

46. 邰爽秋．对于神话教材之怀疑［J］．中华教育界，1921，10（7）．

47. 田广林．论东山嘴祭坛与中国古代的郊社之礼［J］．辽宁师范大学学报，2008（1）.

48. 屠孝寔. 宗教之神话之起源［J］. 北京大学月刊，1919，1（2）.

49. 屠孝寔. 汉族西来说考证［J］. 学艺，1920（1）.

50. 卫聚贤. 天地开辟与盘古传说的探源［J］. 学艺杂志，1934（1）.

51. 温庆新. 中国小说起源于"神话传说"辨正［J］. 古代小说研究，2015（5）.

52. 邬国义. 梁启超史学思想探源［J］. 社会科学，2006（6）.

53. 吴晗. 山海经中的古代故事及其系统［J］. 史学年报，1931（3）.

54. 夏曾佑. 论变法必以历史为本［J］. 东方杂志，1905，2（8）.

55. 姚民哀. 神话［J］. 游戏世界，1923（20）.

56. 严既澄. 神仙在儿童读物上的位置［J］. 教育杂志，1922，11（7）.

57. 叶舒宪. 中国的神话历史——从"中国神话"到"神话中国"［J］. 百色学院学报，2009（1）.

58. 袁珂. 从狭义的神话到广义的神话——《中国神话传说词典》序（节选）［J］. 社会科学战线，1982（4）.

59. 袁珂. 再论广义神话［J］. 民间文学论坛，1984（3）.

60. 章炳麟. 周末学术余议［J］. 新民丛报，1902（6）.

61. 章炳麟. 革命之道德［J］. 民报，1906（8）.

62. 张二国. 商周的神形［J］. 海南师范学院学报，2001（4）.

63. 郑德坤. 山海经及其神话［J］. 史学年报，1932（4）.

64. 郑振铎. 整理国故与新文学运动［J］. 小说月报，1923，14（1）.

65. 中孚. 什么叫神话［J］. 出版界，1920（58）.

66. 钟敬文. 山海经是一部什么书［J］. 浙江大学文理学院自治会会刊，1930（1）.

67. 周邦道记录. 辩论：神话教材问题［J］. 教育汇刊，1921，2（1）.

68. 周作人. 神话与传说［J］. 妇女杂志，1922（8）.

69. 作者不明. 小学教授材料不宜采用寓言神话论［J］. 吉林教育官报论著汇订本，1911.

其他资料：

1. 胡适. 再谈谈整理国故［N］. 晨报副刊，1923年2月25日第1版.

2. 栾栋. 人文学讲义，未发表.

3. 栾栋. 读书笔记，未发表.

4. 孙歌，酒井直树 . 欧洲负责生产理论，亚洲负责生产经验？［N］. 澎湃新闻，2018 年 2 月 6 日 . https：//www. thepaper. cn/newsDetail_ forward_ 1984859

5. 周作人 . 神话的辩护［N］. 晨报副刊，1924 年 1 月 29 日第 4 版 .

6. 周作人 . 续神话的辩护［N］. 晨报副刊，1924 年 4 月 10 日第 4 版 .

7. 周作人 . 神话的趣味［N］. 文学旬刊，1924 年 12 月 5 日第 1 版 .

二、日本文献

著作类：

1. ［日］安居香山著，田人隆译 . 纬书与中国神秘思想［M］. 石家庄：河北人民出版社，1991.

2. ［日］安万侣著，周作人译 . 古事记［M］. 上海：上海人民出版社，2015.

3. ［日］白河次郎，国府種徳 . 支那文明史［M］. 東京：博文館，1900.

4. ［日］白鳥庫吉 . 白鳥庫吉全集 第八卷 アジア史論［M］. 東京：岩波書店，1970.

5. ［日］白鳥庫吉 . 白鳥庫吉全集 第九卷 アジア史論（下）［M］. 東京：岩波書店，1970.

6. ［日］大林太良著，林相泰 . 賈福水译 . 神话学入门［M］. 北京：中国民间文艺出版社，1989.

7. ［日］浮田和民 . 史学原論［M］. 東京：東京専門学校，1898—1899.

8. ［日］高木敏雄 . 比較神話学［M］. 東京：博文館，1904.

9. ［日］高木敏雄 . 日本神話伝説の研究［M］. 東京：萩原星文館，1943.

10. ［日］高山樗牛 . 樗牛全集：注釈 . 第 3 卷 史論及史伝［M］. 博文館，1926.

11. ［日］古城貞吉 . 支那文学史［M］. 東京：済雑誌社，1897.

12. ［日］宮本一夫 . 吴菲译 . 从神话到历史：神话时代、夏王朝［M］. 桂林：广西师范大学出版社，2014.

13. ［日］吉田敦彦・山崎賞選考委員会 . 神話学の知と現代［M］. 東

京：河出書房新社，1984.

14．［日］井田太郎，藤巻和宏編．近代学問の起源と編成［M］．東京：勉誠出版，2014.

15．［日］津田左右吉．古事記及び日本書紀の新研究［M］．東京：洛陽堂，1919.

16．［日］津田左右吉．神代史の新しい研究［M］．東京：二松堂書店，1913.

17．［日］津田左右吉．神代史の研究［M］．東京：岩波書店，1924.

18．［日］和田垣健三．新英和辞典［M］．東京：大倉書店，1901.

19．［日］姉崎正治．言語学の宗教学［M］．東京：哲学館，1899.

20．［日］近藤圭造，望月亮観編．和漢洋年表・各国史略［M］．東京：山岡吉右衛門，1876.

21．［日］井上哲次郎．哲学字彙：英独仏和［M］．東京：丸善，1912.

22．［日］林泰輔．支那上代史之研究［M］．東京：進光社，1944.

23．［日］林巳奈夫．常耀華等译．神与兽的纹样学：中国古代诸神［M］．北京：生活・读书・新知三联书店，2009.

24．［日］鈴木貞美，劉建輝編．東アジアにおける知的交流［M］．京都：國際日本文化研究センター，2011.

25．［日］那珂通世．支那通史［M］．東京：中央堂，1890.

26．［日］内藤湖南．夏应元编译．中国史通论（上）：内藤湖南博士中国史学著作选译［M］．北京：社会科学文献出版社，2004.

27．［日］内藤湖南．研幾小録［M］．東京：弘文堂，1928.

28．［日］内藤湖南．马彪译．中国史学史［M］．上海：上海古籍出版社，2008.

29．［日］鳥谷部紹胤編．勅諭統纂巻之5［M］．東京：丹青山房，1878.

30．［日］鸟居龙藏．国立编译馆译．苗族调查报告（上册）［M］．南京：国立编译馆，1946.

31．［日］平藤喜久子．神話学と日本の神々［M］．東京：弘文堂，2004.

32．［日］坪内逍遥．小説神髄［M］．東京：松月堂，1887.

33．［日］入江祝衛．詳解英和辞典［M］．東京：博育堂，1915.

34．［日］桑原騭藏．中等東洋史［M］．東京：大日本図書，1898.

35．［日］森鹿三，伊藤幹治編．日本民俗文化大糸・11・内藤湖南・宇野圓空［M］．東京：講談社，1978.

36．［日］森鹿三，伊藤幹治编．日本民俗文化大系・9・白鳥庫吉・鳥居龍蔵［M］．東京：講談社，1978．

37．［日］神田乃武等．新訳英和辞典［M］．東京：三省堂，1902．

38．［日］市村瓚次郎．支那史要（上）［M］．東京：吉川半七，1895．

39．［日］松本謙堂．教育勅語正解［M］．東京：友親堂，1891．

40．［日］松本信広編．日本文化の起源・第三巻・民俗学Ⅰ［M］．東京：平凡社，1971．

41．［日］松村武雄著．松村一男，平藤喜久子監修．神話学原論（下卷）［M］．東京：ゆまに書房，2005．

42．［日］松村一男，大林太良．神話学とは何か［M］．東京：有斐閣，1987．

43．［日］上野陽一．学生英和辞典［M］．東京：博報堂，1910．

44．［日］笹川臨風．支那文学史［M］．東京：博文館，1898．

45．［日］笹川種郎．支那小説戲曲小史［M］．東京：東華堂，1897．

46．［日］藤田豊八．先秦文学：支那文学史稿［M］．東京：東華堂，1897．

47．［日］田能村梅士．世界最古の刑法［M］．東京：有斐閣，1904．

48．［日］西村真次．神話学概論［M］．東京：早稲田大学出版部，1927．

49．［日］西周．大久保利謙編．西周全集［M］．東京：宗高書房，1981．

50．［日］小柳司氣太．実用国漢新辞典［M］．東京：非凡閣，1934．

51．［日］盐谷温．支那概論講話［M］．東京：大日本雄弁会，1919．

52．［日］塩谷温．天馬行空［M］．東京：加除出版社，1956．

53．［日］竹内好．孙歌编．李冬木等译．近代的超克［M］．北京：生活・读书・新知三联书店，2005．

论文类：

1．［日］吉開将人．苗族史の近代：漢族西来説と多民族史観［J］．北海道大学文学研究科紀要，2008（2）．

2．［日］菅谷広美．『小説神髄』とその材源［J］．比較文学年誌（9），1973（3）．

3．［日］井上泰山．日本における中国文学史編纂の歴史Ⅰ～明治期

[J]. 関西大学東西学術研究所所要（46），2013（4）.

4.［日］天沼春樹. 神話概念の変遷：翻訳語としての「神話」をめぐって（上）[J]. 城西人文研究，1986（13）.

5.［日］天沼春樹. 神話概念の変遷–1–Mythosの語史に関して（上）[J]. 城西文学研究，1987，15，（2）.

6.［日］林巳奈夫. 黎忠义译. 关于良渚文化玉器的若干问题 [J]. 史前研究，1987（1）.

7.［日］松村武雄. 中国神话传说短论 [J]. 艺风，1936，4（1）.

8.［日］植松公彦. 鲁迅『中国小説史略』素描 [J]. 藝文研究，2007（12）.

其他资料：

1.［日］白鳥庫吉. 倭女王卑弥呼考. 引自网络版日本青空文库.
https：//www. aozora. gr. jp/cards/000603/files/52230_ 49051. html

2.［日］津田左右吉. 神代史の研究法. 引用网络版日本青空文库.
https：//www. aozora. gr. jp/cards/001535/files/53731_ 47830. html

3.［日］大日本帝国宪法. 官报. 大蔵省印刷局，1889 年 2 月 11 日.

三、欧美文献

著作类：

1.［美］阿兰·邓迪斯编. 朝戈金等译. 西方神话学读本 [M]. 桂林：广西师范大学出版社，2006.

2.［美］Allison. *William L*：*Allison's Webster's Counting–House Dictionary of the English Language* [M]. New York：Wm. L. Allison，1884.

3.［英］爱德华·泰勒. 连树生译. 原始文化 [M]. 桂林：广西师范大学出版社.

4.［英］爱德华·甄克斯. 严复译. 社会通铨 [M]. 北京：时代华文书局，2014.

5.［英］埃里克·霍布斯鲍姆. 李金梅译. 民族与民族主义 [M]. 上海：

上海人民出版社，2006.

6. ［英］Archibald Henry Sayce. 上田萬年，金澤庄三郎訳. 言語学 ［M］. 東京：金港堂，1898.

7. ［美］本尼迪克特·安德森. 吴睿人译. 想象的共同体：民族主义的起源与散布 ［M］. 上海：上海人民出版社，2005.

8. ［美］Burton Feldman & Robert D. Richardson Jr：*The Rise of Modern Mythology*（1680—1860）［M］. Indiana：Indiana University Press，2000.

9. ［美］戴维斯·霍瑟萨尔. 郭本禹等译. 心理学家的故事 ［M］. 北京：商务印书馆，2015.

10. ［英］福斯特. 苏炳文译. 小说面面观 ［M］. 广州：花城出版社，1984.

11. ［英］雷蒙·威廉斯. 刘建基译. 关键词：文化与社会的词汇 ［M］. 北京：生活·读书·新知三联书店，2016.

12. ［日］ハルオ·シラネ，铃木登美. 創造された古典 ［M］. 東京：新曜社，1999.

13. ［英］Herbert Allen Giles：A History of Chinese Literature ［M］. New York and London：D. Appleton and company，1927.

14. ［美］Hurst，Thomas D：American Popular Dictionary ［M］. New York：Hurst & co，1879.

15. ［美］刘禾. 宋伟杰等译. 跨语际实践：文学，民族文化与被译介的现代性（中国：1900—1937）［M］. 北京：生活·读书·新知三联书店，2014.

16. ［英］Rober A. Segal. 刘象愚译. 神话理论 ［M］. 北京：外语教学与研究出版社，2008.

17. ［美］Worcester，Joseph E. A Comprehensive Dictionary of the English Language ［M］. Boston：Swan，Brewer，and Tileston，1860.

18. ［古希腊］亚里士多德. 吴寿彭译. 政治学 ［M］. 北京：商务印书馆，1965.

19. ［德］卡尔·雅斯贝尔斯著. 魏楚雄，俞新天译. 历史的起源与目标 ［M］. 北京：华夏出版社，1989.

20. ［美］伊万·斯特伦斯基. 李创同，张经纬译. 二十世纪的四种神话理论：卡西尔、伊利亚德、列维–施特劳斯与马林诺夫斯基 ［M］. 北京：生活·读书·新知三联书店，2012.

21. ［美］张光直. 郭净译. 美术、神话与祭祀 ［M］. 北京：生活·读书·新知三联书店，2013.

论文类：

1. ［美］Gilbert L. Brown. 徐侍峰译．反对以神话、初民故事和神仙故事作儿童基本读物的理由［J］．国语月刊，1922，1（1）．

2. ［不详］Griggs. 林汉达译．神话与民间故事的伦理价值［J］．世界杂志，1931，2（2）．